Kristina Paltén

Desirée Wahren Stattin

Allein durch den Iran

Kristina Paltén
Desirée Wahren Stattin

Allein durch den Iran

1840 km Vertrauen, Neugier und Offenheit

Aus dem Schwedischen
von Paul Berf

Kiepenheuer & Witsch

Aus Verantwortung für die Umwelt hat sich der *Verlag Kiepenheuer & Witsch* zu einer nachhaltigen Buchproduktion verpflichtet. Der bewusste Umgang mit unseren Ressourcen, der Schutz unseres Klimas und der Natur gehören zu unseren obersten Unternehmenszielen.

Gemeinsam mit unseren Partnern und Lieferanten setzen wir uns für eine klimaneutrale Buchproduktion ein, die den Erwerb von Klimazertifikaten zur Kompensation des CO_2-Ausstoßes einschließt.

Weitere Informationen finden Sie unter:
www.klimaneutralerverlag.de

MIX
Papier aus verantwortungsvollen Quellen
FSC® C083411
FSC www.fsc.org

Verlag Kiepenheuer & Witsch, FSC® N001512

1. Auflage 2020

Titel der Originalausgabe: Den rädda löparen

Aus dem Schwedischen von Paul Berf

Covergestaltung: Barbara Thoben, Köln
Covermotiv: © privat
Gesetzt aus der Albertina und Brandon Grotesque
Satz: Buch-Werkstatt GmbH, Bad Aibling
Druck und Bindung: CPI books GmbH, Leck
ISBN 978-3-462-05412-5

Für Yvonne

Prolog

Der Mann in dem weißen Hemd

18. Tag, Ardabil – Astara, 85 km

Das Handy klingelt, als ich seit ziemlich genau zehn Stunden unterwegs bin. Die Melodie stimmt mich fröhlich, und ich bremse auf Schritttempo ab und öffne gleichzeitig das kleine Fach an der Rückseite des Wagens. Dort verwahre ich außer dem Telefon ein wasserdichtes Tütchen mit meiner iranischen Kreditkarte und ein paar Visitenkarten, die ich Leuten geben kann, denen ich begegne, Menschen, die mir auf meiner Homepage folgen wollen.

Mein Smartphone ist ein etwas robusteres, wasserdichtes und stoßfestes Modell. Während meiner gut zwei Monate im Iran ist es meine Rettungsleine und manchmal die einzige Chance, mich mit Menschen auszutauschen, die verstehen, was ich sage.

Es ist Mehrdad, der mich inzwischen so gut kennt, wie nur wenige vor ihm es jemals getan haben. Er ruft aus dem nordwestlich von Teheran gelegenen Karadsch an, wo er lebt. Dort sitzt er mit Landkarten und seinem Computer und bildet den Dreh- und Angelpunkt für die etwa fünfzig Personen, die etwas mit meinem Lauf zu tun haben oder mir mit einer Übernachtungsmöglichkeit oder einer Mahlzeit helfen wollen.

»Du solltest lieber nicht im Dunkeln laufen«, sagt er.

Auf meiner Homepage kann er sehen, dass noch ein weiter Weg vor mir liegt. Allen, die Zugang zu dem passwortgeschützten Kartenbild haben, zeigt ein Spot an, wo ich mich derzeit befinde. Meine Route wird alle zehn Minuten von tropfenförmigen Markierungen angezeigt – wenn das Satellitensignal richtig funktioniert. Im Moment muss ich noch mindestens zwanzig Kilometer bis Astara, meinem Tagesziel, laufen. Dort werde ich mir Staub, Schweiß und Salz vom Leib duschen und mich in ein frisch bezogenes Hotelbett legen dürfen.

Mehrdad weiß, dass es schon dämmert. Es ist der zweiundzwanzigste September, und die Sonne geht gegen sechs Uhr unter. Bis die letzten schrägen Strahlen der Abendsonne über der gebirgigen Landschaft verschwunden sind, dauert es nur noch eine Viertelstunde. Zurück bleibt völlige Dunkelheit. Die Konturen der Straße sind dann kaum noch zu erkennen, und nicht jeder Autofahrer schaltet in der Dämmerung das Licht ein.

»Aber hier gibt es Straßenlaternen«, erkläre ich und sage in dem Augenblick die Wahrheit.

»Aha, dann bist du auf einer Landstraße?«

»Wenn Straßenlaternen die Definition für eine Landstraße sind, bin ich auf einer«, antworte ich.

Mehrdad klingt ein wenig beruhigt. Dann erzählt er mir, dass er mit einer Familie an der Straße in Kontakt steht, bei der ich diese Nacht schlafen könnte, falls ich es doch nicht bis zu dem Hotel in Astara schaffen sollte.

»Wenn es geht, möchte ich eigentlich die ganze Strecke laufen«, sage ich zögernd.

Mehrdad ist besorgt um mich, und ich möchte seine Fürsorglichkeit nicht abweisen. Es ist mir seit jeher schwergefallen zu sagen, was ich meine und will, was Mehrdad begriffen hat. Mittlerweile ruft er die Familien, bei denen ich schlafe, sogar im Voraus an, um ihnen mitzuteilen, dass ich eine Frau bin, die ungern sagt, was sie wirklich will. So erzählt er ihnen zum Beispiel, dass ich zum Frühstück gern ein Spiegelei esse und manchmal einfach möchte, dass man mich in Ruhe lässt.

Obwohl ich es nicht offen ausspreche, versteht er jetzt, dass er mich nicht überreden kann, irgendwo zu übernachten, bevor ich Astara erreicht habe.

»So, so, na ja, wenn du möchtest, bist du ihnen jedenfalls herzlich willkommen. Du bist eine starke Läuferin«, sagt er.

Wir beenden das Gespräch. Ich lege mein Handy in das Fach zurück und erhöhe das Tempo. Atme die laue Abendluft ein und fühle mich trotz der Strecke, die ich an diesem längsten Tag meines Laufs durch den Iran bereits zurückgelegt habe, gut bei Kräften. Die Straße neigt sich sachte abwärts, und es herrscht wenig Verkehr, einzelne Autos rauschen vorbei, und Baby Blue, mein Joggingwagen, wackelt dann manchmal kurz im Fahrtwind. Im Licht der Straßenlaternen erkenne ich die Konturen von Bäumen. Links von mir befindet sich etwas, das ein Bachbett sein könnte, obwohl ich nicht das Geräusch von fließendem Wasser höre, rechts steigt ein bewaldeter Hang auf.

Den Kinderwagen, mit dem ich laufe, haben meine Laufpartnerin Carina und ich auf diesen Namen getauft. Baby Blue ist ein er, ein kleiner, stabiler Junge, ungefähr fünf Jahre alt und immer zuverlässig. Als Carina und ich 2013 von der Türkei nach Schweden gelaufen sind, haben wir uns viele Geschichten über ihn ausgedacht. Bei meinem Lauf durch den Iran ist Carina allerdings nicht dabei. Baby Blue und ich sind allein.

Im Iran geht und läuft man auf der rechten Straßenseite, in Fahrtrichtung, und außerhalb der Städte gibt es keine Bürgersteige. Es kommt häufig zu Unfällen, und die Zahl der Verkehrsopfer ist im weltweiten Vergleich eine der höchsten, aber im Moment fühle ich mich trotzdem sicher. Es ist ein gutes Gefühl, umschlossen von grauer Finsternis allein auf der Straße zu sein. Die Welt besteht nur aus dem, was ich sehe, und das gefällt mir. Der Duft von Dämmerung und warmem Wald trägt mich durch die Landschaft, die nach und nach immer dunkler wird. In meiner Brust breitet sich ein heiteres Gefühl von Freude, ja, fast Glück aus.

Kurz darauf ist es stockfinster. Es ist ungefähr sechs Uhr abends, und ich habe die letzte Straßenlaterne hinter mir gelassen. Jetzt sehe ich nicht mehr, wohin ich meine Füße auf der unebenen Straße setze, und die Autofahrer sehen mich genauso wenig. Ich bleibe stehen und hole die Reflektorweste heraus. Der an Baby Blue angeschlossene Fahrradcomputer zeigt die Distanz an, die ich an diesem Tag bisher gelaufen bin: 55 Kilometer. Um mich herum gibt es nichts als das Zirpen der Heuschrecken und die Silhouette der Landschaft im Licht der Sterne.

Ich sehe einzelne Lichtpunkte, die vor mir die Gebirgskette hinaufklettern, ansonsten ist es vollkommen schwarz. Meine Augen gewöhnen sich relativ gut an die Dunkelheit, aber ich merke, dass es mir schwerfällt einzuschätzen, ob diese Lichter nun mehrere Kilometer oder nur ein paar Hundert Meter entfernt sind. Wenn mir ein Auto entgegenkommt, sehe ich weg, um nicht geblendet zu werden, weil das mein Sehvermögen im Dunkeln beeinflussen würde.

Nach einer halben Stunde in der Finsternis erahne ich rechts oberhalb der Straße etwas, das ein Haus sein könnte. Als ich näher komme, erkenne ich, dass es ein Restaurant ist. Licht strömt aus den vielen Fenstern, was gemütlich und einladend aussieht. Vor dem Restaurant parken mehrere Autos, und vom Parkplatz führt ein kleiner Kiesweg zur Hauptstraße hinunter, auf der ich laufe. Im Lichtschein des Hauses sehe ich, dass an der Abzweigung drei Männer stehen und sich unterhalten.

Ich ändere meinen Kurs ein wenig, damit ich um sie herumlaufen kann. Ich bin daran gewöhnt, angehalten zu werden, und rede eigentlich gern mit allen, die mehr über mich und mein Abenteuer erfahren wollen, aber an diesem Abend will ich einfach nur weiterlaufen. Es ist dunkel, in meinen Knien und Oberschenkeln spüre ich langsam, aber sicher schmerzhaft die fünfunddreißig Kilometer lang abwärts führende Strecke, außerdem liegt noch ein längerer Weg vor mir, bis ich mein Tagesziel erreicht habe. Im Grunde habe ich keine Zeit anzuhalten.

Als ich mich den Männern nähere, sprechen sie mich an. Wie

üblich bleibe ich stehen, und wir versuchen, einander zu verstehen. Sie sprechen kein Englisch, und ich beherrsche nur wenige Vokabeln Persisch. Es entwickelt sich ein hölzerner und plumper Dialog, in dem einzelne Wörter die ganze Kommunikation bestreiten sollen. Es ist nicht möglich, etwas näher zu erläutern oder Aussagen in nuancierende Phrasen einzubetten.

Einer der Männer trägt ein weißes Hemd und versucht, mir Tee anzubieten.

»Chai?«

Ich antworte möglichst höflich, wie ich es gelernt habe. »Na merci.« Nein, danke.

Der Mann lässt nicht locker.

»Chai?!«

Er erhebt die Stimme und sieht mich auffordernd an. Seine Augen sind groß, weit aufgerissen. Ist er high?

Obwohl streng verboten, sind Drogen im Iran ziemlich weit verbreitet und ihr Besitz wird mit langen Gefängnisstrafen, manchmal sogar mit der Todesstrafe geahndet. Seine Freunde wirken allerdings nüchtern, und ich merke, dass sein Verhalten ihnen peinlich ist. Er wiederholt seinen Wunsch, Tee mit mir zu trinken, und ich sage erneut »na merci«.

Daraufhin geht er rasch um Baby Blue herum, packt den Griff und hält ihn fest, als würde er sich weigern, ihn wieder loszulassen. Was soll das, was hat er vor?

»Davande Astara«, sage ich und versuche zu lächeln. Ich will nach Astara laufen.

»Machina Astara! Chai!«

Der Mann, der offensichtlich Drogen genommen hat, möchte also Tee mit mir trinken und mich anschließend nach Astara fahren. Sein Ton ist aggressiv, und er wiederholt immer wieder seine Worte. Ich soll mich zu einem Mann ins Auto setzen, der unter Drogen steht? Nie im Leben. Er baut womöglich einen Unfall oder fährt mich ganz woanders hin. Wie soll ich dann herausfinden, wo ich gelandet bin? Ich kann in diesem Land ja nicht einmal die Straßenschilder lesen!

Er ruft laut, und ich antworte mit einem entschiedenen »na«. Lange genug habe ich ihn freundlich behandelt, jetzt will ich weiterkommen. In mir steigt Wut auf. Ich kann hier nicht länger wichtige Laufzeit vergeuden. Da er offenbar nicht vorhat, freiwillig loszulassen, versuche ich, seine Finger aufzubiegen, aber sein Griff ist fest. Nach einer gefühlten Ewigkeit von »na merci« und Versuchen, ihn zum Loslassen zu bewegen, platzt mir der Kragen. Ich schlage ihn, so fest ich kann. Ich haue ihm direkt aufs Handgelenk. Ich weiß nicht, woher die Bewegung kommt, es geschieht rein instinktiv, aber der Mann zuckt zusammen und lässt endlich los. So schnell ich kann, laufe ich in die schützende Dunkelheit.

Mein Herz pocht. Alle Kraft ist nach vorn gerichtet. Ich will nur fort von diesem Mann, der offensichtlich bereit ist, mich zu etwas zu zwingen, was ich nicht will.

Nach ein paar Metern merke ich, dass er mir hinterherläuft. Ich höre seine Schritte näher kommen und spüre plötzlich, dass er mir auf den Po schlägt. Was zum Teufel …?

Mein Körper erhöht das Tempo, ohne dass ich mich bewusst dazu entschieden hätte, und meine Herzschläge donnern in den Ohren. Lauf, lauf einfach weiter!

Ich drehe mich nicht um, sehe nicht nach, was er macht, will Tempo und Konzentration nicht verlieren. Ich möchte bloß schnell weg.

Er scheint mir nicht zu folgen. Oder? Mein schneller Atem ist das Einzige, was ich höre, und ich kann nicht mehr klar denken. »Großer Gott, ich habe ihn geschlagen! Was wird er jetzt tun?«

Ich laufe weiter, geradewegs in die Nacht hinein, und denke an ein Gespräch zurück, das ich vor meiner Reise mit Pedram, einem meiner Kollegen bei Ericsson, geführt habe. »Wenn du als Frau angegriffen wirst und deinen Angreifer schlägst, wirst trotzdem du zur Rechenschaft gezogen, ist dir das klar? So funktioniert das Gesetz im Iran. Verglichen mit der Aussage eines Mannes sind Zeugenaussagen von Frauen im Iran nur die Hälfte wert. Steht sein Wort gegen deins, bist du dran.«

Pedram war siebenundzwanzig Jahre zuvor aus dem Iran nach Schweden geflohen und machte sich Sorgen wegen allem Möglichen, was mir bei meinem Lauf zustoßen könnte. Als wir über den Iran sprachen, schaute er sich häufig um und senkte die Stimme. Er erzählte mir von den letzten Hinrichtungen und der herrschenden politischen Unterdrückung im Land. Wie viel war ich bereit zu riskieren, fragte er. Eine Vergewaltigung? Mein Leben?

Er erkundigte sich auch, wie ich von der Reise erzählen wolle. »Wie verschlüsselst du die Texte, die du auf deinem Computer schreibst, wenn du dort bist, aber nichts veröffentlichen willst? Was tust du, wenn sie deine Sachen durchsuchen und sehen, dass du zum Beispiel etwas darüber geschrieben hast, wie die Frauen im Iran behandelt werden, oder wenn du regimekritische Gedanken formuliert hast?«, fragte er mich. Selbst wenn ich nichts schriebe, was gegen das Gesetz verstoße, werde das Regime meinen Text oder irgendetwas anderes gegen mich benutzen und als illegal bezeichnen können, um mich dafür zur Rechenschaft zu ziehen, meinte er.

Mein Sehvermögen im Dunkeln erholt sich allmählich wieder, und ich erkenne die Konturen der Bäume, die Straße und die niedrige Metallleitplanke auf der linken Seite. Seit ich von dem Berg heruntergekommen bin, ist die Landschaft relativ flach, und Baby Blue zieht mich nicht mehr so vor- und abwärts wie in den letzten Stunden.

Das Laufen bereitet mir keine Probleme, und ich spüre, dass sich die Ruhe in den Schritten auf meinen Körper überträgt. Wie lange werde ich noch brauchen? Etwa anderthalb Stunden, vielleicht noch etwas länger.

Nach einer Weile höre ich hinter mir das Geräusch eines Motorrads. Es kommt schnell näher und wird mich jeden Moment einholen. Als es neben mir ist, dreht der Fahrer sich plötzlich zu mir um und schreit, so laut er kann. Er brüllt aggressiv und ohrenbetäubend, und vor Schreck mache ich einen Satz und habe das Gefühl, zwei Meter hoch zu springen. Ich sehe noch das weiße Hemd und die aufgerissenen Augen, dann verschwindet er in der Dunkelheit vor mir.

Ich bleibe stehen. Mein Herz rast. Adrenalin wird durch die Adern gepumpt, und in den Schläfen pocht die Angst. Was hat er jetzt vor? Holt er seine ganze Familie, die aus vier Brüdern und ebenso vielen Schwägern besteht? Ruft er all seine Freunde zusammen, um mir aufzulauern? Und was soll ich tun? Es gibt doch nur diese Straße. Ich kann nicht umkehren, da ist nichts. Die Strecke vor mir ist meine einzige Chance weiterzukommen: zwanzig Kilometer mit einem erschöpften Körper und dem unleugbaren Risiko, dass ein Mann unter Drogeneinfluss und seine Kumpel aus der Dunkelheit auftauchen, um … ja, um was zu tun? Mich zu misshandeln? Mich zu vergewaltigen? Und mich anschließend am Straßenrand zurückzulassen, damit ich überfahren werde?

Als ich meinen Lauf durch den Iran plante, gaben mir viele den Rat, zur Abwehr von Menschen, die mir übel mitspielen wollen, Pfefferspray mitzunehmen. Ich selbst überlegte, ob ich für den Fall, dass ich mich schutzlos und ängstlich fühlen würde, vorsorglich eine Elektroschockpistole einpacken sollte. Wenn ich mit dem Gedanken an eine Waffe spielte, kam ich jedoch jedes Mal zu dem Schluss, dass dies dem eigentlichen Sinn meiner Reise widersprechen würde. Ich wollte durch den Iran laufen, um für Vertrauen, Neugier und Offenheit zu werben. Da konnte ich doch keine Waffe tragen. Wenn ich glaubte, dass sich meine Reise unbewaffnet nicht durchführen ließe, sollte ich sie lieber erst gar nicht antreten. Wenn ich mich von Furcht leiten ließ, konnte ich keinen Beitrag zum Frieden leisten. Außerdem glaubte ich ehrlich gesagt nicht, dass ich tatsächlich eine Waffe benötigen würde. Deshalb stehe ich nun mit leeren Händen da, habe allerdings etwas anderes dabei.

Als ich Baby Blue in Schweden versuchsweise packte, legte ich sorgsam eins nach dem anderen in die verschiedenen Packbeutel und Fächer. Als das einbeinige Fotostativ an der Reihe war, merkte ich, dass es hart war und wie ein Schlagstock aussah. Außerdem war es nicht sonderlich schwer. Ich würde es also problemlos heben und kräftig zuschlagen können. Nachdem ich das entdeckt hatte, fühlte ich mich sicherer, schämte mich aber auch ein wenig
für meine gewalttätigen Gedanken und dafür, in gewisser Weise doch eine Waffe dabeizuhaben.

In der tiefen Dunkelheit stehend, möglicherweise mit einem zugedröhnten Irren zwischen mir und der Sicherheit in Astara, wird mir klar, dass ich das Stativ unter Umständen brauchen werde.

Meine Hände zittern, als ich den untersten Packbeutel öffne, in dem sich mein Zelt, aber auch das Stativ befindet. Ich will es herausziehen, aber es bleibt stecken, und ich ziehe und zerre daran. Schnell, ich will nicht mit leeren Händen dastehen! Ein solches Herumtasten will ich vermeiden, wenn der Mann in dem weißen Hemd zurückkommt. Das Stativ soll griffbereit sein, und ich wiege es kurz in der Hand, ehe ich es oben auf Baby Blue lege, direkt unter den elastischen Riemen, der von einer Seite zur anderen gespannt ist, um das Gepäck im Wagen zu halten. Dann laufe ich weiter. Ich habe Pudding in den Beinen, zittere am ganzen Leib. Ich kann es mir nicht leisten, Angst zu haben. Hier gibt es nur mich, und ich muss mich zur Wehr setzen können.

Eine halbe Stunde vergeht, in der nichts passiert, außer dass meine Beine immer schwerer werden und mein Körper noch etwas mehr schmerzt. Die Landschaft verändert sich, die Bäume sind verschwunden, und es wird flach. Ich starre nach vorn, um Schlaglöcher im Asphalt auszumachen, und trippele vorsichtig, um Unebenheiten spüren und ausgleichen zu können. Ich fühle, dass der Untergrund glatt ist, sehe aber nicht, welche Beschaffenheit er hat. Ich glaube, er besteht aus Sand und Stein, bin mir aber nicht sicher.

Eine weitere halbe Stunde später sehe ich weit voraus einen einsamen weißen Punkt, danach noch einen und noch einen. Straßenlaternen! Endlich! Ich erkenne, dass ich mich Astara oder etwas anderem nähere, was einer Stadt gleicht, und es kommt mir vor, als würde mein Körper von neuer Energie erfüllt, ich spüre, dass ich es tatsächlich schaffen werde.

Seit einer geraumen Weile schon verläuft links von mir ein hoher Zaun mit viel Stacheldraht auf der Krone, ohne dass ich begriffen hätte, was das ist – bis jetzt. Schlagartig wird mir klar, dass es die Grenze zu Aserbaidschan ist. Ich erinnere mich an die Karte, nach der ich dem Grenzverlauf folgen sollte.

Hoch über mir sehe ich einen Wachturm, höre den Wachposten im nächsten Moment »Welcome to Iraaaaan!« über die ganze Ebene rufen und muss auf einmal lachen. Er ist freundlich. Er ist mein Freund, wir gehören zusammen. Ein unsichtbares Band verbindet uns. Als würde sich die ganze Anspannung der letzten Stunde lösen, sprudelt das Lachen förmlich aus mir heraus, ich kann gar nicht mehr aufhören.

Kurz darauf laufe ich weiter, nun aber im Licht der Straßenlaternen. Vor meinem inneren Auge sehe ich das Hotel und sehne mich nach Stille, Sicherheit, einer Dusche und danach, allein zu sein. Nachdem ich fast drei Wochen lang bei gastfreundlichen Familien übernachtet habe und mir nicht eine Minute Ruhe vergönnt war, brauche ich etwas Zeit für mich.

Die Laternen stehen immer dichter, und die Straße wird vierspurig. Ich weiß, dass Astara nahe ist, aber nicht, wie ich von der Hauptstraße aus in die Stadt komme. Die persischen Straßenschilder helfen mir nicht weiter. Ich halte Ausschau nach einer deutlich markierten Abfahrt, an der ich endlich abbiegen kann. Mein Körper kann auf jeden weiteren Kilometer verzichten.

Dann wird der Eindruck, sich in der Nähe einer Großstadt zu

befinden, auf einmal wieder schwächer. Das Licht ist gedämpft, die Straßenlaternen stehen in größeren Abständen. Schlagartig erkenne ich, dass ich falsch bin. Ich habe die Abfahrt verpasst und lasse Astara hinter mir. Ich ziehe mein Handy heraus und sehe, dass ich zwei SMS von Carina bekommen habe. In der ersten schreibt sie: »Wenn du nach Astara kommst, musst du bei der zweiten Kreuzung links abbiegen.«

Durch die Signale des Spots weiß sie exakt, wo ich bin. In ihrer zweiten SMS schreibt sie: »Du hast die Abfahrt nach Astara verpasst!« Weil der Benachrichtigungston nur ein kurzes Klicken ist, habe ich ihre SMS nicht gehört.

Ich seufze. Hätte ich ihre Mitteilung rechtzeitig gesehen, wären mir einige Kilometer erspart geblieben. Da hier, in Stadtnähe, das Internet funktioniert, klicke ich Google Maps an, wende Baby Blue und laufe mit dem Telefon in der Hand zurück.

Ein paar Hundert Meter weiter finde ich die richtige Abfahrt. Die Straßen und Häuser umarmen mich mit ihrem Licht und ihren Menschen. Ihrer Wärme. Hier gibt es keine finsteren Gehölze, und der Mann in dem weißen Hemd ist keine Bedrohung mehr.

In einem Kreisverkehr auf dem Weg ins Stadtzentrum bin ich verwirrt und weiß nicht, welche Richtung ich einschlagen soll. Mehrdad hat mir eine Adresse geschickt, aber Persisch ist schwer zu deuten, wenn man keinen Buchstaben versteht. Plötzlich taucht ein Streifenwagen mit vier grün gekleideten Militärpolizisten auf.

Oh nein, nicht die Polizei, nicht jetzt.

Sie halten neben mir und lassen die Scheibe herunter.

»Passport, please!«

Sie treten lässig autoritär auf, und ich habe ein ungutes Gefühl, was allerdings auch an dem liegen mag, was ich kurz zuvor erlebt habe. Da ich die Sprache nicht beherrsche, schärfe ich meine Intuition und merke schnell, ob mir ein Mensch freundlich gesinnt ist oder nicht, und jetzt sagt mir mein Gefühl, dass diese Polizisten es darauf anlegen, ihre Macht zu demonstrieren. Bisher haben das nur sehr wenige Polizisten getan, die meisten sind ausgesprochen hilfsbereit.

Ich seufze und ziehe meinen Pass heraus. Sie schauen hinein, nicken hochmütig, geben ihn mir zurück, bedanken sich und fahren weiter. In meinem Körper breitet sich Erleichterung aus. Und Müdigkeit. Ich bleibe im Kreisverkehr stehen und weiß immer noch nicht, welche Straße ich nehmen soll. Ein Taxi hält. Der Fahrer lächelt, und ich lächele auch und zeige ihm die Adresse in meinem Telefon. Er lächelt erneut und gibt mir zu verstehen, dass ich ihm folgen solle. Es ist eine kurze Strecke von wenigen Hundert Metern, und er fährt vor, um mir den Weg zu zeigen. Als wir angekommen sind, will er kein Geld annehmen, lächelt stattdessen zum dritten Mal, hält sein Handy hoch und fragt: »Ax?« Ich nicke. Er macht ein Selfie von uns beiden und winkt mir zum Abschied zu. »Ax« ist eines der ersten Wörter, die ich im Iran gelernt habe, es bedeutet »Bild«. Ich lächele dankbar und denke daran, wie viele nette und hilfsbereite Menschen es doch gibt!

Dann bugsiere ich Baby Blue die Treppenstufen zum Hotel hinauf. Vor mir liegt ein roter Teppich, links befindet sich die Rezeption. Mehrdad hat mein Kommen angekündigt und der Portier den Meldeschein bereits ausgefüllt. Ich ziehe meinen Pass heraus und ergänze die fehlenden Angaben.

Ich bin müde und erledigt, triumphiere aber trotzdem. Ich habe es geschafft! Der Fahrradcomputer ist bei 85 Kilometern stehen geblieben. Stolz mache ich ein Bild davon und poste es auf Facebook. Ich weiß, dass sich viele, die mir im Internet folgen, wegen dieser Etappe Sorgen gemacht haben. Vierzehn Stunden habe ich gebraucht, um mein Ziel zu erreichen. Jetzt wissen sie, dass ich in Sicherheit bin.

Der Mann am Empfang fragt, was ich essen möchte, und ich entscheide mich für »Zereshk Polo«, Reis mit getrockneten süßsauren Beeren und Hähnchenfleisch. Ich schleppe mich ins Restaurant und setze mich an einen der Tische. Ich bin der einzige Gast. Mein

Körper ist schlapp, aber nicht steif. Als das Gericht serviert wird, genieße ich seinen Duft. Ich esse alles auf, jedes einzelne Reiskorn. Nach der Mahlzeit hilft der Mann in der Küche mir, Baby Blue die verwinkelte Treppe zu meinem Zimmer hochzutragen. Ich stelle mich angezogen unter die Dusche, seife die Kleider ein, ziehe sie anschließend aus und lasse sie im Wasser auf dem Boden liegen, während ich den Körper einseife. Hinterher wringe ich sämtliche Kleidung gründlich aus. Es ist wichtig, dass sie bis zum morgigen Lauf trocken sind. Ich hänge sie über einen Stuhl und breite sie auf
dem Schreibtisch aus.

Schließlich lege ich mich aufs Bett und tue nichts. Lausche lediglich den Geräuschen von der Straße, lasse zu, dass mein ausgepumpter Körper zur Ruhe kommt. Greife schließlich nach meinem Telefon und lasse Tina Turners »The Best« laufen. Es ist der Song, den ich gehört habe, als ich den Weltrekord auf dem Laufband aufstellte, und immer, wenn es gerade hart ist, singe ich ihn. Ich mag den Text: »You're simply the best, better than all the rest, better than anyone, anyone I ever met.«

Er tröstet mich und hilft mir, an mich zu glauben. Ich beschließe, vor dem Einschlafen noch zu bloggen, obwohl ich eigentlich zu müde dafür bin. Ich weiß, dass die Einträge in meinem Blog für meine Schwester und meine Eltern wichtig sind. Und für meinen Lebensgefährten Fredrik. Sie zeigen ihnen, dass ich angekommen bin und es mir gut geht. Außerdem weiß ich, dass der Blog für manche Menschen zu einer Art Gutenachtgeschichte geworden ist.

Also blogge ich, wenn auch nur kurz, erzähle aber nichts von dem, was passiert ist, nichts von dem Mann in dem weißen Hemd, der mich in der Dunkelheit gejagt hat.

Ich habe heute einen Mann geschlagen. Ich weiß nicht, ob das verboten ist, oder welche Strafe darauf steht. Dagegen weiß ich, dass ich mich in einem Land aufhalte, das ich nicht kenne, in einem Land, das in dem Ruf steht, willkürlich zu agieren, wenn es um Rechtssicherheit geht. Schon bei den Vorbereitungen zu meinem Lauf habe ich zu spüren bekommen, was es bedeutet, eine Figur in einem politischen Spiel zu sein. Ich weiß nicht, wer meinen Blog liest, und will keinem einen Grund geben, mich in Schwierigkeiten zu bringen, für welche läppische Handlung auch immer.

Mein rationales Ich sagt mir, dass der Mann mich wegen des Schlags auf das Handgelenk niemals anzeigen wird. Er stand unter Drogen und Drogenmissbrauch, das könnte für ihn mit der Todesstrafe enden. Meine Angst ist jedoch nicht rational. Und so bleibt trotz allem ein vages Unbehagen. Was wird aus mir, wenn er mich wegen Körperverletzung anzeigt? Dann bin ich erledigt, dann wird man mich zur Rechenschaft ziehen, weil ich eine Frau bin. Einen Satz, wie ich ihn gerade zu Papier gebracht habe, könnte das Regime außerdem als Kritik auffassen und mich verhaften lassen. Deshalb schreibe ich lieber nichts darüber.

Ich erzähle auch Mehrdad nichts davon, sonst würde er mir nie mehr erlauben, im Dunkeln zu laufen, und ich möchte mich nicht einschränken lassen. Es ist ein ganz eigenes Gefühl, so umsorgt zu werden, obwohl ich ganz allein bin. Mehrdad ist mein Leibwächter, trotzdem verschweige ich ihm gewisse Dinge, denn letztlich ist es meine Entscheidung, meine Angst und mein Mut.

Erster Teil

Ein Leben in Freiheit

Bis zum Alter von einunddreißig Jahren wäre ich freiwillig nicht einen einzigen Meter gelaufen.

Laufen existierte in meiner Welt nicht. Es war langweilig und anstrengend, außerdem hatte man mich in der Schule dazu gezwungen.

Geweckt wurde mein Interesse erst, als eine Schulfreundin mich eines Tages anrief und fragte, ob ich Lust hätte, mit ihr am Stockholmer Frauenlauf über zehn Kilometer teilzunehmen. Die Herausforderung reizte mich irgendwie.

Ich kann es ja mal probieren, dachte ich und suchte einen Trainingsanzug heraus.

Meine Schulfreundin lief mir schnell davon. Nach acht Kilometern war ich todmüde, und meine Beine brannten, aber als ich umgeben von Plastikkonfetti auf die Zielgerade bog, jubelte alles in mir. Überall sah ich lächelnde Frauen mit geröteten Wangen. Die Kraft in diesen Frauen und ihrem Lauf war riesengroß. Spaß hatte es mir auch gemacht!

In der folgenden Woche fuhr ich in das Naherholungsgebiet Lida in Tullinge nahe Stockholm und lief fünfzehn Kilometer. Es war eine Tortur, meine Waden schmerzten, aber der unerwartete Genuss überwog. Ich sog den Duft der Kiefernnadeln auf dem Erdboden ein und sah Vögel, die sich vor dem Herbst auf ihren Zug vorbereiteten. Als ich heimkam, war ich sehr zufrieden mit mir. Meine Beine, fünfzehn Kilometer! Wow!

In den nächsten Tagen fühlte ich am ganzen Körper, dass ich ihn herausgefordert hatte, und genoss es, die Glieder zu dehnen und zu drehen, um meinen Muskelkater zu spüren. Damals wusste ich es noch nicht, aber das Laufen sollte meine Medizin und die Basis für mein zukünftiges Leben werden. Eine neue, mit vielen Dienstreisen verbundene Arbeit, die mir gar nicht gefiel, frustrierte mich. Parallel zu meiner unbefriedigenden beruflichen Situation versuchte ich viele Monate erfolglos, schwanger zu werden. Das Gehirn streikte, und der Körper brach zusammen. Ein paar Monate

nachdem ein Arzt mich wegen eines Burn-outs krankgeschrieben hatte, teilte mir die Liebe meines Lebens mit, er wolle nicht mehr mit mir zusammenleben. Das war ein schwerer Schlag für mich. Was war mir eigentlich gelungen, wenn ich nicht arbeiten und kein Kind bekommen konnte und von meinem Mann verlassen wurde?

Das Laufen half mir bei der Bewältigung dieser Lebenskrise. Als ich allmählich aus meiner Erschöpfungsdepression herausfand, erlebte ich bei meinen Laufrunden zum ersten Mal seit langer Zeit Momente des Glücks. Ich meldete mich beim Stockholmer Halbmarathon an und liebte die Erfahrung. Als ich ein halbes Jahr später geschieden war, lief ich meinen ersten Marathon und geriet in einen Glücksrausch, den ich mir niemals hätte vorstellen können. Das Laufen füllte zudem die Leere aus, die die vergeblich gewünschten Kinder hinterlassen hatten.

Durch das Laufen lernte ich mich selbst kennen. Ich genoss es, mich zu bewegen, und merkte, dass der Spaß für mich erst richtig anfing, wenn es den anderen langweilig wurde. Ich erkannte, dass meine Beine mich an Orte tragen konnten, an denen ich nie zuvor gewesen war, und sei es auch nur in die Stockholmer Parks und Naherholungsgebiete, und dass das Abenteuer, das Ziel der Reise nicht zu kennen, meinen Körper kribbeln ließ. Durch das Laufen verbrachte ich viele Stunden allein und hatte viel Zeit, über mein Leben nachzudenken – oder die Gedanken ruhen zu lassen, wenn mir das lieber war.

Nach meinem ersten Marathon wollte ich unbedingt eine noch größere Strecke laufen und begann zu recherchieren. Strecken, die länger sind als ein Marathon, werden Ultraläufe genannt, wobei man Zeit- und Distanzläufe unterscheidet. Wenn es über eine bestimmte Zeit geht, laufen die Teilnehmer auf einer Bahn immer im Kreis und beim Schlusssignal hat der Läufer gewonnen, der in der Zeit, für die man gemeldet ist, die weiteste Strecke zurückgelegt hat. Das kann eine Stunde, das können aber auch sechs, zwölf, vierundzwanzig, achtundvierzig oder sogar zweiundsiebzig Stunden sein. Die klassische Strecke ist der Sechstagelauf. Das Gegenmodell bilden Läufe über eine bestimmte Distanz, meist fünfzig oder hundert Meilen, was gut achtzig beziehungsweise hundertsechzig Kilometern entspricht.

Ich wollte es ausprobieren, aber für welches Konzept sollte ich mich entscheiden? Eine bestimmte Zeit lang zu laufen, erschien mir naheliegend – die Läufer bleiben auf einer Bahn und können problemlos aussteigen, wenn es ihnen zu anstrengend wird oder sie sich verletzen –, aber ich traute mich noch nicht recht und beschloss deshalb, stattdessen meine Freundin Emelie zu unterstützen, die vierundzwanzig Stunden laufen wollte, um zu schauen, wie weit sie kommen würde. Es war ein Erlebnis, das mir die Tür zu einer völlig neuen Welt öffnete.

In der Ultrakultur waren offensichtlich alle willkommen – Frauen, Männer, Übergewichtige, Alte – und jeder Läufer erlebte die Veranstaltung auf seine eigene, ganz persönliche Art. Während der vierundzwanzig Stunden liefen die Spitzenathleten konstant, sie reduzierten sogar die Zahl ihrer Toilettenbesuche. Andere machten lange Pausen, setzten sich, um eine Banane zu essen, oder legten sich auf eine Matte und schliefen zwei Stunden. Bei einem dieser Läufe sah ich sogar den siebenjährigen Arvid! Er lief eine Runde, blieb stehen und umarmte seine Mutter, lief noch eine, blieb stehen und legte eine Pfannkuchenpause ein, lief noch zwei. Ruhte sich aus.

Bei vielen klassischen Distanzen, zum Beispiel einem Marathonlauf, ist es nicht weiter ungewöhnlich, dass die Zuschauer und gelegentlich sogar die Veranstalter zusammenpacken und nach Hause gehen, noch ehe die letzten Teilnehmer das Ziel erreicht haben. Bei Ultraläufen ist das anders. Der Gewinner wird selbstverständlich gefeiert, aber auch der letzte Ankömmling im Ziel. Ihre oder seine Leistung ist schließlich mindestens genauso groß und manchmal sogar noch größer, wenn die Person länger gelaufen ist. Manchmal wird der letzte Teilnehmer im Ziel sogar mit einem Feuerwerk geehrt.

Das war mein Ding. Sieben Monate später nahm ich an meinem ersten 24-Stunden-Lauf teil. Als der Startschuss knallte, dachte ich verwirrt: Ah ja, jetzt soll ich also auf einer Vierhundertmeterbahn einfach einen Tag lang immer im Kreis laufen? Gleichzeitig erschien mir das wie ein Luxus. Vierundzwanzig Stunden für mich allein! Ich durfte tun, was ich wollte – Musik hören, mit anderen reden, einfach meinen Gedanken nachhängen.

Über das Laufen fand ich auch viele neue Freunde, lernte aber vor allem Carina Borén kennen. Bei einem Lauf in Täby 2010 liefen wir siebzig Kilometer zusammen und waren seither unzertrennlich. Ich hatte meinen »partner in adventure« gefunden. Wir liefen gemeinsam, lachten, schwitzten und veranstalteten schließlich ein Wochenende für Schwedens Ultraläufer, zu dem wir einen Professor aus Südafrika einluden, gemeinsam aßen, einander kennenlernten, plauderten und natürlich liefen. Carina war es auch, die mir beistand, als ich auf die vierzig zuging und versuchte, ohne festen Partner ein Kind zu bekommen. Ich hatte einige Jahre auf den Vater meiner zukünftigen Kinder gewartet und irgendwann begriffen, dass er mich nicht rechtzeitig finden würde, sodass ich in einer Kopenhagener Klinik drei Mal eine In-vitro-Fertilisation durchführen ließ. Nach diesen Versuchen saßen Carina und ich bei ihr daheim und aßen Gebäck. Sie hatte für Kindergeburtstage gedachte Servietten gekauft, um der Feier die passende Atmosphäre zu geben und meinen Eizellen auf die Sprünge zu helfen. Carina hatte auch keine Kinder, und falls ich schwanger werden sollte, würde sie sich die zehn gesetzlich vorgesehenen Vatertage freinehmen und als Zweitmutter fungieren, so hatten wir es beschlossen. Zeitgleich planten wir unseren ersten Lauf über eine wirklich lange Distanz. Falls aus dem Kind nichts werden sollte, wollte ich mich auf etwas anderes freuen können, und Carina wünschte sich, ein Abenteuer zu erleben. Unsere Wahl fiel auf einen Lauf von der Türkei nach Hause. Auf dieser Route würden wir besonders viele Länder durchqueren, die wir nicht kannten, die Türkei, Bulgarien, Rumänien, die Ukraine, Polen, Litauen, Lettland und Estland. Es war ein Abenteuer, das uns Freude schenken würde, wenn aus dem Kind nichts wurde.

Der Schwangerschaftstest fiel nie positiv aus. Mutter zu werden durfte ich leider nicht erleben. Als man mir das erste Mal zwei befruchtete Eizellen einsetzte, hatte ich das Gefühl, goldene Eier in meinem Bauch zu tragen. Ich wiegte sie, träumte von ihnen, umhegte sie. Doch der Test war negativ, und kurz darauf bekam ich meine Tage. Danach wagte ich nicht mehr zu hoffen. Der Absturz war so bitter.

Die Kinderlosigkeit erfüllte mich mit großer Trauer, bescherte mir aber auch völlige Freiheit. Nun konnte ich bedingungslos meiner inneren Stimme folgen. Carina und ich setzten unsere Pläne in die Tat um und liefen 2013 drei Monate von der Türkei nach Stockholm. Die letzte Etappe von Finnland aus paddelten wir. Es war der Startschuss zu einer ganzen Reihe toller gemeinsamer Abenteuer.

Beruflich versuchte ich, weiter guten Mutes zu bleiben, so gut es eben ging. Ich arbeitete als Ingenieurin bei Ericsson, saß in der Firmenzentrale in Kista nahe Stockholm und war damit beschäftigt, Drittprodukte in Ericssons Softwarelösungen zu integrieren, aber in Wahrheit beanspruchte das Laufen einen immer größeren Teil meiner Lebenszeit, und ich liebte es.

Nach der Türkeireise dachte ich umgehend über das nächste Abenteuer nach, was würde es sein? Ich wollte mehr in der Region rund um die Türkei laufen, die Gegend war schön, und die Menschen waren sehr freundlich. Beim nächsten Mal sollte meine Reise aber auch eine tiefere Bedeutung haben.

In den vergangenen Jahren war mir aufgefallen, dass zwischen den Menschen überall auf der Welt immer stärker Angst grassierte. Die Kluft zwischen dem Westen und dem Islam schien täglich größer zu werden. Die Basis für unser Weltbild bilden häufig Vorstellungen, deren Ausgangspunkt die Furcht vor einer anderen Religion oder vor einem anderen Volk ist. Ich selbst bilde da keine Ausnahme.

Deshalb beschloss ich, durch den Iran zu laufen, ein Land, in dem das Regelwerk der Scharia galt, zu dem ich keinerlei Verbindung hatte und das ich etwas diffus mit »gefährlichen Ländern im Mittleren Osten« in einen Topf warf. Ich hoffte, mir und der Welt beweisen zu können, dass so viel Angst unbegründet ist. Dies würde mir am besten gelingen, wenn ich mich etwas stellte, wovor ich Angst hatte, und ein Lauf durch den Iran gehörte zum Furchteinflößendsten, was ich mir überhaupt vorstellen konnte. Ein perfektes Projekt, das wahrscheinlich einige Aufmerksamkeit erregen würde, genau, wie ich es wollte.

Wovor hatte ich Angst? Vor Männern mit drohenden Fäusten, die mich mit Steinen bewerfen oder jagen würden, um mein gottloses Verhalten zu stoppen, als Frau frei durch ihr Land zu laufen? Oder davor, dass ich Gefahr lief, zum Opfer einer Gruppenvergewaltigung oder eines Lynchmobs zu werden, der meinen verbrannten, zerstückelten Körper anschließend in einen Fluss warf? Meine Fantasie kannte keine Grenzen und war makaber.

Durch unseren Lauf von der Türkei nach Schweden hatte ich jedoch gelernt, dass viele unserer Ängste Vorurteilen geschuldet sind und sehr wenige dieser Vorurteile, wenn überhaupt eines, mit der Wirklichkeit übereinstimmen. Ich dachte, wenn meine

Ängste einem unbekannten Land gegenüber so aussehen, geht es vielen anderen wahrscheinlich genauso. Und wenn ich mit einer Reise zu Fuß durch den Iran Vorurteile widerlegen und auf diese Weise Angst und Fremdenfeindlichkeit verringern könnte? Dann würde bei meinem Lauf nicht nur ich im Mittelpunkt stehen, die zwei Monate lang einen Fuß vor den anderen setzt, sondern etwas, das andere Menschen vielleicht grundsätzlich beeinflussen kann.

Ich bin in einer gläubigen Familie aufgewachsen. In unserem kleinen Ort in Nordschweden war die Sonntagsschule ein wichtiger und ganz selbstverständlicher Treffpunkt für sämtliche Kinder, und meine Eltern gingen sowohl ins Gebetshaus als auch in die Kirche. Mein christlicher Kinderglaube hat sich im Laufe der Jahre in eine Richtung verändert, die ich als wahr empfinde. Mein Glaube besteht darin zu tun, wonach sich mein Herz sehnt. Gott hat mir eine Sehnsucht eingepflanzt, und ihr zu folgen heißt, Gottes Weg zu folgen. Dadurch, dass ein Teil Gottes in mir ist, bin ich Gott, und Gott ist ich. Das gilt für alle Menschen. Wenn ich meinem Herzen folge und damit den Weg einschlage, den Gott für mich vorgesehen hat, fühle ich mich gut und verbreite Gutes.

Mein unerfüllter Kinderwunsch machte mich zwar sehr traurig, aber ich sah darin auch ein Zeichen. Wenn Gott wollte, dass ich mich nicht meinen Kindern, sondern dem Laufen widmete, dann sollte es eben so sein.

Und mit den Leitsternen Vertrauen, Neugier und Offenheit beschloss ich, durch den Iran zu laufen, und wollte es allein tun.

Will ich sterben, ohne es versucht zu haben?

 Ende 2014 stellte ich einen Weltrekord im 48-Stunden-Lauf auf dem Laufband auf. Im Februar 2013 hatte ich den 12-Stunden-Rekord aufgestellt, und zwischen März und Juli war ich mit Carina von der Türkei nach Hause gelaufen.

Als ich zwölf Stunden lief, bestand die größte Herausforderung darin, dass das Publikum bei mir bleiben durfte, ganz gleich, ob ich nun Erfolg haben oder scheitern würde. Ich empfand die Zuschauer als ungeheuer inspirierend und merkte, dass ich umgekehrt sie inspirierte. Ich durfte im Mittelpunkt all des Positiven stehen, das so entstand. Jetzt wollte ich das wieder erleben und achtundvierzig Stunden war ich nie zuvor gelaufen.

Den 48-Stunden-Rekord stellte ich genau wie den 12-Stunden-Rekord im Fitnessstudio Actics in Kista auf, und das Ganze entwickelte sich zu einem regelrechten Volksfest. Mir gänzlich unbekannte Menschen kamen zu mir und feuerten mich an, gaben Blumen und Geschenke für mich ab. Im Publikum stand auch ein Mann namens Amir Nazari. In den folgenden Monaten wurden Amir und ich enge Freunde, und heute frage ich mich, ob aus dem Lauf durch den Iran ohne ihn überhaupt etwas geworden wäre.

Bei einer unserer ersten Begegnungen gingen wir Kaffee trinken. Amir wollte einen Rekord im Spinning aufstellen und erfahren, wie das Regelwerk funktionierte.

Er war ein Mann von etwa fünfzig Jahren mit wachen Augen und grau melierten Haaren. Wenn er sprach, hörte man in seinem ansonsten fehlerfreien Schwedisch einen leichten Akzent. Außerdem ging er auf Krücken. Dieser Mann, der Gehhilfen benötigte, wollte einen Weltrekord im Spinning aufstellen? Ich wunderte mich, traute mich aber nicht, ihn danach zu fragen.

Er erzählte, eines seiner größten Hobbys sei Radfahren, er nehme an Rennen in ganz Schweden teil. Momentan überlege er, ob er etwas tun könne, was meinem Weltrekord gleichkommen würde, allerdings im Bereich Indoorcycling. Anschließend erzählte er, er stamme aus dem Iran, wo vor mehr als fünfundzwanzig Jahren seine Liebe zum Radfahren geweckt worden sei.

Iran! Oh, wow! Ich erzählte ihm auf der Stelle von meinem Plan, durch sein früheres Heimatland zu laufen. Ich sagte, ich hoffte, der Welt mit einem Lauf durch den Iran zeigen zu können, dass ein Großteil der herrschenden Angst unnötig sei. Amir hielt mitten in einer Bewegung inne und sah mich mit seinen braunen Augen an:

»Wenn du durch mein altes Heimatland läufst, verspreche ich dir, alles zu tun, was in meiner Macht steht, um dir zu helfen«, erklärte er und schien jedes Wort zu meinen. Dann erzählte er mir, wie er in den Achtzigerjahren nach Schweden gekommen war. Dass seine Beine im Iran-Irak-Krieg von Granatsplittern zertrümmert worden waren, als er Verwundete zum Feldlazarett trug, womit er in gewisser Weise jedoch Glück gehabt hatte. Da er keinen Militärdienst mehr leisten konnte, erhielt er einen speziellen Ausweis, der es ihm erlaubte, aus dem Iran auszureisen, wenn er dies wollte.

Als er zweiundzwanzig war, fiel ihm eine Reise nach Rumänien ins Auge. In Rom und Stockholm sollte er umsteigen. Amir schlug zu. Er hatte nicht die Absicht, jemals in Rumänien anzukommen, stieg stattdessen in Stockholm aus dem Flugzeug und stellte einen Antrag auf politisches Asyl. Seine Mutter war damals seit vier Jahren tot, von seinem Vater, seinen Geschwistern und Freunden hatte er sich verabschiedet. Er ging davon aus, dass er nie mehr zurückkehren würde.

Amir durfte schließlich in Schweden bleiben, wurde Ingenieur,

Vater und Radfahrer. Die Kriegsverletzung behinderte ihn beim Gehen, bereitete ihm beim Radfahren jedoch keine Probleme.

Amir und ich wurden Freunde. Ich lernte seine Frau und Kinder kennen, und er lud mich zu seinem fünfzigsten Geburtstag ein.

Einige Tage nach diesem Fest setzen wir uns mit einer Landkarte zusammen und planen meine Reise. Welche Route eignet sich am besten, wenn ich den Iran durchqueren möchte?

»Ich laufe gern in schöner Natur«, sage ich über die Karte gebeugt.

»Dann schlage ich vor, dass du hier läufst. Das ist die grüne Lunge des Irans. Dort ist es nicht so heiß, dafür aber feucht«, meint Amir und zeigt auf das grüne Gebiet südlich des Kaspischen Meers.

Es kribbelt im Bauch. Die grüne Lunge des Irans, das will ich sehen! Aber ich möchte auch eine Strecke laufen, die lang genug ist, um mit Recht sagen zu können, dass ich das Land durchquert habe. Der Iran ist mehr als dreimal so groß wie Schweden. Nur die etwa sechshundert Kilometer von der türkischen Grenze bis an die Grenze zu Aserbaidschan zu laufen, wäre mir wie ein Betrug vorgekommen.

Amir wirkt nachdenklich.

»Es wäre bestimmt gut, wenn du Kurdistan meiden würdest, das an der Grenze zum Irak liegt. Dort kommt es häufiger zu Unruhen. Der Südosten des Irans, Belutschistan, ist ebenfalls unruhig, und die Grenzregion zu Afghanistan solltest du lieber nicht besuchen. Dort spielt der Drogenhandel eine große Rolle, und es gibt viele Flüchtlinge.«

»Könnte ich vom Kaspischen Meer zum Persischen Golf laufen?«, erkundige ich mich.

»Große Teil des Irans bestehen aus Wüste, ich denke, auf der Route würde es für dich sehr hart werden«, antwortet Amir. »Außerdem sind die Entfernungen zwischen den Städten groß.«

»Ich kann nur Verpflegung für einen Tag mitnehmen«, sage ich.

»Ich muss also Dörfer oder Städte in einem Abstand von ungefähr fünfzig Kilometern finden.«

Amirs Blick richtet sich erneut auf die Karte.

»Dann würde ich vorschlagen, dass du diese Route nimmst«, sagt er und zeigt sie mir mit dem Finger. Los geht es im nordwestlichen Iran, wo das Land an die Türkei grenzt, und von dort über Berge und durch Wüste zum Kaspischen Meer. Es ist anstrengend, mit einem etwa vierzig Kilo schweren Kinderwagen bergauf zu laufen, aber die Berge scheinen nicht besonders hoch zu sein. Hinter dem Kaspischen Meer schiebt sich Amirs Finger weiter bis zur Grenze nach Turkmenistan. Wir messen zwischen Daumen und Zeigefinger und schätzen die Strecke auf eintausendsechshundert Kilometer. Carina und ich sind damals dreitausendzweihundertfünfzig Kilometer gelaufen. Das hier ist nur die Hälfte. Ein Kinderspiel!

»Das sind tausend Meilen«, sage ich begeistert und denke an die Meilenwettbewerbe bei Ultraläufen. »Vielleicht taufe ich meinen Lauf ja ›Tausend und eine Meile‹.«

Carina und ich sind zwischen Istanbul und Tallinn an fünfundsiebzig Tagen hintereinander im Durchschnitt einen Marathon pro Tag gelaufen, gefolgt von ein paar weiteren Kilometern in Finnland. Fünfzig oder siebzig Kilometer pro Tag zu laufen, sollte also kein Problem sein. Diesmal will ich mir mehr Zeit nehmen, zu schreiben und Menschen zu treffen, aber fünfunddreißig Kilometer pro Tag dürften eigentlich kein Problem darstellen. Das Ziel ist nicht bloß der Lauf selbst, sondern auch, Aufmerksamkeit zu erregen und anderen zu zeigen, was ich erlebe. Es wird sich hoffentlich herausstellen, dass die meisten Leute, denen ich begegne, ganz normale, freundliche Menschen und keine gefährlichen Fremden sind, wie Muslime manchmal gesehen werden. Ich habe durchaus vor, auch über Probleme zu schreiben, auf die ich stoße und die vielleicht sogar Vorurteile bestätigen. Meine Reise wäre sinnlos, wenn ich beschönigen würde, was ich erlebe, nur um so meine Grundhaltung zu verteidigen, dass der Mensch und die Welt größtenteils gut sind.

Ich stelle mir den Iran und die Dinge vor, die ich dort erleben werde. Ich sehe Männer in weißen fußlangen Gewändern mit schwarzen Bändern um Kopftücher vor mir, die Kamelkarawanen über die Sanddünen der Wüste führen. Mir ist bewusst, dass dies ein überholtes Fantasiebild ist, dennoch setzt es sich hartnäckig fest. Alle Männer sind gleich und streng religiös, während die Frauen sich stärker nach Freiheit sehnen. Die achtzig Millionen Menschen zählende Bevölkerung ist für mich eine homogene Gruppe, die guttural spricht und laut ist. Dabei weiß ich eigentlich schon, dass Persisch als das »Französisch des Mittleren Ostens« gilt und eine weiche, fließende Sprache ist.

In meiner Vorstellung ist der Iran ein gesetzloses Land, in dem mich jeder hinter Gitter bringen kann, wenn ihm danach ist. Mir schwebt außerdem vor, dass viele Iraner gut ausgebildet sind, sorgsam gebügelte Kleider tragen, berühmte Dichter zitieren und viel über Geschichte wissen.

An meinem Arbeitsplatz wird meine bevorstehende Reise von vielen enthusiastisch aufgenommen und unter den Schweden-Iranern, die bei Ericsson arbeiten, verbreitet sich die Neuigkeit wie ein Lauffeuer. Sie melden sich bei mir mit Zuspruch und guten Ratschlägen, und die Tatsache, dass ich ausgerechnet durch ihr Heimatland laufen werde, lässt ihre Augen leuchten.

Aber nicht alle sind zufrieden, vor allem mein direkter Vorgesetzter murrt. Will ich mir etwa schon wieder freinehmen? Zur gleichen Zeit werden in unserem Unternehmen weitere Entlassungen angekündigt.

Die letzten Jahre waren für Ericsson schwierig, und viele haben ihre Stelle verloren. Als die Lage besonders schlimm war, verkleinerte sich die Belegschaft von einhundertsiebzehn- auf vierundfünfzigtausend Angestellte. Jetzt sollten weitere zweitausend Stellen abgebaut werden, und die Zahl der Mitarbeiter in meiner Abteilung musste um zwanzig Prozent reduziert werden.

Ich war vierundvierzig und mochte meine Kollegen, fand meine

Arbeitsaufgaben jedoch sinnlos. Dann kam mir eine Idee. Sollte ich hier wirklich noch zwanzig Jahre herumsitzen und mich langweilen, oder konnte Ericssons Ankündigung meine Eintrittskarte zu einem anderen Leben werden?

Ich hatte bereits eine ganze Reihe von Vorträgen über meine Weltrekorde und Abenteuer gehalten. Auch der bevorstehende Lauf durch den Iran hatte im Vorfeld einiges Interesse geweckt. Deshalb ging ich davon aus, dass sich auch nachher viele dafür interessieren würden. Meine Vorträge wurden geschätzt, häufig bekam ich tosenden Applaus. Viele kamen hinterher zu mir und wollten mit mir reden und mehr erfahren. Vielleicht bestand ja die Möglichkeit, von meinen Abenteuern und dem, was mir am meisten am Herzen liegt – das Laufen –, zu leben. Durch das Laufen und andere Herausforderungen entwickele ich mich menschlich weiter.

Ericsson hat Angestellten, denen gekündigt wurde, stets eine großzügige Abfindung gezahlt. Sollte ich also dafür sorgen, von Ericsson einen warmen Abschiedsgruß auf dem Weg in mein neues Leben zu bekommen? Beim bloßen Gedanken kribbelte es am ganzen Körper. Und wenn es schiefgeht? Tja, dann werde ich eben in einer Imbissbude arbeiten müssen, habe es aber immerhin versucht.

Will ich sterben, ohne es versucht zu haben?

Ich ging zu meinem Chef und sagte ihm, wie die Dinge lagen.

»Von mir aus dürfen Sie mich gerne feuern.«

Innerlich hatte ich mir bereits das Bild eines Lebens ohne Schreibtisch und sinnlose Projekte ausgemalt, in dem ich mich häufiger mit Freunden treffen und mehr laufen konnte. Ich war wirklich neugierig: Wer bin ich in völliger Freiheit? Welche ungeahnten kreativen Talente werden aufblühen? Schlummert in mir eine Unternehmerin, die zum Vorschein kommt, sobald ich ihr die Chance dazu gebe? Irgendwann im Leben wollte ich das erleben, und vierundvierzig schien mir dafür das perfekte Alter zu sein. Hellwach und stark, mit der ganzen Welt vor meinen Füßen. Bei Ericsson hatte ich mich darin geübt, Vorträge zu halten, auch extern. Eine Basis für meine Selbstvermarktung existierte also schon.

Es gab durchaus Signale, die mir nahelegten, lieber an meinem Schreibtisch zu bleiben. Mehrere Persönlichkeitstests sowie diverse Therapeuten, die ich aufgesucht hatte, zeichneten das gleiche, eindeutige Bild: Ich bin ein vorsichtiger Mensch, möchte immer alles unter Kontrolle haben und bin nicht sonderlich risikofreudig.

Es deutete mit anderen Worten alles darauf hin, dass Abenteuer keine geeignete Beschäftigung für mich waren. Sich als Läuferin selbstständig zu machen, erfordert nämlich einen gewissen Hang zum Exhibitionismus, weil man sein Geld nicht mit dem Laufen selbst verdient, sondern mit den Vorträgen, die man darüber hält. Als die introvertierte, nach Sicherheit dürstende Nordschwedin, die ich nun einmal war, hätte ich folglich bei Ericsson bleiben und bis zu meiner sicheren Rente ein ebenso sicheres monatliches Gehalt beziehen sollen.

Ich hatte jedoch beschlossen, mein Leben nicht von Furcht bestimmen zu lassen. Mich lockte ein anderes Dasein, und ich war bereit, es zu testen.

Mit Amirs Hilfe war die Planung meines Laufs bereits weit fortgeschritten. Nun stellte sich die Frage, ob ich Urlaub bekommen würde, um in den Iran zu fahren, oder ob ich den Urlaub erst gar nicht beantragen musste, da ich ohnehin keinen Job mehr haben würde. Das schlimmste Szenario sah so aus, dass man mich weder entlassen noch mir Urlaub genehmigen würde. Was sollte ich dann tun? Ich wusste, was ich wollte, traute mich aber nicht, die Entscheidung selbst zu treffen, sondern überließ sie meinem Chef. Außerdem war es finanziell für mich von Vorteil, wenn die Firma mir kündigte. Ich hoffte das Beste, auch wenn der Gedanke mich zugleich schreckte.

Vorbereitungen

»Aber warum willst du unbedingt im Iran laufen?«, fragt Evis.

Wir sind drei Freundinnen, Evis, Klara und ich, die sich im Frühjahr 2015 im Vapiano in der Stockholmer Altstadt treffen. Es ist ein Freitag, und wir sitzen in roten Ledersesseln, essen Nudelgerichte und trinken Wein. Draußen hasten Menschen in die nahe gelegene U-Bahn-Station oder aus ihr heraus.

»Ich will sehen, ob es wirklich so gefährlich ist, wie die Leute glauben«, antworte ich.

»Und was ist, wenn es tatsächlich so gefährlich ist, wie die Leute glauben?«, entgegnet sie.

»Was könnte denn deiner Meinung nach passieren?«, sage ich.

»Denk an Fredrik und die Kinder. Ihr seid doch gerade erst zusammengezogen. Warum willst du ausgerechnet jetzt laufen? Kannst du das nicht einfach genießen und deine neue Familie Gestalt annehmen lassen?«, fragt sie zurück.

Evis hat mir Fredrik vorgestellt. Wir lernten uns bci einem sommerlichen Flusskrebsessen bei ihr kennen und interessierten uns beide für das Laufen und für berufliche Selbstständigkeit. Mit seinen drei Kindern war er nicht so flexibel wie ich, sodass ich zu ihm nach Gustavsberg zog, wo wir gemeinsam ein Haus kauften, was in jeder Hinsicht fantastisch ist, aber auf ein Familienleben als Vollzeitjob habe ich keine Lust.

»Ich will meinen Beitrag zu etwas Gutem leisten. Der Konflikt zwischen dem Islam und dem Westen verschärft sich immer mehr. Was wir aus den Medien erfahren, ist nur ein Bruchteil der Wahrheit, aber viele Menschen glauben, dass die Welt so ist. Ich dagegen glaube, das meiste, was auf der Welt passiert, ist gut«, sage ich und verstumme.

Als keiner der anderen den Faden aufgreift, spreche ich weiter.

»Es gibt in Stockholm Polizeieinheiten für Mädchen, die sich nicht trauen, alleine joggen zu gehen. Ich laufe seit zwölf Jahren allein in Stockholm, und mir ist nie etwas passiert. Was ist, wenn wir uns vor etwas fürchten, das es gar nicht gibt? Ängstliche Menschen handeln häufig falsch. Vielleicht kann ich ja zeigen, dass die Welt eigentlich ganz gut ist? Die Diskussion nuancieren? Zu mehr Verständnis zwischen den Kulturen und Religionen beitragen? Das könnte sicher nicht schaden.«

Klara sieht mich forschend an.

»Wie meinst du das?«, will sie wissen. »Meinst du, wenn eine Iranerin, die eine Gefangene in ihrem eigenen Zuhause ist, sieht, dass du eine Freiheit besitzt, die sie nicht hat, fühlt sie sich besser?«

»Hm, na ja … das weiß ich nicht. Ich hoffe, die Frauen, die mir begegnen, werden vielleicht anfangen, größere Träume zu haben und einen ersten Schritt dahin machen, diese Träume auch zu verwirklichen«, sage ich.

»Aber was ist, wenn sie diese Schritte gar nicht machen können und ihnen stattdessen nur noch klarer wird, wie eingesperrt sie sind? Hast du dann einen Beitrag zu etwas Gutem geleistet?«

»Hm, nein … Ich weiß es nicht. Alles habe ich noch nicht durchdacht«, gestehe ich.

»Kristina, wenn du vorhast, in einem Leichensack nach Hause zu kommen, will ich nicht mehr deine Freundin sein. Ich habe nicht die Absicht, mich diesem Schmerz auszusetzen«, sagt Evis plötzlich.

Ich zucke zusammen.

»Du glaubst, dass ich in einem Leichensack heimkomme?«, sage ich.

»Nein, aber ich sehe das Risiko.«

»Vielleicht kommst du ja auch in mehreren Säcken zurück«, ergänzt Klara.

Klara und Evis sind zwei meiner besten Freundinnen. Sie machen sich Sorgen um mich, bringen aber auch genau die Angst zum Ausdruck, die ich bekämpfen will.

Noch bevor ich weiß, ob ich tatsächlich in den Iran reise, blogge ich auf meiner Homepage. Ich möchte, dass alle, die wollen, von Anfang an dabei sein können. Es ist kein schwedisch-iranisches Projekt, es geht um den Westen und den Islam. Deshalb blogge ich auf Englisch, weil ich möchte, dass die Menschen im Westen und alle, die ich im Iran kennenlerne, mir folgen können.

Schon am 4. Januar 2015 mache ich meine Überlegungen öffentlich. Carina und ich werden im Morgenmagazin von TV 4 zu unserem Türkei-Lauf interviewt, und die Moderatorin erkundigt sich nach unseren Plänen für die Zukunft.

»Ich räume gern mit Vorurteilen auf, deshalb denke ich darüber nach, durch den Iran zu laufen«, sage ich.

»Oh«, platzt die Moderatorin heraus. Auch Carina schreckt auf.

»Jetzt musst du es durchziehen«, meint sie hinterher, als wir völlig erledigt im Aufenthaltsraum hinter dem Fernsehstudio herumhängen. Es kostet Kraft, im Rampenlicht zu stehen, erst recht eine introvertierte Nordschwedin wie mich.

Es müssen noch viele Puzzleteile zusammenpassen, damit ich überhaupt loskomme. Wird man mir kündigen? Das würde alles einfacher machen, weil ich dann freihätte. Aber wenn ich nicht entlassen werde, bekomme ich dann Urlaub?

Ich teste das Projekt, indem ich mit Freunden, Kollegen und anderen Läufern über die Reise spreche. Viele reagieren gleich und erkundigen sich, ob ich auch weiß, worauf ich mich einlasse. Ein Schreckensbild löst das andere ab.

Bei einem Trainingslager der schwedischen Ultraläuferelite behauptet ein Mann, dass die Leute mich mit Steinen bewerfen werden. Sowohl mit großen Steinen, geeignet, mich wirklich zu verletzen, als auch mit kleineren, die eher ein Ausdruck ihrer Abscheu seien. Die Iraner werden mich von Mopeds oder Motorrädern aus angreifen und einen Haken in meinen Rücken schlagen und mich an engen Bergpässen überfallen. Eine der Frauen ist überzeugt, dass man mich ermorden wird.

Ich spreche auch mit einer Iranerin, die mit einem Schweden verheiratet ist. Bei ihren Besuchen im Iran sind die beiden stets in Begleitung von Leibwächtern. Die Frau geht nie alleine aus und hat ständig, selbst in Gesellschaft ihres Mannes, Angst, vergewaltigt zu werden. Sie hält mich für völlig verrückt.

Ich bekomme die Mail einer Frau, die über eine Freundin von meiner Reise erfahren hat, und für ein Unternehmen arbeitet, das ich als Sponsor angefragt habe. Sie schreibt, dass ich ständig Gefahren ausgesetzt und eine einfache Zielscheibe für jeden sein werde, der eine sucht.

»Im Iran gibt es keine Rechtssicherheit. Alle folgen ihren eigenen Regeln. Die Polizei wird keine Verantwortung für Ihre Sicherheit und Unversehrtheit übernehmen«, schreibt sie. Die Frau lebt in den USA, ist aber im Iran geboren. Sie meint, man werde meinen Lauf als illegal und Ermunterung zum Andersdenken auffassen. Das Projekt werde nicht die geringste Auswirkung auf die Situation der Frauen im Iran haben, erklärt sie.

Ich habe gar nicht die Absicht, die Situation der Frauen im Iran zu beeinflussen, auch wenn ich ein bisschen davon träume, einen kleinen Beitrag zu einer größeren Freiheit für iranische Frauen zu leisten.

Jemand erzählt mir von einem neuen Bericht der Vereinten Nationen, den ich mir augenblicklich herunterlade. Darin steht, der Iran gehöre zu den Ländern, in denen weltweit die meisten Todesurteile vollstreckt werden. In den letzten drei Jahren sind 1539 Menschen hingerichtet worden, die meisten wegen Drogenhandels. 2014 waren zweiundneunzig Personen wegen ihres Kampfs für Menschenrechte inhaftiert. Neununddreißig Blogger und Journalisten sitzen unter anderem wegen Beleidigung des Obersten Führers Ali Khamenei im Gefängnis. Ich frage mich, ob das Verbot von Beleidigungen des Obersten Führers einer dieser Mängel an Rechtssicherheit ist, von denen die Frau aus den USA gesprochen hat? Eine möglichst vage Formulierung, um Andersdenkende einsperren und sogar hinrichten zu können? Die Gefängnisse sind überfüllt. Die Insassen werden gefoltert, das Gesundheitssystem ist mangelhaft, die hygienischen Verhältnisse sind schlecht, und das Essen ist nährstoffarm. Gefangene werden über lange Zeiträume hinweg isoliert und misshandelt. Manche verschwinden spurlos. Der Bericht enthält darüber hinaus eine Statistik über die Webseiten, die gesperrt werden, weil es auf ihnen um Sex oder Menschenrechte geht.

Der Bericht endet mit der Feststellung, dass der Iran weltweit das Land mit den zweitmeisten Landminen ist. Seit dem Iran-Irak-Krieg in den Achtzigerjahren befinden sich noch etwa sechzehn Millionen von ihnen im Erdboden. Offizielle Angaben zu den Opferzahlen gibt es nicht, aber es heißt, jeden Tag werde ein Mensch von einer Mine getötet oder verletzt. Fünf Provinzen sind besonders betroffen. Eine dieser Provinzen liegt im Nordwesten des Irans, also genau dort, wo ich meinen Lauf beginnen werde.

Ich maile dem Außenministerium, um zu erfahren, wie die offizielle Haltung Schwedens dem Iran gegenüber ist. Man antwortet mir, dass von Reisen, die nicht unbedingt erforderlich sind, aus Sicherheitsgründen abgeraten werde. Der Beamte ermahnt mich, »gründlich über die Durchführbarkeit des Projekts nachzudenken«, als Frau allein durch das Land zu laufen. Im Iran als jüngere Frau so unterwegs zu sein, entspreche nicht der geltenden Norm und könne »Unannehmlichkeiten« mit sich bringen. Sollte ich die Reise trotzdem durchführen wollen, rät das Außenministerium mir, sie als »sportliche Aktivität« ohne politische Vorzeichen zu betrachten. Abschließend weist man mich darauf hin, dass ich ein Visum benötige.

Ich stelle meine Blogeinträge zu den Vorbereitungen auf Facebook und merke, dass sie häufig geteilt werden. Die Zahl meiner Leser steigt auf über zweitausend, und sie kommen aus vielen verschiedenen Ländern. Auch bei Facebook schreibe ich auf Englisch, damit mich jeder verstehen kann. Die Kommentare sind auf Schwedisch, Englisch und Persisch. Google-Übersetzer hilft uns auf Facebook und in meinem Blog, einander halbwegs zu verstehen, auch wenn gerade die Übersetzungen aus dem Persischen ins Englische nur schwer verständlich sind.

Als ich den Menschen, denen ich im wirklichen Leben und auf sozialen Medien begegne, von meinem Lauf durch den Iran erzähle, bringen viele Angst und Vorurteile zum Ausdruck. Noch mehr sind jedoch begeistert und wollen zum Gelingen meines Laufs beitragen. Wildfremde Menschen bieten mir ihre Hilfe an, und die Resonanz auf Facebook ist riesig. Von Hunderten völlig unbekannten Personen schlägt mir Zuneigung entgegen:

> Ich finde das so klasse! Würde mir wünschen, etwas in der Art irgendwann selbst machen zu können! Nein, ich WERDE irgendwann zu einem Abenteuer aufbrechen. Ich hoffe wirklich, das Schicksal meint es gut mit dir, und dass du in den Iran kommst!

> Hello, I am an Iranian girl. I don't understand Swedish language, and your post on this page, but I know you will run in Iran. I wish you success!

Von den vielen ermunternden Stimmen auf meiner Facebookseite setzt sich eine ab.

»Du bist entweder dumm oder hast dich von der iranischen Regierung kaufen lassen«, schreibt Fatemeh.

Ihr Kommentar und die wenigen anderen negativen Reaktionen gehen allerdings in den zahlreichen Anfeuerungsrufen unter, und ich surfe auf einer Welle positiver Energie. Die allermeisten wollen mir helfen, vor allem die Schweden iranischer Abstammung sind fast schon hymnisch. Man werde mich feiern wie eine Königin, mich heiraten wollen und vor lauter Aufmerksamkeit dürfte ich Probleme bekommen voranzukommen, behaupten sie. Viele bieten mir an, Freunde und Bekannte anzurufen, bei denen ich übernachten kann.

Iraner in Schweden und im Iran nehmen Kontakt zu mir auf und wollen mich kennenlernen. Viele von ihnen vermitteln mir ein völlig anderes Bild vom Iran als die Landsleute, denen ich bislang begegnet bin. Ich könne mich in allen Farben kleiden, die mir gefielen: rot, gelb, rosa – es spiele keine Rolle!

Ich beschließe, eher auf die positiven Botschaften als die mahnenden Worte der Furchtsamen zu hören. Natürlich möchte ich ihnen glauben, aber die positiv eingestellten Menschen sind vor allem weitaus zahlreicher als die warnenden Stimmen.

Manche Abenteurer haben bei Projekten dieser Art ein bisschen geschummelt. Wenn ich meinen Lauf durch den Iran durchziehe, möchte ich deshalb nicht, dass irgendwer infrage stellen kann, ob ich es tatsächlich geschafft habe. Carina leiht mir den Spot, der meine genaue Position an die passwortgeschützte Homepage sendet. Mit seiner Hilfe wird mein Lauf dokumentiert, außerdem soll Carina den Spot für den Fall im Auge behalten, dass mir etwas zustößt. Wenn sie sieht, dass er sich längere Zeit nicht von der Stelle rührt oder sich seltsam bewegt, wird sie Kontakt zu Amir aufnehmen, der die Sprache beherrscht und sich mit den zuständigen Behörden in Verbindung setzen kann.

»Sich mit den Behörden in Verbindung setzen«, klingt kontraproduktiv, schließlich habe ich nicht zuletzt vor ihnen Angst. Aber vielleicht können sie mir ja doch helfen, falls mich jemand aus der örtlichen Bevölkerung entführen sollte. Im Grunde weiß ich nicht, wem ich vertrauen kann.

André Larsson, ein sozial engagierter schwedischer Fotograf mit viel Auslandserfahrung, obwohl er erst gut zwanzig Jahre alt ist, hat meine Reisepläne auf Facebook entdeckt.

Er ruft mich an und fragt, ob er mich begleiten darf. Er gehe davon aus, seine Reise durch den Verkauf von Reportagen über meinen Lauf finanzieren zu können. Gute Bilder ergeben gute Artikel, mit denen ein breiteres Publikum über meine Reise informiert werden kann, was gut ist, schließlich geht es mir darum, die Welt zu beeinflussen. Durch seine Fotos und Reportagen würde André einen Teil der Arbeit übernehmen, die ich eigentlich selbst machen will. Es erscheint mir ausgesprochen luxuriös, »nur« laufen zu müssen. Außerdem will André meinen Lauf filmen, um daraus eine Dokumentation zu machen, eine Idee, die ich großartig finde. Ein Dokumentarfilm verheißt eine noch größere Verbreitung.

Da ich allein laufen will, darf André nicht die ganze Zeit bei mir sein. Das käme mir vor, als würde ich mit einem Leibwächter laufen, was nicht der Idee meines Projekts entspräche. Ich will verletzlich sein, und allein bin ich maximal verletzlich. Verletzlich sein heißt, Vertrauen zu zeigen, und das ist das Ziel meines Laufs. Dass ich eine Frau bin, wird die Botschaft noch zusätzlich verstärken, glaube ich. Wenn André mich zeitweilig begleitet, ist das ein Kompromiss, der eine bessere Verbreitung ermöglicht, meine Verletzlichkeit jedoch verringert. Deshalb verabreden wir, dass wir uns etwa alle drei Tage sehen werden. Zwischen unseren Begegnungen kann André schreiben und Bilder verschicken. Wenn ich mich mit Polizisten oder Menschen konfrontiert sehe, denen das, was ich tue, nicht passt, kann ich ihn außerdem anrufen. Es kommt mir wie eine gute Ergänzung zum Spot vor, André in meiner Nähe zu wissen. Die Menschen, die mir am nächsten stehen und sich die größten Sorgen machen, können meinem Spot auf der Karte folgen, was sie beruhigt. Außerdem kann ich ihnen jeden Abend eine Nachricht schicken, dass es mir gut geht. Das Signal des Spots läuft über Satellit, nicht über das Internet, da ich nicht weiß, wie oft ich eine Internetverbindung haben werde. Das Arrangement ist perfekt!

Ich mache mich auf die Suche nach Sponsoren, aber die meisten Firmen winken ab. Sie haben Angst, mir könnte etwas zustoßen und sie daraufhin negativ in die Schlagzeilen kommen. In gewisser Weise ist das gut – ich stehe mit meinen Vorurteilen offensichtlich nicht allein da. Außerdem habe ich keine Lust, mich mit ihren Vorbehalten herumzuschlagen. Ein Sponsor versorgt mich mit einem Zelt und Kleidung, ein anderer stellt mir eine Videokamera zur Verfügung und ein dritter Sonnenbrillen zum Schutz vor wehendem Sand.

Banktransaktionen sind zwischen Europa und dem Iran kaum durchführbar, und meine schwedische Karte funktioniert dort nicht, trotzdem möchte ich nicht das Bargeld für die ganze Reise bei mir tragen.

Ein schwedisch-iranischer Kollege hilft mir, eine Lösung für das Problem zu finden. Ich überweise meinem Kollegen, dessen Schwager noch im Iran lebt, fünfundzwanzigtausend schwedische Kronen. Sein Verwandter eröffnet für mich ein Bankkonto mit dem entsprechenden Geldwert in iranischen Rial. Anschließend schickt er mir per Post eine iranische Karte. Als ich sie in den Händen halte, jubele ich, jetzt kann ich bezahlen! Der Jubel bleibt mir allerdings im Hals stecken, als ich den Namen auf der Karte sehe, der mit schnörkeligen arabischen Buchstaben geschrieben ist. Wie soll ich diese Unterschrift hinbekommen?

Amir und ich fahren in Stockholm gemeinsam zur Botschaft, um ein Visum zu beantragen. Er kommt direkt vom Fahrradtraining, bei dem er einer Frau, der beide Füße amputiert worden sind, geholfen hat, für ihren ersten Triathlon zu trainieren. Amir erinnert mich daran, dass ich meine Haare bedecken muss, da die Botschaft iranisches Territorium ist.

»Wie viel muss ich bedecken? Darf ich den Hals zeigen?«, erkundige ich mich.

»Es reicht, wenn du die Haare bedeckst«, antwortet er.

»Gibt es etwas, was ich bedenken muss?«, frage ich Amir.

»Du darfst nicht den Eindruck erwecken, dass deine Reise Teil eines Frauenprojekts ist. Sie wollen vermeiden, dass du zu einem Vorbild für die Frauen im Iran wirst«, sagt er.

In der Botschaft werden wir schnell zum dritten Konsul namens Hamid geschleust, verantwortlich für Kultur und Medien. Zu dem Zeitpunkt weiß ich es noch nicht, aber Hamid entwickelt sich zu einem meiner wichtigsten Unterstützer vor und während der Reise. Er bietet uns Tee und Schokolade an und sagt, er hoffe, mein Lauf werde die Frauen im Iran motivieren, mehr Sport zu treiben. Er meint, ich solle eine Genehmigung der Regierung beantragen, und weist mich behutsam darauf hin, dass es im Iran Menschen geben könnte, denen mein Vorhaben missfällt. Ausgestattet mit einem Dokument, das mir die Unterstützung der Regierung bestätigt, werde sich mein Lauf wesentlich einfacher durchführen lassen. Er werde zu einem offiziellen Projekt, das von höchster Stelle unterstützt wird, erklärt er.

Als wir die Botschaft verlassen, bin ich erleichtert. Hamids Reaktion und der freundliche Empfang in der Botschaft haben mich positiv überrascht, aber auch nachdenklich gestimmt. Welche Bedeutung hat die Unterstützung der Regierung? Wie sehr möchte ich mit dem Regime verknüpft werden?

»Amir«, sage ich, »was könnte mir im Iran zustoßen? Was könnte passieren?«

Er denkt einen Moment nach, dann sagt er:

»Auf dem Land begegnest du unter Umständen deutlich konservativeren Menschen. Sie werden es ganz okay finden, was du tust, weil du keine von ihnen bist. Aber sie wollen nicht, dass ihre Frauen und Töchter dir nacheifern«, sagt er.

»Glaubst du, sie bewerfen mich mit Steinen?«, frage ich.

»Mit Steinen? Nein, wie kommst du denn darauf?«, sagt er verblüfft.

Ich erinnere mich vage an den Begriff Basidschi, den Pedram benutzt hat, und googele ihn, als ich nach Hause komme.

Die Basidschi bilden eine Jugendorganisation innerhalb der iranischen Revolutionsgarde, die unter anderem die Aufgabe hat zu kontrollieren, dass der Hidschab der Frauen korrekt sitzt. Sie reißen unerlaubte Satellitenschüsseln von den Dächern, die es den Leuten ermöglichen, Fernsehkanäle zu sehen, die dem Regime missfallen, helfen aber auch bei Naturkatastrophen. Im Gegenzug erhalten sie Privilegien, zum Beispiel Vortritt zu gewissen Universitätsstudiengängen. Die Basidschi kontrollieren jedes kleine Dorf.

Mir läuft ein kalter Schauer über den Rücken, was wird mir da draußen begegnen? Kann mich eine Genehmigung vor Polizisten schützen, denen es nicht passt, was ich mache? Bei dem Gedanken an einen engeren Kontakt zum Regime, habe ich ein mulmiges Gefühl, aber um für meine Sicherheit zu sorgen, bin ich zu einem Kompromiss bereit und beantrage eine Genehmigung.

Während ich auf Nachricht von der Botschaft warte, informiere ich mich über die Dörfer, durch die ich laufen werde, schreibe Packlisten und trainiere. Im Frühjahr und Sommer habe ich etwas intensiver trainiert als sonst. Normalerweise laufe ich ungefähr hundert Kilometer in der Woche, habe das Pensum nun jedoch auf einhundertzwanzig erhöht. Viele Kilometer sind Transportstrecken. Ich laufe zur Arbeit und wieder nach Hause oder nehme für den halben Weg den Bus und laufe die andere Hälfte. Meine Lieblingsroute führt von Slussen im Süden Stockholms quer durch die Stadt und über Brunnsviken nach Kista nördlich der Stadt. Es ist eine schöne Route mit Wegen am Wasser, durch die Stadt und durch Wald. Die Abwechslung bereitet mir große Freude.

Ende Mai gehe ich wie üblich zur Arbeit und bin gerade dabei, einen Bericht über die Integration von Drittpartnerprodukten aus angekauften Firmen in Ericssons Produktpalette fertigzustellen, als meine Mailbox plingt. Es ist eine Nachricht von Hamid in der Botschaft. Ich klicke sie an und lese. Das Ministerium für Sport und Jugend hat bei einer Sitzung am Vortag beschlossen, mir die Genehmigung zu erteilen, ab dem zweiundzwanzigsten August durch den Iran zu laufen!

Ich springe von meinem Stuhl auf, laufe umher, jubele. Ich habe die Genehmigung! Die iranische Regierung erlaubt meine Reise! Weniger als eine Minute später verkünde ich die gute Nachricht auf Facebook, und es hagelt Likes. Jetzt kann mich nichts mehr aufhalten!

Energisch gehe ich meine nächste Aufgabe an – das Gepäck! Ich schreibe Listen der Dinge, die ich benötige, und will alles wiegen. Ich nehme es sehr genau. Baby Blue und ich werden viele Kilometer unterwegs sein, und ich will kein unnötiges Kilo dabeihaben. Die Packbeutel sind in unterschiedlichen Farben und Größen, damit ich weiß, was wo liegt. Die Beutel sind selbstverständlich wasserdicht, außerdem habe ich diesmal etwas stabilere ausgewählt, damit sie auch wirklich halten. Als Carina und ich durch Europa liefen, scheuerten die Beutel über Baby Blues Stangen, weshalb wir die Löcher am Ende mit Silbertape abdichten mussten.

Eine große Herausforderung ist die Kleidung. Im Iran zu laufen, erfordert eine andere Art von Kleidern, als ich sie gewohnt bin. Laut Scharia muss ich mein Haar sowie die ganze Haut außer Händen und Gesicht bedecken. Ich bin der Meinung, dass Menschen, die nach Schweden kommen, sich an die hiesigen Gesetze halten müssen. Entsprechend muss ich selbst die Gesetze des Landes respektieren, das ich besuche, auch wenn sie mir nicht gefallen. Eine Zeit lang denke ich darüber nach, mir die Haare abzurasieren, da es ja offenbar nicht erlaubt ist, seine Haare zu zeigen, beschließe aber, darauf zu verzichten. Es kommt mir wie eine unnötige Provokation vor.

Die Kleidungsstücke müssen luftig sein und dürfen meine weiblichen Formen nicht zeigen. Eng sitzen dürfen sie nur vom Ellbogen bis zum Handgelenk und vom Knie bis zum Fußgelenk. Man muss in ihnen gut laufen können, und es sollten möglichst wenige sein. Außerdem ist es wichtig, dass die Sachen schnell trocknen, da ich sie jeden Abend waschen werde, um Salz zu entfernen, denn Salz und Feuchtigkeit führen zu Blasen und wunden Stellen.

Nachdem ich mir verschiedene Möglichkeiten angesehen habe, entscheide ich mich für einen Trainingsanzug aus dünnem, atmungsaktivem Stoff. Ich frage mich, ob ich wirklich zwei brauche, schließlich laufe ich nur in einem, entscheide mich aber trotzdem für zwei. Sollte der eine kaputtgehen oder nach dem Waschen nicht rechtzeitig trocken sein, habe ich immer noch einen in Reserve.

Ich kaufe und teste einen Trainingsschleier. Er sitzt hauteng und ist unglaublich warm, sodass ich stattdessen eine Paddelmütze mit schützendem Stoff im Nacken einpacke, die mein Haar bedeckt. Sie ist luftig, und ich bin mit der neuen Lösung sehr zufrieden.

Ich packe sechs Paar Wollsocken ein. Ich laufe ausschließlich in Wollsocken, da ich in ihnen keine Blasen und wunden Stellen bekomme, es sei denn, die Etappe ist extrem lang, hundert Kilometer oder mehr.

Dann mustere ich meine Laufschuhe. Sie nehmen so viel Platz ein. Trotzdem muss ich zwei Paar mitnehmen. Ich habe eine Damen- und eine Herrenvariante der Marke Asics Nimbus ausgewählt. Der Herrenschuh ist breiter, was gut ist, wenn man längere Strecken zurücklegt und die Füße anschwellen. Normalerweise hält ein Paar ungefähr eintausendfünfhundert Kilometer, aber dann ist es wirklich abgelaufen. Zwei Paar Schuhe reichen also für die eintausendsechshundert Kilometer, die ich mir vorstelle, außerdem werde ich so immer ein trockenes Paar für den Fall dabei haben, dass das erste nass geworden ist. Ich packe Regenkleidung und Handschuhe ein.

In den »Sachenbeutel« lege ich Dinge, die ich täglich benötige und die für mein Überleben unerlässlich sind – Wasserreinigungstabletten, den Wasserfilter, den Kompass mit Pfeife, die Übersichtskarte, eine wasserdichte Kartentasche, einen Kartenmesser, Tagebuch, Stift, Thermometer, Nähzeug und eine Wäscheleine. Im Technikbeutel landen das Tablet, die Tastatur, die Schutzhülle für beides, der Fotoapparat und die Videokamera, das Diktiergerät, die Lampe mit einstellbarer Intensität für Aufnahmen im Dunkeln sowie sämtliche Ladegeräte.

Ich werde für marathon.se bloggen, eine Webseite für Läufer in Schweden, und für den Marathonblog der Tageszeitung Svenska Dagbladet für Läufer. Dort blogge ich auf Schwedisch. Darüber hinaus habe ich meinen eigenen Blog, den ich auf Englisch schreibe. Außerdem wird mich das Nachtprogramm der Radiosender P3 und P4 zwei Mal in der Woche telefonisch interviewen.

Ich verzichte auf ein GPS und nehme lieber eine normale Landkarte mit. Sie ist zuverlässiger, benötigt keinen Strom, und ihr Akku ist niemals leer. Ich packe mein Solarladegerät ein, mit dem das Telefon auch an einem wolkigen Tag im Handumdrehen aufgeladen ist. Für das Tablet habe ich eine Powerbank. Ich will jeden Abend bloggen können, vorausgesetzt natürlich, ich habe ein Netz. Dann wissen sie daheim, dass ich wohlauf bin. In den Technikbeutel lege ich außerdem den Spot, der meine Position anzeigt. Sollte mir etwas zustoßen und ich kein Netz haben, kann ich über ihn ein Notsignal an SOS International absetzen.

Ich rechne aus, dass ich mit mehr als zwei Kilo Batterien für alle Apparate durch den Iran laufen werde. Nun ja, das Gewicht wird sich unterwegs verringern.

Der »Medizinbeutel« ist schnell gefüllt. Zuunterst lege ich Breitbandantibiotika, die ich einnehmen könnte, falls ich extreme Magenprobleme bekommen sollte. Ich hoffe, sie niemals benutzen zu müssen. Omega-3-Tabletten und Magnesium nehme ich täglich, die Behälter müssen also ganz nach oben, genau wie Zahnbürste, Zahncreme, Minihandtuch und Shampooflasche. Compeed und Leukoplast sowie Sportslick, eine vaselinähnliche Salbe, landen weiter unten. Auch die Salzdose kommt in den Medizinbeutel. Salz ist lebensnotwendig. Salzmangel verwirrt mich, sodass ich keine Entscheidungen treffen kann, und ist schlimmstenfalls lebensbedrohlich. Ich rechne damit, viel zu schwitzen, und beabsichtige deshalb, jeden Abend Salzlösung zu trinken. Ich könnte natürlich auch teure Salztabletten kaufen, aber meiner Erfahrung nach zeigen sie häufig keine Wirkung. Gewöhnliches Kochsalz auf dem Boden eines Glases, das ich mit Wasser vermische und anschließend herunterkippe, tut es auch. Ich packe Allergietabletten gegen Bienenstiche, Sonnenschutzmittel sowie einen Luxusartikel ein – Mascara. Sollte ich zu einer Party eingeladen werden, macht es bestimmt Spaß, gut auszusehen.

Der »Reparaturbeutel« ist Baby Blues Beutel. In ihn lege ich
Dichtmilch für die Reifen. Es ist ein Gemisch, das kleine Löchlein automatisch verschließt. Mithilfe dieser Flüssigkeit schafften Carina und ich die komplette Strecke von der Türkei nach Schweden ohne einen Platten. Ich benutze auf dieser Reise dieselben Reifen wie damals. Für den Fall eines größeren Schadens packe ich das Wachstuch ein, das wir damals mitgenommen hatten. Im Notfall kann ich es zwischen Schlauch und Mantel legen und so verhindern, dass der Schlauch auf den Asphalt trifft. Darüber hinaus presse ich zwei Rollen Silbertape, Kabelbinder, vier Schläuche, Reifenheber, Speichenspanner, ein Fahrradreparaturset, Universalkleber und ein Multifunktionswerkzeug hinein.

Das Zelt liegt im größten Beutel, in dem ich auch Isomatte und Kamerastativ verstaue.

Ich packe den Wagen probehalber, lege Beutel auf Beutel hinein, hole sie wieder heraus und packe um. Der Gaskocher ist sperrig. Er ist klobig und rund und lässt sich schwer verstauen. Ich habe eine kleine Flasche Öl, etwas Salz und Pfeffer, Spülmittel in einer für das Lauftraining gedachten Wasserflasche, Löffel und Gabel aus hartem Plastik, Streichhölzer und ein Taschenmesser hineingezwängt. Gas muss ich im Iran kaufen, da ich es ohnehin nicht im Flugzeug transportieren darf.

Schließlich finde ich die optimale Packmethode. Perfekt, jetzt bin ich bereit! Die Beutel wiegen insgesamt allerdings fünfundzwanzig Kilo und Baby Blue neun. Mein Gepäck liegt hart an der Grenze zum Übergewicht.

Ich schaue mir die Route an und stimme die Hilfsangebote und Übernachtungsmöglichkeiten mit dem Weg ab, den ich nehmen werde. Auf Facebook hat sich ein Mann namens Mahdi bei mir gemeldet und als Doktorand in der Minderheitensprache Gilaki vorgestellt. Sein Englisch ist ungewöhnlich gut, und er bietet mir einen Schlafplatz in Lahidschan an, wo er mit seinen Eltern lebt. Eine Iranerin bietet mir Kontakt zu ihrem Kletterverein mit einem Netzwerk im ganzen Iran an. Das ist großartig, ich brauche viele Kontakte und eine Menge denkbare Quartiere.

Eines Tages ruft Amir mich an, als ich gerade auf dem Heimweg von der Arbeit bin. Ich habe fast den Stadsgårdskai im Süden Stockholms erreicht und genieße das Laufen in vollen Zügen. Der Himmel ist blau, eine angenehme Brise kühlt, und die Sonne wird in den Fenstern der hübschen Häuser aus dem 18. Jahrhundert reflektiert. Stockholm ist blendend schön.

»Hallo, Amir, wie geht's?«

»Ich habe schlechte Neuigkeiten, Kristina.«

Ich erstarre. Am Morgen bin ich interviewt worden und überlege nun hastig, ob ich etwas Dummes gesagt habe. Etwas, was dem Regime missfällt?

»Gestern«, beginnt Amir, »wollten viele Frauen ein Volleyballspiel zwischen dem Iran und den USA sehen, wurden aber aufgehalten. Das hat zu einem Streit in dem Ministerium geführt, das für deine Genehmigung zuständig ist. Es ist ein Konflikt zwischen denen entbrannt, die dafür sind, dass Frauen mehr Sport treiben, und anderen, die das ablehnen. In der gegenwärtigen Situation können sie für deine Sicherheit im Land nicht mehr garantieren.«

Amir verstummt.

»Nicht?«, frage ich nervös.

»Sie haben ihre Genehmigung zurückgezogen.«

»Wie bitte?«

»Es tut mir sehr leid, Kristina, und mir ist klar, dass es dir noch mehr leidtut.«

Mir schwirrt der Kopf. Das kann nicht sein! Das darf nicht sein! Ich habe mich bereits durch den Iran laufen sehen. Ich bekomme so viel Unterstützung, Journalisten aus aller Welt melden sich bei mir und wollen mich beinahe täglich interviewen. Es sieht alles so vielversprechend aus!

»Ich denke, wir sollten abwarten«, meint Amir. »Wenn sie es sich einmal anders überlegt haben, können sie es auch noch einmal tun. Es hängt alles von Beziehungen ab. Ich werde sehen, was ich tun kann.«

Seine sanfte Stimme tröstet mich. Wir legen auf.

Verdammt, was soll das?

Gleichzeitig bleibe ich ruhig. Das wird sich schon regeln. Mein Konzept ist so richtig. Die Welt braucht diese Reise, eine Aktion, die Brücken bauen möchte. Die zurückgezogene Genehmigung ist lediglich ein Hindernis, das wir aus dem Weg räumen werden.

Nachdem die Genehmigung zurückgezogen wurde, werde ich an den nächsten Tagen auf Facebook mit Freundschaftsanfragen überhäuft. Freunde und Unbekannte teilen das letzte Rundfunkinterview. Ich bekomme noch mehr Mails von Iranern vor Ort, die mich unterstützen wollen.

Als ich nach Hause komme, setze ich mich in die windgeschützte Ecke des Balkons, genieße die Sonne und überdenke meine Möglichkeiten. Soll ich trotzdem laufen, auch wenn man mir die Genehmigung nicht wieder erteilt? Nichts verbietet mir, durch den Iran zu laufen. Eine Genehmigung würde die Reise offiziell absegnen, wodurch es für die Polizei oder andere schwerer wäre, mich aufzuhalten. Aber unbedingt erforderlich ist sie nicht. Je länger ich darüber nachdenke, desto besser fühle ich mich bei dem Gedanken, denn so steht es mir frei zu tun, was ich will. Ich bin nicht an das Regime gebunden. Meine Begegnungen mit

Menschen werden weniger gestellt sein, wenn sie nicht im Voraus darüber informiert werden, dass ich komme.

Um André bei mir zu haben, ist eine Genehmigung allerdings erforderlich. Er ist der Schlüssel zur Dokumentation, Bilder und Texte mit seiner Präsenz. Außerdem wird mir bei dem Gedanken, vollkommen allein im Flugzeug in den Iran zu sitzen, ganz mulmig zumute. Allein in einem völlig unbekannten Land, ohne eine Menschenseele, die meine Sprache spricht oder mich erwartet, bin ich schutzlos und verletzlich. Mein Sicherheitsnetz hängt an einem seidenen Faden, und ich sehe, dass dieser kurz davor ist zu reißen.

Ein paar Tage später ruft mein Chef an, um sich zu vergewissern, dass ich zur Arbeit komme.

»Ich muss Sie heute sprechen«, erklärt er.

Mir ist sofort klar, worum es geht. Es ist so weit.

Er ist spürbar nervös, als er mir mitteilt, dass mir gekündigt wird. Mein Gehalt wird eine Reihe von Monaten in voller Höhe weitergezahlt, und ich habe drei Tage, um meinen Schreibtisch zu räumen.

In den nächsten Tagen schwanke ich zwischen panischer Angst und Euphorie.

Hilfe, ich habe keine Arbeit mehr!

Hurra, ich werde mir meinen Traum erfüllen!

Aber was ist mit der Genehmigung?

Ungefähr zur gleichen Zeit ruft Amir an und erzählt mir, dass André das Journalistenvisum auch ohne meine Genehmigung der Regierung erhalten hat.

»Aber freu dich nicht zu früh«, sagt er.

»Warum nicht?«, erwidere ich.

»Das Visum gilt nur für eine Woche, und André muss für eine Nachrichtenagentur tätig sein, die sich für ihn verbürgt«, erklärt Amir.

»Aber … eine Woche? Wir wollen doch zweieinhalb Monate im

Iran sein? Und er konnte doch eigentlich gar kein Journalistenvisum bekommen, wenn ich keine Genehmigung habe!«

»Jetzt hat er eins bekommen. Aber Hamid meint, im Grunde werde es nicht benötigt. Es sei besser, wenn er mit einem Touristenvisum einreist.«

Dieses Land treibt mich allmählich in den Wahnsinn. Es gibt keine klare Linie, keine Logik oder klaren Abläufe für irgendetwas. Alles erscheint willkürlich. Die Beschlüsse, die über das Schicksal von Menschen entscheiden, hängen davon ab, wer gerade als Letzter das Wort hat. Was an dem einen Tag okay ist, wird am nächsten verboten. Oder es ist nicht okay, wird aber auch nicht verboten? Auf wen kann man sich verlassen?

Zwei Wochen vor meiner Abreise ruft mich meine Schwester an. Ich bin auf dem Heimweg und sitze im Bus und freue mich, ihre Stimme zu hören. Ich staune immer wieder über ihr Leben, sie hat zwei Kinder und lebt mit ihrem Mann daheim in Nordschweden, in Piteå. Sie führt das Leben, das ich nicht habe. Sie staunt ihrerseits immer über meine Freiheit, dass ich meine Zeit all den Dingen widmen kann, die mir Spaß machen.

»Hallo, wie geht's?«, fragt sie.

»Danke, gut«, antworte ich. »Und dir?«

»Ja, alles in Ordnung, aber … ich muss dir etwas sagen, was mir durch den Kopf geht.«

»Ja …«, sage ich zögernd und schlucke.

Was kommt jetzt?

»Wenn dir im Iran etwas zustößt, muss ich mich um Mama und Papa kümmern«, sagt sie.

»Okay, und was denkst du dazu?«, frage ich.

»Na ja, wenn dich jetzt wirklich jemand umbringt. Dann muss ich mich danach mit der Trauer der beiden auseinandersetzen und natürlich auch mit meiner eigenen. Du hast damit nichts mehr zu tun, du bist ja tot«, antwortet sie.

»Stimmt«, sage ich und schlucke wieder.

»Oder wenn du im Gefängnis landest. Das wäre noch schlimmer, denn dann wissen wir nicht, wie es dir geht, ob du noch lebst und ob du jemals wieder herauskommst. Wie sollen Mama und Papa damit klarkommen? Oder ich? Und dann hättest du auch ein Problem, denn was passiert mit dir?«, fährt sie fort.

»Ja … ich weiß nicht, was ich sagen soll. Daran habe ich nicht gedacht«, antworte ich leise.

»Es fällt mir schwer, dir das zu sagen, aber ich muss es einfach tun«, sagt sie.

»Es sind deine Gefühle, du hast ein Recht darauf«, bringe ich heraus. »Ich verspreche dir nicht, es mir anders zu überlegen, aber ich verstehe, was du meinst.«

Nach dem Telefonat schaue ich lange aus dem Busfenster.

Als ich 2008 den 6962 Meter hohen Aconcagua in Argentinien bestieg und laut Statistik einer von zweihundert bei dem Versuch umkommt, machte mein Vater kein Auge zu. Als ich wieder unten war, fand mein Vater endlich wieder Schlaf, aber dafür konnte meine Mutter nicht schlafen. Sie ist cool, solange die Herausforderung andauert, aber wenn sie vorbei ist, wird sie von ihren Sorgen übermannt. Sicher, sie haben mir zuliebe schon einiges durchstehen müssen, aber soll ich mich deshalb schuldig fühlen? Bin ich in einem so hohen Maße für ihre Gefühle verantwortlich, dass ich meinem Herzen nicht folgen darf? Das erscheint mir unangemessen, ganz gleich, wie ich es auch drehe und wende.

Ängste

Ich war ein vorsichtiges Kind. Nicht direkt ängstlich, aber sorgsam und genau. Vater erzählt gern die Geschichte, als ich mit vier Jahren Radfahren lernen sollte. Ich hatte ein rotes Rad mit Stützrädern. Irgendwann montierte er sie ab und hielt das Rad. Er durfte auf keinen Fall loslassen, ich hatte Angst hinzufallen und mir wehzutun.

Wir fuhren auf dem Rasen, und er lief hinter mir her und hielt den Gepäckträger fest. Dachte ich. Aber er tat nur so. Ich sollte es nur glauben.

Als ich meine Reise plane, ist die Angst ein treuer Weggefährte. Ein Ziel meiner Reise ist schließlich, die Ängste in der Welt infrage zu stellen, indem ich meine eigenen infrage stelle. Über die Ängste anderer kann ich nichts sagen, da ich nichts über sie weiß, aber wenn ich gegen meine angehe, können dadurch andere Menschen gegen ihre Ängste angehen. Wir sind nicht so unterschiedlich.

In einem Interview im Nachtprogramm des Rundfunks stellt man mir die Frage, wovor ich am meisten Angst habe. Ich antworte, vor dem Verkehr, denn ich weiß, er ist wirklich gefährlich. Spontan kommt mir jedoch die Angst in den Sinn, ein anderer Mensch könnte mir etwas antun. Es ist eine subtile, schwer zu greifende Angst. Vielleicht ist sie genauso irrational wie die Furcht vor einem Monster unter dem Bett. Noch als Vierundvierzigjährige fürchte ich mich davor, mitten in der Nacht aufzustehen, wenn ich am Abend etwas Unheimliches gelesen habe. Irgendwer könnte mein Fußgelenk packen, sobald ich aus dem Bett steige. Deshalb mag ich Zelte. Unter der Isomatte ist kein Platz für Monster.

Aber was ist eigentlich Angst? Wie gehen wir mit ihr um? Wie kommt es, dass ich mehr Angst vor Männern habe, die mir etwas antun wollen, als vor der realen Zahl von Verkehrstoten? Ist das etwas zutiefst Menschliches? Sind wir einfach so? Ist es diese irrationale Angst, von der wir häufig unser Leben bestimmen lassen?

Ich werde aus meinen Gedanken nicht richtig schlau und spreche im Sommer vor meiner Abreise den Psychologen Anders Ekstrand an, der im Leichtathletikverband mit Spitzensportlern zusammenarbeitet. Sein Spezialgebiet sind Angst und Mut. Er sagt, wenn es dir gelingt, deine Angst in den Griff zu bekommen, kannst du viele schwierige Situationen im Leben bewältigen.

Anders wird neugierig und möchte meinen Lauf im Hinblick auf das Thema Angst begleiten. Er bittet mich, vor der Reise meine Ängste aufzuschreiben und auf einer Skala von null bis hundert zu bewerten. Außerdem bittet er mich, darüber nachzudenken, was ich gegen jede einzelne Angst tun kann. Könnte das etwas verändern, wie ich empfinde?

Als ich mich hinsetze und schreibe, begreife ich, worauf er hinauswill. Meine Ängste zu formulieren und zu sortieren, ermöglicht mir, sie in den Griff zu bekommen. Angst ist ein gutes Mittel, um sicherzustellen, dass ich mein Ziel erreiche. Wenn ich weiß, wovor ich mich am meisten fürchte, kann ich dies als Erstes in Angriff nehmen und ganz konkret Maßnahmen dagegen ergreifen. Es wird leicht, Prioritäten zu setzen.

Ich öffne ein neues Dokument im Computer und schreibe eine lange Liste.

Ich habe Angst davor, ins Gefängnis zu kommen, und vor Extremisten; ich fürchte mich davor, vergewaltigt und misshandelt zu werden und dass meine Mutter oder mein Vater krank wird oder stirbt. Ich habe Angst davor zu stolpern und mich zu verletzen, traurig zu werden, kritisiert zu werden und nicht in dem Maße in den Medien präsent zu sein, wie ich mir das erhoffe. Davor, einsam in der Wüste krank zu werden und im Straßenverkehr umzukommen. Ich habe Angst davor, mich einsam zu fühlen, andererseits aber auch davor, nie allein sein zu dürfen. Kurzum, ich habe Angst vor so ziemlich allem, erkenne aber, dass ich meine Angst beeinflussen kann.

Neben allem anderen fürchte ich mich davor, angefahren zu werden. Okay, was kann ich dagegen tun? Mir fällt Sara ein, die Tochter meines Lebensgefährten, und ihr Fahrrad, das für sie zu klein geworden ist und eine hohe Wimpelstange am Gepäckträger hat. Ich frage sie, ob ich mir die ausleihen darf, weil sie das Rad ja doch nicht mehr benutzt, und sie erlaubt es mir. So werde ich gut zu sehen sein.

Dass Mutter und Vater, achtundsiebzig und achtzig Jahre alt, in meiner Abwesenheit krank werden, ist eine andere große Sorge. Zwei Monate wird es dauern, durch den Iran zu laufen. Aber auch wenn ich in Schweden bin, sehen wir uns nicht ständig. Manchmal vergehen zwei Monate und mehr zwischen unseren Begegnungen. Die logischen Gedanken erleichtern es mir, meine Ängste in den Griff zu bekommen. Außerdem sind Flugtickets aus dem Iran nach Hause billig.

Meine mit Abstand größte Horrorvorstellung lautet, in meinem Zelt misshandelt und vergewaltigt zu werden. In Schweden geschehen die meisten Vergewaltigungen im engsten persönlichen Umfeld. Über achtzig Prozent aller Opfer werden von jemandem vergewaltigt, den sie gut kennen. Wenn die Zahlen für den Iran ähnlich aussehen, sollte ich mich einigermaßen sicher fühlen können. Schließlich kenne ich dort niemanden. Die Statistik beruhigt mich leider nicht völlig, sodass ich beschließe, wenn möglich, in einem Hotel zu übernachten oder zu versuchen, in den Gärten von Leuten zu zelten. Außerdem entscheide ich mich statt des orangen Zelts für das grüne. Es ist nicht so auffällig.

Ich tauche tief in jede meiner Ängste ein, verharre zwar nicht in jeder Angst, akzeptiere sie aber und lasse sie zu. Wenn ich es wage, im Chaos zu verweilen, werde ich kreativ. Für alle meine zweiundzwanzig Ängste versuche ich eine praktische Lösung und eine mentale Einstellung zu finden. Ich merke, dass es ein großer Unterschied ist, die Angst als ein großes Chaos im Kopf zu haben, oder sie vor sich hochzuhalten und zu betrachten. Eine wichtige Erkenntnis ist zudem, dass die Ängste selbst mir nicht schaden, sie sind nur unangenehm.

Angst	Grad	Bewältigung (Praktisch + Mental)
In meinem Zelt überfallen/vergewaltigt zu werden	80	Im Hotel übernachten/im Garten von Leuten zelten + mir selbst sagen, dass die meisten Opfer von Menschen in ihrem persönlichen Umfeld vergewaltigt werden.
Im Gefängnis vergewaltigt und misshandelt zu werden	80	Die Menschen sollen von meiner Reise wissen, ich werde immer Kontakt zu Freunden/Außenministerium/Botschaft halten + mir sagen, dass dies wenig wahrscheinlich ist. Die Zahl der Touristen im Iran steigt, es sind mehrere Tausend pro Jahr. Nur sehr wenige landen im Gefängnis.
Ein Fall werden, an dem jemand ein Exempel statuieren will, indem ich verhaftet oder misshandelt werde	80	Mir selbst sagen, dass dies wenig wahrscheinlich ist, der Iran will meine Reise als PR nutzen. Wenn das Regime sich von seiner guten Seite zeigen möchte, wird es eher dafür sorgen, dass ich mit heiler Haut ans Ziel komme. Den Gedanken, dass eine entgegengesetzte Kraft mich angreift, um zu zeigen, »Muslime sind schlecht«, erscheint mir unwahrscheinlich. Die Mehrheit im Regime will die Verbindungen zum Westen derzeit verbessern. Einzelne Irre gibt es immer, es sind hoffentlich nur wenige.

Angst	**Grad**	**Bewältigung (Praktisch + Mental)**
Auf der Strecke von jemandem überfallen zu werden	75	Denken, dass ich den Angreifer niederschlagen, um Hilfe rufen oder ihm davonlaufen muss (Angriff + Flucht).
Im Gefängnis zu landen	75	Versuchen, die Reise offiziell und bekannt zu machen + mir sagen, dass dies unwahrscheinlich ist, da der Iran meine Reise als PR nutzen möchte.
Schwer krank zu werden, allein in der Wüste zu liegen und mich zu übergeben	75	Starkes Antibiotikum gegen Mageninfektionen kaufen, Wasserfilter + Tabletten dabeihaben und denken, »das schaffe ich«.
Mutter oder Vater wird krank/stirbt	75	Mutter wurde bei meinem letzten langen Lauf krank. Damit verringerte sich die Angst davor drastisch – es ist passiert, ich weiß, wie ich damit umgehe. Mir selbst einreden, dass ich nur kurze Zeit fort bin.
Angefahren zu werden und zu sterben	65	Auf kleinen Straßen laufen und Kleidung mit Reflektoren tragen + denken, »wenn das passiert, muss ich mir um nichts mehr Sorgen machen«.
Angefahren und verletzt zu werden	60	Auf kleinen Straßen laufen und Kleidung mit Reflektoren tragen + denken, »sollte das passieren, muss ich mich eben dann darum kümmern«.
Unverrichteter Dinge nach Hause fahren zu müssen	50	Das wäre zwar blöd, aber nicht gefährlich. Mir hohe Ziele zu stecken/riskante Projekte zu planen bedeutet, dass ich damit leben muss, scheitern zu können.
Krank zu sein und deshalb nicht längere Zeit hintereinander laufen zu können	50	Auch das wäre blöd, aber nicht gefährlich. Passiert es, muss ich mich deshalb auskotzen und anschließend akzeptieren, dass es so gekommen ist. Es wird bestimmt auch etwas Positives daraus hervorgehen.

Angst	Grad	Bewältigung (Praktisch + Mental)
Niemals meine Ruhe zu haben	40	Ich denke, da muss ich mir meinen Anpassungswillen abtrainieren und den Leuten sagen, dass ich manchmal meine Ruhe brauche. Immerhin ist es leichter, dies bei unbekannten Menschen zu trainieren als bei meiner eigenen Familie.
Sehr allein zu sein	40	Das wäre anstrengend. Ich habe es zwölf Jahre überlebt, allein zu leben, dann werde ich es wohl auch aushalten, mich zwei Monate allein zu fühlen.
Zu stolpern und mir das Bein zu brechen	30	Tja, wenn das passiert, ist es höhere Gewalt und es lässt sich nicht viel machen, außer alles für die Heilung zu tun.
Zu stolpern und mich zu verletzen	30	Dann werde ich hinterher weiterhinken müssen. Oder mich einen oder mehrere Tage ausruhen und dafür später länger laufen.
Von Organisationen/ Menschen kritisiert zu werden, die etwas gegen meinen Lauf einzuwenden haben	25	Das wird mich sicher eine Weile traurig machen, und dann werde ich an all die anderen denken, die der Meinung sind, dass ich etwas Gutes tue + darüber nachdenken, was die Reise meiner Meinung nach mir und anderen gibt.
In den Medien ist alles anders gekommen, als ich mir vorgestellt habe	25	Schade, aber keine Katastrophe. Ich werde wohl dankbar für das sein, was sich ergeben hat.
Mich einsam und leer zu fühlen, wenn ich nach Hause komme	20	Das wird sicher der Fall sein, so ist es jedenfalls bei früheren Gelegenheiten gewesen. Das geht vorüber und hinterher bin ich meistens schlauer.
Hungrig zu sein	15	Tja, das ist auch schon vorgekommen und ich weiß, dass mich das nicht umbringt.

Angst	Grad	Bewältigung (Praktisch + Mental)
Schlangen, Insekten und andere Tiere, die gefährlich sein können	10	Ich werde sie wohl erschlagen oder vor ihnen weglaufen müssen. Muss ein Kortison-Präparat dabeihaben, weil ich allergisch gegen Bienen bin. Kann auch in anderen Fällen helfen.
Von Frauen im Land kritisiert zu werden	10	Das wäre schade, und ich wäre sicher traurig darüber, aber das geht meistens vorüber, wenn ich ein paar Tränen vergossen habe.
Traurig zu werden	10	Shit happens. Außerdem geht auch das wieder vorbei.

Nachdem ich meine Ängste aufgeteilt habe, sind sie keine große graue Masse mehr. Der Prozess, mich meinen Ängsten zu nähern und dem Grauen freien Lauf zu lassen, ist interessant. Es ist eine Unsicherheitszone, in der ich mich normalerweise nicht aufhalte. Vom Unbekannten ausgehend schaffe ich Ordnung. Ich muss mich auf das Ziel konzentrieren, *dorthin* will ich. Die Ängste, die mir dabei im Weg stehen, muss ich überwinden.

Jemand fragt mich, ob ich mich davor fürchte, einsam und verlassen in einem Land zu sein, dessen Sprache ich nicht beherrsche. Diese Angst spüre ich, vertraue aber auch sehr darauf, dass ich allein zurechtkomme. Ich bin in China gereist, wo ich die Sprache auch nicht beherrschte. Es ging gut. Einsamkeit spielt für mich keine Rolle, ich bin daran gewöhnt, allein zu sein und zurechtzukommen. Wenn ich nur allein bin, verunsichert mich das nicht, selbst wenn ich traurig bin und mich verlassen fühle. Das Gefühl der Verlassenheit wird ohnehin nur zwei Monate andauern, das halte ich aus.

Als ich viel später auf meine Ängsteliste zurückblicke, merke ich, dass ich in dieser Phase Regime und Bevölkerung in einen Topf werfe. Ein »jemand«, der »ein Exempel statuieren will«, kann sowohl ein Repräsentant der Regierung als auch ein einzelner Bürger sein, dem mein Lauf missfällt.

Es ist so gedacht, dass ich meine Ängste unterwegs auf die gleiche Art einschätze. Werden sie stärker oder schwächer? Ein Teil von mir steht neben mir und denkt, »es wird interessant werden, das zu sehen«, ein anderer Teil von mir gerät bei dem Gedanken gequält ins Schwitzen.

Je näher das Datum meiner Abreise rückt, desto unwichtiger wird die Liste. Ich habe meine Ängste total unter Kontrolle, und das zeigt Wirkung. Ich habe gewisse Maßnahmen ergriffen, die mich beruhigen, und verfüge über mentale Werkzeuge für jede einzelne meiner Ängste. Trotzdem graust es mir vor vielem, habe ich fürchterliche Angst.

Die größte Furcht, die ich niemals zu Papier bringe, lautet: Was ist, wenn ich wirklich vergewaltigt, misshandelt oder ins Gefängnis geworfen werde, sodass die Botschaft meiner Reise lautet: »Nein, es ging nicht, es gibt tatsächlich einen Grund dafür, dass der Westen und der Islam nicht zusammenleben können.«

Doch wenn ich an diese Angst rühre, erkenne ich schnell: Wenn ein Mensch mir wehtut, kann ich daraus nicht den Schluss ziehen, dass die ganze Gruppe, der er angehört, genauso ist. Das muss auch umgekehrt gelten. Wenn ein Mensch nett ist, heißt das nicht automatisch, dass alle Menschen in seiner Gruppe nett sind. Wir sind stets Individuen mit eigener Verantwortung. Zu welchen Schlussfolgerungen werde ich wohl nach meinem Lauf kommen?

Manchmal verfluche ich Gott, der mir diesen Magneten ins Herz eingepflanzt hat. Warum hat er mir diese Sehnsucht gegeben, wenn ich gleichzeitig solche Angst habe? Kann mir das nicht erspart bleiben und ich stattdessen einfach auf der Couch liegen? Doch der Magnet zieht und zerrt mich weiter. Ich will mich für eine Welt aus Vertrauen, Offenheit und Neugier engagieren. Ich will etwas Gutes erschaffen. Keine Angst auf der Welt soll mich davon abhalten können zu tun, was gut ist. Die Ängste sind nur da, um mir zu helfen, mich vorzubereiten. Mir ist ein Gedanke gekommen – sterbe ich, dann tue ich es für etwas, woran ich glaube. Das ist mir lieber, als nie wirklich gelebt zu haben.

Wenige Tage vor meiner Abreise verschwinden meine Sorgen und Ängste abrupt. Ich schaffe es einfach nicht mehr, mich zu fürchten. Mein Gehirn braucht eine Auszeit. Die Furcht, die ich bisher empfunden habe, weicht einer Art inneren Friedens. Eine Ruhe, ähnlich der eines erschöpften Tiers, das lange gejagt worden ist und am Ende aufgibt.

»Es läuft, so gut es eben läuft«, denke ich. »Hauptsache, es geht los!«

Es wird Zeit, meine Bestimmung zu erfüllen.

Unter einer Decke mit der iranischen Regierung

68 Ich verstaue Baby Blues Räder im Gepäckfach über unseren Sitzplätzen im Flugzeug. Amir sieht mir zu.

»Die Reifen sehen ziemlich alt aus«, sagt er.

Ich mustere sie. Der Gummi ist ein wenig rissig. Amir ist fast ein Radprofi, er sollte also wissen, wovon er spricht.

»Wie viele Kilometer haben sie auf dem Buckel?«, erkundigt er sich.

»Ungefähr dreitausendfünfhundert«, antworte ich.

»Oh, ich wechsele meine nach tausend«, sagt er.

»Ich habe nach Reservereifen gesucht, konnte aber keine finden«, sage ich ein wenig unglücklich. »Ich habe Wachstuch dabei, das ich von innen in die Mäntel legen kann, wenn sie aufreißen.«

Ich verfluche meine Dummheit. Wird meine Reise etwa an einem solchen Detail scheitern? Hätte ich intensiver suchen müssen? Aber ich habe wirklich keine Reifen gefunden. Hätte ich einen völlig neuen Kinderwagen kaufen sollen? Das kam mir unnötig teuer vor. Durch den Iran zu laufen und aufgeben zu müssen, nur weil die Reifen kaputt sind, wäre allerdings noch unnötiger. Niedergeschlagen setze ich mich hin.

Amir und ich sind allein. André begleitet uns nicht. Er wollte nicht mit einem Touristenvisum einreisen und Gefahr laufen, mit zwanzig Kilo Kameraausrüstung wegen illegaler journalistischer Betätigung festgenommen zu werden, und mit einem Journalistenvisum für eine Woche hinzufahren, erschien ihm sinnlos, da der Lauf zwei Monate dauern soll.

André hat mit vier verschiedenen iranischen Filmteams gesprochen, aber keinem ist es gelungen, eine Genehmigung dafür zu erhalten, mich zu filmen, und einige haben einen Rückzieher gemacht. Aus ihrem und meinem Bildmaterial wollten wir eigentlich eine Dokumentation zusammenstellen. Jetzt werde ich mich und alles, was ich erlebe, mit meiner Videokamera filmen.

Im Flugzeug bin ich nervös und lehne die Stirn an Amirs Wange. Seine Nähe schenkt mir Sicherheit. Es ist schön, dass er bei mir ist.

Gegen sechs Uhr abends landen wir in Istanbul und trinken ein Bier, ehe es Zeit wird, ein Land zu betreten, in dem Alkohol verboten ist. Um elf Uhr abends startet die Maschine nach Teheran. Der Flug dauert vier Stunden. Das letzte Stück schlafe ich.

In der Maschine von Istanbul nach Teheran tragen die meisten Frauen bis kurz vor der Landung keine Kopfbedeckung. Dann holen sie Kopftücher und Mützen heraus, und ich ziehe meinen Läuferhidschab auf, der mich aussehen lässt wie ein Teletubbie mit abstehenden Ohren. Amir mustert mich von Kopf bis Fuß.

»Hast du keine längere Jacke?«, fragt er.

»Ich habe nur die hier«, antworte ich und zeige auf die Jacke des Trainingsanzugs.

»Die Jacke soll eigentlich bis zu den Knien gehen. Die Form des weiblichen Körpers darf nicht sichtbar sein. Hier, nimm meine Jacke und binde sie dir um die Taille«, sagt er.

Das Flugzeug landet mit zwei Stunden Verspätung gegen fünf Uhr morgens. Der Flughafen wirkt mit seinen braunen Holzwänden und den Gepäckbändern ein wenig altmodisch. Als wir auf unsere Sachen warten, denke ich: So, so, hier werden also alle Frauen unterdrückt, und alle Männer sind Unterdrücker. Dann sehe ich eine Frau, die ihren Koffer eigenhändig vom Gepäckband zieht. Da haben wir jedenfalls eine, die zumindest etwas selbstständig ist.

Amirs Schwester Fariba und ihr Mann Hossein holen uns vom

Flughafen ab. Der Aufzug bringt uns direkt in die Tiefgarage, wo es nach Abgasen und Öl riecht. Wir rollen den Gepäckwagen zum Auto. Jemand parkt direkt vor uns. Es erscheint unmöglich auszuparken, aber Hossein und Amir gehen zu dem Wagen, der im Weg steht, und schieben ihn zur Seite.

Ich lache laut. Amir erklärt mir, es sei üblich, sich gegenseitig zuzuparken und das Auto stehen zu lassen, ohne die Handbremse anzuziehen, damit andere es wegschieben können.

Hossein spannt mein Gepäck auf dem Autodach fest, und wir verlassen das Flughafengelände. Ich freue mich riesig. Endlich bin ich da! Das Abenteuer kann beginnen!

Im Flugzeug hat Amir mir beigebracht, auf Persisch bis zehn zu zählen, aber das Wort für vier vergesse ich immer wieder. Ich übe, indem ich die Zahlen auf den Nummernschildern der vorbeifahrenden Autos lese. Sand und Neubauten, so weit das Auge reicht. Gelber Sand und grauer Beton. Hossein redet die ganze Zeit, im Autoradio läuft Musik.

Teheran ist eine wachsende Stadt. Wir biegen in Richtung Karadsch ab, einst nur ein Vorort, heute jedoch eine lebhafte Großstadt, die mit Teheran zusammengewachsen ist. Autos hupen, und mir stockt immer wieder der Atem, wenn Hossein sich mit wenigen Zentimetern Abstand zwischen anderen Wagen hindurchzwängt.

Wir stoppen an einer kleinen Bäckerei im Stadtzentrum, um frisch gebackenes Brot zu kaufen. Menschen bilden eine Warteschlange vor einem kleinen, offenen, mit weißen Kacheln verkleideten Fenster. Brot und Geld werden durch die Öffnung ausgetauscht. Es duftet wunderbar!

Der Bäcker sieht, dass ich Ausländerin bin, und winkt mich in die Backstube, wo er mir zeigt, wie der Teig zu länglichen Brotlaiben gezogen wird, die auf eine große, runde Scheibe gelegt werden, die sich langsam in dem Ofen dreht, aus dem dann frisch gebackenes Fladenbrot herauskommt.

Fariba und Hossein leben in einer Dreizimmerwohnung mit Wohnküche. Sie befindet sich in einem mehrstöckigen Haus mitten in Karadsch, in der Nähe eines Parks. Die Farbskala bewegt sich zwischen hellgelb, weiß und dunklem Holz. Entlang der Wände stehen Möbel, sodass die Mitte abgesehen von einem schönen handgeknüpften Teppich frei bleibt. Es soll genügend Platz geben, um auf dem Teppich sitzen und schlafen zu können.

Nach einem herrlichen Mittagessen mit Reis, Fleisch, Pistazien und Mandeln führe ich zwei kurze Telefonate mit Fredrik und meinen Eltern. Ich habe eine gute Reise gehabt, in ein paar Tagen laufe ich los. Telefonieren ist teuer, sodass ich nur das Nötigste sage.

Anschließend fahren wir in die Stadt, weil ich üben muss, mir an einem Bankautomaten Geld zu ziehen.

Meine einzige Zahlungsmöglichkeit ist die persische Kreditkarte, die mir mein Kollege besorgt hat. Für den Fall, dass ich die Karte verlieren sollte, habe ich als Reserve amerikanische Dollar dabei.

Geld am Automaten abzuheben ist einfach. Komplizierter gestaltet es sich, SIM-Karten für mein Tablet und das Smartphone zu beschaffen. Amir muss seinen iranischen Pass vorlegen, um die Karten kaufen zu können, anschließend gehen wir zu einem Bankautomaten, um Geld auf die Karten zu überweisen, die ich aktiviere, indem ich mit meinem Telefon SMS verschicke. Sie werden beantwortet – auf Persisch. Aber Amir steht mir bei und hilft mir bei allem. Wir fahren zu Fariba und Hossein, und ich schlafe müde und glücklich zum ersten Mal auf einem iranischen Teppich ein, weil viele Iraner so schlafen, und es ist wunderbar. Ich darf allein im Zimmer der beiden erwachsenen Söhne übernachten. Sie ziehen ins Wohnzimmer, wo sie zusammen mit Amir schlafen. Auf den Teppich legt man eine weiche, dicke Fleecedecke als Matratze sowie ein dickes, steinhartes Kissen und benutzt eine ebenso dicke Fleecedecke, um sich zuzudecken. Ich wundere mich darüber, wie dick die Decke ist, obwohl wir uns in einem Land mit so hohen Temperaturen aufhalten.

Fariba und Hossein haben jung geheiratet und vier Kinder bekommen. Hossein ist Angestellter der staatlichen Eisenbahn, bei der er nicht viel verdient, dafür aber eine gute Rente bekommen wird. Dass Fariba und Hossein trotzdem gut leben, liegt daran, dass sie die Wohnung von Amir und seinem Bruder Nader bekommen haben. Zum ersten Mal verstehe ich wirklich, was es bedeutet, dass man sich auf seine Familie verlässt und die Familienmitglieder füreinander da sind. Es gibt kein umfassendes Sozialsystem, ohne die Wohnung hätte Fariba es schwer. Ihre Brüder sorgen dafür, dass es ihr gut geht. Nicht, weil sie besonders reich sind, sondern weil man das im Iran so macht.

Wenn wir bei Fariba und Hossein sind, sitzen wir. Hossein sitzt, redet und lacht. Auch die erwachsenen Söhne, Eshan und Ali, sitzen. Amir sitzt auch. Genau wie ich. Wer hier arbeitet, ist Fariba. Sie ist immer vor allen anderen wach. Sie macht das Frühstück und räumt ab und spült, um danach das Mittagessen vorzubereiten. Essen zuzubereiten ist eine Vollzeitbeschäftigung. Hossein hilft beim Tisch decken und manchmal auch abdecken, aber das ist alles. Ich versuche zu helfen, werde aber sanft zur Couch zurückgeführt.

Am nächsten Tag teste ich meine Ausrüstung. Auf der anderen Straßenseite liegt ein Park, in dem Leute Fahrrad fahren oder spazieren gehen, manche trainieren. Ein perfekter Ort also, um als Test ein paar Kilometer zu laufen.

Ich ziehe einen meiner beiden Trainingsanzüge an und schließe den Reißverschluss bis zum Kinn. Draußen sind es sechsunddreißig Grad, und ich widerstehe dem Reflex, den Reißverschluss sofort wieder zu öffnen. Bevor ich hinausgehe, setze ich meine Paddelmütze auf und ziehe die rosa Schuhe an.

Vor meiner Abreise hatte ich recherchiert, wie heiß es um diese Jahreszeit sein würde. Die Durchschnittstemperatur im August liegt im Iran bei sechsunddreißig Grad. Dennoch ist die Hitze ein Schock. Sechsunddreißig Grad im Schatten sind in der Sonne zehn Grad mehr. Sechsundvierzig.

Noch ehe ich im Park bin, schwitze ich stark. Nach ein paar Hundert Metern klebt der Stoff am Körper, und ich spüre, dass mir der Schweiß die Arme herabläuft. Drei Runden später bin ich klatschnass.

Ich gehe zu den Wasserhähnen, die von der Stadt aufgestellt wurden, damit die Parkbesucher trinken und sich abkühlen können. Ich stecke den Kopf unters kalte Wasser. Oh, verdammt, das wird heiß, denke ich.

An einem der Abende kommen Mehrdad und seine Frau Pouran zu Fariba. Mehrdad und Amir sind Schulfreunde. Nachdem Amir Ende der Achtzigerjahre nach Schweden floh, sind sie in Verbindung geblieben, haben sich aber mehr als zwanzig Jahre nicht mehr gesehen.

Amir öffnet die Tür, und die beiden Jugendfreunde sehen sich zuerst sekundenlang an, lachen dann, fallen sich um den Hals und küssen sich auf die Wangen. Es ist wunderbar, ihre Wiedervereinigung zu beobachten, und ich bekomme eine Gänsehaut.

Amir und Mehrdad haben sich vor meiner Reise häufig ausgetauscht, und Mehrdad hat erklärt, dass er mir helfen möchte. Ich stellte mir vor, dass er ans Telefon gehen würde, wenn ich ihn anrief, aber seine Hilfe umfasst so viel mehr. In den nächsten neunundfünfzig Tagen ist er mein mit Abstand wichtigster Unterstützer und Freund. Er lernt meine Bedürfnisse und Wünsche kennen und ebnet mir den Weg, macht mich aber auch wütend, bereitet mir Sorgen und bringt mich dazu, wegen widersprüchlicher Gefühle allein in einer leeren Wohnung mitten im Iran zusammenzubrechen.

An diesem ersten Abend sehen wir uns gemeinsam Karten an, um meine Route festzulegen, und beschließen, dass Mehrdad mich nach Bazargan an der Grenze zur Türkei im Norden fahren wird, wo mein Lauf beginnen soll.

Mehrdad ist ein schweigsamer und penibler Mann mit gepflegten Kleidern und einem gut getrimmten Schnurrbart. Wir unterhalten uns fließend auf Englisch, und er drückt sich sehr wortgewandt aus. Auch er wohnt in einem Haus in Karadsch, zusammen mit seiner Frau Pouran und ihrem vierzehnjährigen Sohn Parsa. Früher besaß er mit einem Kompagnon eine Fabrik mit fünfzehn Angestellten, die Backformen produzierte. Eines Tages nahm sein Kompagnon jedoch das Geld und verschwand, und zurück blieb

Mehrdad, der sein Haus verkaufen musste, um die Schulden zu begleichen. Er war gezwungen, ein Haus zu mieten, in das auch der Betrieb einzog. Jetzt schläft die Familie in der Wohnküche, und die Firma befindet sich in den beiden Schlafzimmern.

Am Tag vor meiner Abfahrt zur Grenze fahren wir in die Stadt, um Karten für den Lauf zu kaufen. Bei einer Karte ist nie der Akku leer, deshalb verlasse ich mich lieber auf Papier.

Gewisse Straßen in Teheran und vielen anderen Städten des Irans zu überqueren, ist gemeingefährlich. Es gibt zwar Zebrastreifen, aber für einen Fußgänger hält kein Mensch an. Es herrscht reger Verkehr, und wir müssen uns im Zickzack zwischen Stoßstangen und Kofferräumen hindurchmanövrieren, um voranzukommen. Amir filmt mich, als ich zum ersten Mal allein eine Straße überquere, und lacht sich kaputt. Der Film erhält viele Likes auf Facebook, das im Iran eigentlich verboten ist. Über einen VPS-Zugang in ein anderes Land ist es dennoch möglich, sowohl Facebook als auch Twitter zu benutzen. Der Ayatollah ist selbst ein fleißiger Twitterer. Erstaunt stelle ich fest, dass Instagram im Iran erlaubt ist. Zum Glück hat Carina dort vor meiner Abreise einen Account für mich eingerichtet.

Carina wird sich in den sozialen Medien und auf meiner Homepage um die Kommunikation kümmern, wenn ich einmal kein Internet habe. Etwas ungeübt mache ich Bilder und lade sie auf Instagram hoch. Auf die Art steht mir ein weiterer Kommunikationskanal offen. Die Zahl meiner iranischen, schwedischen und aus anderen Ländern stammenden Besucher steigt. Wie haben sie meine Seite gefunden?

Wir gehen von Geschäft zu Geschäft. Manche Menschen schauen mich diskret an, andere wollen höflich und neugierig mit mir sprechen, aber die meisten schenken mir gar keine Beachtung. Ein Mann strahlt vor Freude, gibt mir die Hand und sagt: »We love you.« In einem der Geschäfte finden wir eine Karte über Gilan und Masanderan, zwei Provinzen, durch die ich laufen werde. Einige der größeren Orte sind auch in lateinischen Buchstaben angegeben. In einem anderen Geschäft entdecken wir eine Karte über die Provinz Golestan. Für West-Aserbaidschan, die Provinz, in der ich starte, Ost-Aserbaidschan und Ardabil, die als nächste folgen, sowie die Provinz Nord-Chorasan, wo ich meinen Lauf beenden werde, finden wir keine Karten. Die Übersichtskarte, die ich aus Schweden mitgebracht habe, muss reichen.

Amir und ich fahren zu Fariba und packen. Bis zur Grenze sind es achthundert Kilometer. Die letzte Stadt davor heißt Maku. Die Grenze selbst liegt sechzehn Kilometer nördlich davon. Dorthin wollen wir, nach Bazargan, der wichtigsten Import- und Exportstadt im Norden des Irans. Dort werde ich loslaufen, und nach ein paar Tagen Akklimatisierung bin ich startklar.

Ich gehe das Gepäck durch. Achte darauf, dass alles an der richtigen Stelle liegt. Prüfe Pass und Kreditkarte. Vergewissere mich zwei Mal, dass alle Geräte geladen sind. Packe meinen frisch gewaschenen Trainingsanzug und die neuen Karten ein.

Ich mache es mir auf dem Fußboden des Zimmers gemütlich, das derzeit meins ist, und melde mich bei Mahdi, dem Doktoranden, der mir einen Schlafplatz in Lahidschan angeboten hat. Es ist so leicht, mit ihm zu reden, ich habe das Gefühl, dass wir uns verstehen, obwohl wir uns noch nie begegnet sind. Außerdem ist er nett und hat sich während meiner Vorbereitungen mehrmals gemeldet, um sich zu erkundigen, ob er mir helfen kann.

Ich bin natürlich froh, dass ich Mehrdad habe. Ihn werde ich anrufen können, wenn ich Hilfe benötige, und vielleicht kann er mir auch helfen, bei Problemen eine Übernachtungsmöglichkeit zu finden, aber in dieser Phase ahne ich noch nicht, was für eine zentrale Rolle Mehrdad in meinem Projekt spielen wird. Es kann nur gut sein, entlang der Strecke weitere Freunde zu haben, denke ich, und Mahdi scheint ein solcher zu sein.

Es wird Zeit, das Abenteuer zu beginnen, schreibe ich im Chat mit Mahdi. Er ist eifrig und interessiert und stellt viele Fragen. Ich

freue mich darauf, ihn nach etwa achthundert Kilometern in Lahidschan kennenzulernen.

Ich nutze die Gelegenheit auch, um mich bei meinen Freunden in Schweden zu melden und Kraft aus den Kommentaren in meinem Blog zu schöpfen.

Ich blogge auf Englisch, aber im Kommentarfeld findet man eine hübsche Mischung aus Schwedisch, Englisch und Persisch.

»Es wird Spaß machen, dir zu folgen! Umarme dich!«, schreibt ein alter Bewohner des Ejdervägen, und ich frage mich, wer es sein mag. Der Ejdervägen ist die Parallelstraße zum Fasanvägen in Piteå, wo ich aufgewachsen bin.

Toora, die ich nicht kenne, schreibt:

> Weiterhin Liebe und Glück auf deinem Weg. Wir im fernen Großbritannien lieben dich.

Ein anderer schreibt:

> Du läufst, und wir folgen dir aus weiter Ferne. Wir Iraner in Schweden wünschen dir nur das Beste. Viel Glück!

Neue und alte Bekannte kommen rund um meine Reise zusammen, es ist beeindruckend.

Etwas weiter unten finde ich den Kommentar einer Frau, die sich Anahita nennt:

In vielen Medien, in denen die Rede von dir gewesen ist, hat man dir vorgeworfen, mit dem iranischen Regime unter einer Decke zu stecken. Das fand ich wirklich schade, aber mittlerweile stimme ich den Vorwürfen zu. Peinlich!

Ich hatte gepostet, dass ein Mann mir in der U-Bahn seinen Platz angeboten hat und ich generell sehr positiv aufgenommen werde. Anahita findet, dass ich die Kinder übersehen habe, die für ein Almosen Wasser und Strümpfe verkaufen und in Autoschlangen Windschutzscheiben sauber wischen. Die weitverbreitete Prostitution erwähnte ich auch mit keinem Wort, schreibt sie.

Ich lasse die Worte an mich heran. Moment mal. Ich soll mit dem Regime unter einer Decke stecken? Ich bin enttäuscht. Warum sieht sie nicht das Schöne an dem, was ich tue? Sie schreibt, in »vielen Medien« sei die Rede von mir gewesen – in welchen? Von wem?

Ich stehe auf und gehe zu den anderen. Amir und Fariba unterhalten sich und lachen, dennoch gehe ich zu ihnen und unterbreche sie.

»Amir, entschuldige bitte, aber ich muss dir etwas zeigen. Sieh mal!«

Er liest den Kommentar zwei Mal.

»Sie schreibt, ich sei in verschiedenen Medien erwähnt worden und dass sie mittlerweile auch denkt, dass ich mit dem Regime unter einer Decke stecke«, sage ich erregt.

Amir sieht mich an. »Erinnerst du dich an den Artikel, der in der persischen Internetzeitung Stockholmian stand, bevor du gefahren bist? Auf der Homepage hat es eine längere Diskussion über deine Absichten bezüglich der Reise gegeben.«

Ich erinnere mich an den Artikel, geschrieben mit persischen Schnörkeln. Ich verstand kein Wort, aber es gefiel mir, mein Bild neben den Schriftzeichen zu sehen.

»Vergiss es«, sagt er ruhig. »Nichts davon trifft zu. Boshafte Menschen benutzen das Internet so, sie verbreiten Lügen und machen dir Angst, sie verunsichern dich und bringen dich aus dem Gleichgewicht. Nur ein schwacher Mensch ist unglücklich. Lass nicht zu, dass ihr Unglück auf deine Reise abfärbt. Konzentrier dich auf das, was wichtig ist.«

Ja, ich gebe nichts darauf, was Anahita schreibt. Es ist unbegründet. Trotzdem schmerzt es mich. Schon als Kind ist es mir schwergefallen, mit Kritik umzugehen. Muss ich mich jetzt, da ich gesehen und gehört werde, daran gewöhnen? Ich werde lernen müssen, zwischen kritischen Äußerungen, die ich mir zu Herzen nehmen sollte, und böswilligen Kommentaren im Internet zu unterscheiden. Dennoch tun die Worte weh. Plötzlich bin ich dankbar, dass die Genehmigung zurückgezogen wurde. Ich habe keine Verbindung zum Regime. Das ist ein gutes Gefühl.

Zweiter Teil

Fast zweitausend unbekannte Kilometer liegen vor mir

1. Tag, Bazargan – Maku, 16 km

Wir treffen uns schon um fünf Uhr morgens. Mehrdad, Pouran und Parsa kommen pünktlich, obwohl sie von daheim zu Faribas Haus eine Stunde benötigen. Es ist stockfinster. Amir, Fariba und ihr Mann Hossein sind alle wach, um mich zu verabschieden. Als ich Amir zusammen mit Fariba und Hossein neben dem Auto stehen sehe, habe ich ein mulmiges Gefühl. Sie haben mir in diesen ersten Tagen Sicherheit gegeben. Jetzt verlasse ich sie. Es wird Zeit, auf Wiedersehen zu sagen.

Wir spannen Baby Blue auf dem Dachgepäckträger fest. Die meisten Autos im Iran sind kleiner und älter als in Schweden. Es gibt wenig Stauraum, sodass viele Kisten und Koffer auf dem Dach transportieren.

»Viel Glück, Kristina!«, sagt Amir und umarmt mich.

Obwohl es nicht üblich ist, »Zärtlichkeit auf offener Straße« zu zeigen, umarmen wir uns alle. Hinterher hat Amir mir erzählt, dass er in diesem Augenblick Zweifel hatte, ob ich es nach all dem Gegenwind vor meiner Abreise schaffen würde. Die zurückgezogene Genehmigung. André, der nicht dabei ist. Die Unsicherheit könnte zu groß werden, denkt Amir. Aber er sagt nichts.

Ich habe einen großen Kloß im Hals, als ich mich zu Menschen ins Auto setze, denen ich zuvor nur einmal begegnet bin. Dann rollt der Wagen los, und ich winke Amir und allem, was bekannt gewesen ist, zu.

Vor dem Fenster ist anfangs alles schwarz, aber als es dämmert, sehe ich, dass sich davor eine große, offene Sandlandschaft ausbreitet. Die Berge, die zunächst dunkel am Horizont liegen, changieren ein paar Stunden später, als die Sonne aufgeht, in verschiedenen Farben – violett, rotbraun, orange und grau. Es ist ein faszinierender Anblick.

Der Verkehr ist brutal. Autos und Lastwagen fahren schnell und eng nebeneinander. Es sind viele, viel mehr, als ich gewohnt bin.

Kristina, worauf hast du dich da bloß eingelassen?!, denke ich fast panisch. Du hast sie doch nicht mehr alle! Willst du etwa in

diesem Verkehr laufen? Das dürfte die schlechteste Idee sein, die du jemals hattest!

Der Iran ist eines der Länder mit den meisten Verkehrsopfern weltweit. Ich sehe meinen weichen Körper vor dem harten Blech der Autos, die sich mit mehr als hundert Stundenkilometern bewegen. Außerdem habe ich erfahren, dass viele unter Drogeneinfluss fahren. Wie stehen eigentlich meine Chancen, mit heiler Haut durchzukommen? Je länger wir fahren, desto mehr verlässt mich der Mut.

Mehrdad und Pouran plaudern vorne, und als sich die erste Verkehrspanik wieder gelegt hat, döse ich ein. Parsa sitzt mit mir auf der Rückbank und schläft ebenfalls ein.

Gegen Mittag halten wir an und picknicken unter einem Baum. Mehrdad breitet eine Decke auf der Erde aus, und Pouran verteilt darauf Käse, Brot, Salz, Pfeffer und Käseflips. Anschließend grillt Mehrdad auf dem Minigrill der Familie Hamburger.

Als wir uns hingesetzt haben, zieht Pouran unverzüglich ihr Kopftuch ab. Sie hat kurze dunkle Haare, die glatt fallen, einen entschlossenen Gesichtsausdruck und ist normalerweise recht schweigsam. Jetzt nimmt sie das Kopftuch in ihre Hände, betrachtet es und sagt mit Nachdruck:

»Ich hasse es!«

Ich werde neugierig.

»Aber kannst du es denn einfach so abnehmen?«

»Wenn außer der Familie keiner da ist, geht das«, antwortet sie.

Ich folge ihrem Beispiel und ziehe ebenfalls mein Kopftuch ab. Es ist wunderbar, den Wind in den Haaren zu spüren.

Kurz darauf kommt ein Bauer zu uns. Pouran lässt ihr Kopftuch wie in einem stillen Protest auf der Erde liegen, genau wie ich. Der Mann hat ein paar Melonen dabei. Er bleibt vor uns stehen und spricht Persisch. Mehrdad übersetzt nach und nach, was er sagt.

»Er sagt, dass die Melonen ein Geschenk für dich und uns sind, weil du Ausländerin bist. Willkommen im Iran!«

Mir wird ganz warm ums Herz. Der Bauer hat von Ferne gesehen, dass ich Ausländerin bin, und die Melonen geholt, um sie mir zu schenken. Mehrdad dankt ihm, und wir kosten die Früchte, die noch ziemlich unreif sind, aber was zählt, ist die nette Geste. Mehrdad und Pouran räumen alles zusammen, und wir kehren zum Auto zurück. Bis Maku sind es noch sechshundert Kilometer, und wir fahren durch Wüste. Die zweispurige Straße ist groß und breit und schnurgerade. Es herrscht dichter Verkehr, und ich gebe mein Bestes, ihn auszublenden. Manchmal halten wir an. Mehrdad ist penibel. Auf der Autofahrt zur Grenze prüft er vier Mal den Ölstand, immer mit Handschuhen und aufgesetzter Brille.

Wir erreichen Maku erst am späten Abend. Wir wollen in der Stadt übernachten, und am nächsten Tag sind es dann nur noch sechzehn Kilometer bis Bazargan, bis zur Grenze. Es ist dunkel, und die Lichter der Stadt leuchten einladend. Hohe, felsige Berge erheben sich auf der einen Seite der Stadt, dic Straßen werden von grünen Bäumen gesäumt. Obwohl es neun Uhr ist, sind auf den Straßen noch viele Menschen unterwegs. Wir schlafen in einem Park, in dem der Rote Halbmond, die muslimische Entsprechung zum Roten Kreuz, große weiße Zelte aufgeschlagen hat, die Iraner auf Urlaubsreisen und auch ich kostenlos nutzen dürfen. Die Menschen sollen auf Reisen billig übernachten können.

Am nächsten Tag stehen wir um sieben auf, frühstücken an einem Tisch im Park, in der lauen Morgendämmerung, und fahren danach so weit auf die Grenze im Norden zu, wie es geht. Die

Straße schlängelt sich durch die karge, hügelige Landschaft. Am Horizont erhebt sich der Berg Ararat, dessen Gipfel weiß ist von Schnee, der niemals schmilzt, nicht einmal im Sommer. Die Bergkämme, an denen wir vorbeifahren, changieren in verschiedenen Tönen von Braun und Beige. Nichts wächst auf ihnen. Im Tal ist es grüner, auch wenn Büsche und Bäume nicht gut zu gedeihen scheinen.

Wir passieren Kilometer auf Kilometer parkende Sattelschlepper. Alle warten darauf, die Grenze zur Türkei zu überqueren. Die Fahrer sitzen im Schatten ihrer Lastwagen und trinken Tee oder flanieren umher und plaudern miteinander. Manche machen ein Nickerchen.

Wir können nicht bis zum Grenzübergang fahren, sondern müssen auf einem großen, kreisförmigen Parkplatz hundert Meter vor dem Grenzzaun halten. Der Platz wimmelt von Autos, die kunterbunt durcheinander stehen. Eine Handvoll Menschen schlendert langsam umher und scheint zu warten. Es stört mich ein bisschen, dass wir nicht genau an der Grenze sind. Ich will wirklich keinen einzigen Meter durch dieses Land verpassen, komme aber nicht weiter. Eisentore halten mich auf.

Gemeinsam heben wir Baby Blue vom Autodach herunter. Ich bin gereizt und gestresst und schaffe es nicht, den Wagen richtig zusammenzubauen. Die Bremse sitzt falsch, und das Vorderrad ist nicht gerade, aber es ist wichtig, dass das Rad gerade ist, denn sonst zieht der Wagen zu einer Seite. Ständig die Richtung korrigieren zu müssen, ist eine große Belastung für die Handgelenke. Ich versuche, das Rad zu justieren, aber es will mir einfach nicht gelingen. Meine Hände zittern.

»Ich verstehe nichts und keiner versteht mich. Worauf habe ich mich da nur eingelassen?«, murmele ich vor mich hin.

Schließlich übernimmt Mehrdad die Montage, und ich schaue ihm zu. Das Thermometer, das ich am Griff befestigt habe, zeigt dreiunddreißig Grad an. Als er fertig ist, packe ich Baby Blue. Zuunterst lege ich den Beutel mit dem Zelt, die Isomatte und das Kamerastativ, dann folgen der Kleiderbeutel, der Schlafsack und der Medikamentenbeutel. Der Sachenbeutel und der Technikbeutel liegen zuoberst, auf ihnen platziere ich die Kamera. Auf das alles setze ich dann Inga, es ist der Ehrenplatz. Inga ist eine Puppe aus weichem Stoff mit blonden Zöpfen und in schwedischer Nationaltracht. Sie ist von der Türkei bis nach Finnland und auf der Ålandsee immer dabei gewesen und hat sich später einen Ast abgefroren, als Carina und ich mitten im eisigen Winter von Stockholm nach Göteborg gepaddelt sind. Mit ihren treuen Augen ist sie immer dabei. Abschließend zurre ich alles mit den elastischen Spannriemen fest, die ich mir aus dem Kofferraum in Fredriks Auto geliehen habe. In der gleißenden Sonne bricht mir der Schweiß aus, und ich habe Angst, denn bald werde ich völlig allein in einer unbekannten und in vieler Hinsicht unverständlichen Welt sein. Ich sehe Mehrdad, Pouran und Parsa an. Vor wenigen Tagen waren sie Fremde, jetzt sind sie gewissermaßen meine Familie. Meine Nabelschnur zur Geborgenheit.

»Hier ist eine Kopie von meinem Pass und hier eine von meinem Visum. Sollte etwas passieren, findet ihr dort alle Informationen zu meiner Person«, sage ich leise und gebe ihnen die Papiere. Die Dokumente brennen in meinen Händen. Sie ihnen zu überlassen, kommt mir vor wie eine letzte Abschiedszeremonie vor meinem Tod.

Ich habe eine Menge Kopien dabei und stecke den Rest zusammen mit dem Bargeld in Dollar unter die Pappscheibe ganz unten in Baby Blue.

Wir stehen uns gegenüber, sie vor ihrem Auto und ich neben Baby Blue.

Der Augenblick ist gekommen. Wir umarmen uns, obwohl es gegen die Gepflogenheiten ist. Sie steigen ins Auto, und Mehrdad lässt den Motor an. Alle im Wagen winken mir fröhlich zu, und ihr weinroter Peugeot rollt davon.

Jetzt bin ich unwiderruflich allein. Was wird passieren? Welchen Menschen werde ich begegnen? Meine Beine schlottern, und der Magen grummelt. Tränen brennen hinter den Lidern. Ich stoße Baby Blue an und laufe die Strecke zurück, die wir gerade gekommen sind, in Richtung Maku. Sechzehn Kilometer werde ich heute laufen und auf dem Campingplatz schlafen, auf dem ich schon die letzte Nacht verbracht habe. Das werde ich ja wohl noch schaffen! Die Gedanken kreisen um meine Sorgen. Es gibt nur

mich, Baby Blue und fast eintausendsechshundert unbekannte Kilometer. Keiner versteht, was ich sage, keiner weiß, was ich will. Wenn etwas passiert, bin ich völlig auf mich allein gestellt.

Vor meiner Abreise war ich an Borreliose erkrankt. Was ist, wenn sie nicht auskuriert ist? Was ist, wenn ich vor der Abreise noch mehr Zecken hatte? Wie soll ich das einem iranischen Arzt erklären?

Als ich hochschaue, sehe ich den Ararat mit seinem schneebedeckten Gipfel. Ich kenne ihn aus den Erzählungen der Bibel. Das tröstet mich ein wenig, weckt aber auch mein Heimweh. Großmutter, siehst du vom Himmel aus, was dein Enkelkind macht? Du, die du nie weiter als bis ins südschwedische Simrishamn gereist bist! Warum bin ich nicht wie du zufrieden daheimgeblieben?

Ich laufe einen kläglichen Kilometer und habe nicht einmal Bazargan hinter mir gelassen, als ich völlig in Panik bin. Das Herz rast und mir wird immer schwindeliger. Dann sehe ich ein Restaurant. Es ist erst elf, also ein bisschen früh für das Mittagessen. Aber das Frühstück – etwas Brot, Marmelade und Fetakäse – war nicht sonderlich üppig, und ich habe nichts Essbares bei mir.

»Iss«, sage ich laut zu mir selbst. »Beim Essen bekommst du immer gute Laune.«

Ich parke Baby Blue und trete ein. In einer Kühltheke hinter Glas liegen Fleischspieße, auf die ich zeige.

»Polo?«, sagte ich zu dem Restaurantbesitzer. Kann ich Reis dazu bekommen?

Dann setze ich mich und verliere die Beherrschung, mir kommen die Tränen, und während ich schluchzend weine, betrachte ich die Autos auf der Straße. Meine Brust schmerzt. Ich ziehe die Nase hoch und versuche, mich wieder in den Griff zu bekommen.

Was habe ich mich nach diesem Moment gesehnt, danach, die ersten Schritte machen zu dürfen. Und jetzt sitze ich hier nach nur einem Kilometer völlig aufgelöst und sehne mich nach Hause.

Mitten in meinem Zusammenbruch fällt mir ein, dass sich das auf Film bestimmt richtig gut macht, ich hole die Kamera heraus und erzähle, was ich gerade empfinde:

»Jetzt bin ich gestartet und … oh verdammt, habe ich einen Schiss. Einen Kilometer weit bin ich gekommen. Ich habe Hunger, deshalb sitze ich in einem Lokal und will etwas essen. Fleisch. Ich verstehe ja nur ein paar Worte, aber ich kenne *Guscht*: Fleisch. Ich habe Angst, weil ich allein bin, weil ich nichts verstehe, weder geschrieben noch gesprochen, doch, ich verstehe Guscht. Die Straßen sind, wie sie sind. Heute ist der fünfte September. Mehrdad, Pouran und Parsa sind vorhin gefahren. Mein Internetguthaben im Handy ist schon verbraucht, ich muss herausfinden, wie ich es auflade, aber ich glaube, das … kann ich. Wovor habe ich Angst? Ich habe Angst, weil ich mich an einem Ort befinde, an dem ich nichts verstehe, nichts ausrichten und mich nicht verständlich machen kann. Wenn ich mit dem Land erst einmal warm geworden bin – es kommt mir ein bisschen ironisch vor, das ausgerechnet jetzt zu sagen, ich schwitze wie ein Schwein, aber wenn ich hier warm geworden bin, mich besser an alles gewöhnt habe, dann geht es bestimmt besser. Ich bin froh, dass ich die weiße Lilie habe, es tut unheimlich gut, etwas von Fredrik dabeizuhaben, etwas Vertrautes, hier, wo alles unbekannt ist. Jetzt werde ich erst einmal essen, danach fühle ich mich meistens besser, und anschließend gönne ich mir noch einen Zuckerschub mit einer Fanta. Das wird schon, wie meine Großmutter immer gesagt hat.«

Die weiße Lilie. Fredrik ist groß und blass, ich nenne ihn meine weiße Lilie. Ein paar Tage vor meiner Abreise überreichte er mir ein längliches Paket. Er wirkte erwartungsvoll und verschmitzt, als wäre es die gelungenste Überraschung der Welt.

»Ich habe etwas für dich und möchte, dass du es in den Iran mitnimmst«, sagte er.

Oh nein, nicht noch mehr Gepäck. Ich hatte schon so viel zu schleppen.

Doch in dem Paket lag eine weiße Stofflilie, über die ich mich sehr freute. Vor und nach der Reise haben mich viele gefragt, ob Fredrik sich keine Sorgen gemacht habe. Das hat er vermutlich getan, aber er hat es mir nie gesagt. Er meinte, er verstehe, dass die Reise mir wichtig sei. Keine Vorwürfe, nur Unterstützung. Die Lilie habe ich mit Kabelbindern an Baby Blue festgezurrt. Es kommt mir vor, als hätte ich bei jedem Schritt ein kleines Stück von Fredrik und seiner bedingungslosen Liebe dabei.

Nach meiner Panikattacke im Restaurant reiße ich mich zusammen, und mit Essen im Bauch fühlt sich alles gleich ein wenig besser an. Ich hole meine Kreditkarte heraus.

»Pin?«, fragt der Restaurantbesitzer.

Ich gebe mir einen Ruck, habe gesehen, wie Amir es gemacht hat, als er mit seiner Kreditkarte bezahlte. Im Iran gibt nämlich nicht der Kartenbesitzer, sondern der Verkäufer den Code ein.

»Pandsch. Haft. Tschahār. Schisch.« Fünf, sieben, vier, sechs.

Ich schaffe es, die Zahlen für den PIN-Code auf Persisch zu sagen, und bin zufrieden, dass mir meine erste Bezahlung, die ich ganz allein tätige, gelungen ist. Ich erhalte die Karte zurück, gehe zu Baby Blue hinaus und löse die Bremse. Es scheint sie nicht weiter zu interessieren, dass auf der Karte ein Männername steht. Solange ich den PIN angeben kann, ist offenbar alles okay.

Ich blinzele in die Sonne. Einen Fuß vor den anderen setzen, das ist alles, was ich im Moment tun muss, und so stoße ich den Wagen an und laufe los.

Ich bleibe im Schatten der Lastwagen, die in der kilometerlangen Schlange vor der Grenzkontrolle parken, trotzdem läuft mir der Schweiß die Arme herab. Männer, die im Schatten hocken, sehen mich neugierig an.

»Salam«, sage ich. Sie nicken mir zu.

Tick, tack, tick, tack. Die Füße klicken mechanisch auf dem Asphalt. Neben der Straße stehen verlassene Bauruinen. Aus den halb errichteten Betonhäusern ragen Armierungseisen gen Himmel. Das Thermometer zeigt vierzig Grad an. Was bedeutet das für Baby Blues Reifen? Denk nicht, fühle nicht, mach einfach weiter. Tick, tack, tick, tack, tick, tack.

Indem ich fragend auf meinen Fotoapparat zeige und lächele, bitte ich einen Mann am Straßenrand, ein Bild von mir zu machen. Er lächelt auch, schießt ein paar Bilder und macht fragende Zeichen, die ich so deute, dass er wissen will, wohin ich unterwegs bin. Ich mache es mir einfach, antworte »Maku« und jogge kurz auf der Stelle, damit er versteht, dass ich laufe. Als Antwort verdreht er die Augen. Wir winken einander zum Abschied zu.

Ich möchte Bilder hochladen, der Welt zeigen, dass ich gestartet bin. Ich hoffe, man sieht den Aufnahmen nicht an, dass ich mich wie eine leere Blechbüchse fühle.

Der kurze Lauf von sechzehn Kilometern ist schnell vorbei, und in Maku kehre ich zu dem Campingplatz zurück, auf dem wir gestern geschlafen haben.

Beim Anblick der weißen Zelte des Roten Halbmonds fühle ich mich fast wie zu Hause und checke weltgewandt beim Campingwart ein. Obwohl ich nicht weit gelaufen bin, sind meine Kleider schweißdurchtränkt. Ich erkenne, dass ich nichts besitze, worin ich sie waschen kann, und kaufe bei einem Mann auf der Straße eine große Schüssel aus rostfreiem Stahl. Was kostet das, frage ich.

»Acht Khomeini«, antwortet er.

Ich verstehe ihn nicht. Wieso Khomeini? Ich hole meine Geldscheine heraus. Der Mann streckt die Hand aus und nimmt sie, zeigt auf das Bild Khomeinis auf dem Rialschein und zählt laut.

»Jek, do, se, tschahār, pandsch, schisch, haft, hascht Khomeini.«

Ich schmunzele über die Art des Mannes, das Geld zu zählen, und trage meinen neuen Waschzuber in die öffentliche Toilette.

Ich ziehe die Laufkleider aus, wasche mich so gut es geht am Becken und ziehe meine Abendhose, das karierte rosa Hemd und den blauen Abendhidschab an, den ich von Fariba bekommen habe. Anschließend wasche ich meine Kleider. Kurz darauf hänge ich sie zum Trocknen auf die Leine, die ich vor dem Zelt zwischen zwei Pfosten gespannt habe. Ist es wirklich kein Problem, dass mein Slip hier mitten im Park hängt? Aber wie soll er sonst trocken werden?

Ich lasse mich mit Tablet und Kamera im Schatten nieder. Blättere in den Bildern und sehe mich selbst vor ein paar Stunden am Straßenrand stehen. Das Lächeln sieht aufgesetzt aus, aber für die sozialen Medien reicht das Bild.

Plötzlich werde ich vom Campingwart unterbrochen, der zu meinem Zelt kommt, lächelt und mir einen Teller Essen hinhält. Es scheint sich um Hähnchen mit Reis zu handeln, und ich begreife, dass es sein eigenes Mittagessen ist. In meiner Einsamkeit wärmt seine Fürsorglichkeit mir das Herz. Ich lächele, nehme den Teller an und esse, und zwar alles.

Etwas später darf ich in einem nahe gelegenen Restaurant das WLAN benutzen. Ohne mich zu fragen, ob ich etwas essen möchte, serviert das Personal mir ein Abendessen, und hinterher darf ich nicht dafür bezahlen. Sie schütteln den Kopf, und ich verstehe nur »Welcome to Iran«, und ihr warmherziges Lächeln.

Ich bummele durch Maku, und der Duft von frisch gebackenem Brot steigt mir in die Nase. Er ist unwiderstehlich. In der Bäckerei backen zwei Männer das längliche, platte Fladenbrot, das frisch gegessen werden soll. Die Iraner kaufen es täglich, ähnlich wie die Franzosen ihr Baguette kaufen. Ich zeige auf eines und ziehe Geld heraus, aber die Bäcker weichen zurück und wedeln abwehrend mit den Händen. Auch sie sagen »Welcome to Iran«. Sie wollen mir das Brot schenken, weil ich Ausländerin und ein Gast bin.

Es ist das dritte Mal, dass ich Essen geschenkt bekomme. Ich bin zerbrechlich, ängstlich und allein, aber als ich das wohlschmeckendste frisch gebackene Brot auf der Welt geschenkt bekomme, habe ich Hoffnung. Es könnte tatsächlich funktionieren. Ich bedanke mich mehrmals für das Brot und trete wieder auf die Straße hinaus.

Monate der Vorbereitung und Anspannung sind vorbei. Ich schlafe allein in meinem Zelt ein und bin nicht im Mindesten besorgt. Einen besseren Start hätte ich nicht haben können.

Schlafplatz gesucht

2. Tag, Maku – Showt, 35 km

Gerade ist die Sonne über die Berge vor mir gestiegen. Ich steuere direkt auf die ersten Strahlen des Tages zu und erhöhe das Tempo. Ich plane nur die nächsten Tage, weiter vorauszudenken erscheint mir sinnlos, da ich nicht weiß, wie heiß es wird und wie weit meine Kräfte reichen. Heute heißt mein Ziel Showt, morgen Marganlar, dann Qarahziyaeddin und danach Ivughli. Alle Orte sind kleine Punkte auf der Karte, und ich weiß nicht, ob ich ein Hotel, ein Motel oder ein Hostel antreffen werde oder eine Familie fragen muss, ob ich in ihrem Hof zelten darf.

Als Carina und ich zusammen durch Europa liefen, merkten wir, dass es eine Weile dauert, bis man lernt, die Karte eines Landes richtig zu lesen. Wie groß muss der Punkt für eine Stadt sein, damit wir dort einen kleinen Kiosk, ein Lebensmittelgeschäft, ein Restaurant oder ein Hotel finden? Und wo ist eine grau markierte Straße gut zu laufen oder lediglich ein holperiger Waldweg? Auf einem Feld neben der Straße oder auf einem Acker zu zelten, ist ausgeschlossen, da im Erdreich Landminen liegen könnten. Ich muss mich nach anderen Lösungen umschauen.

Vor einer Stunde wurde ich abrupt von lauten Stimmen vor meinem Zelt in Maku geweckt. Ich schälte mich aus dem Schlafsack, zog den Trainingsanzug an und schlang rasch das blaue Kopftuch um die Haare. Vor dem Zelt standen zwei Polizisten in hellgrünen Hemden und dunklen Hosen. Sie sprachen kein Englisch, aber die wenigen Worte, die sie kannten, reichten.

»No problem? Okay?«, fragte der eine.

Ich gähnte, vielleicht ein bisschen zu laut, hob den Daumen und lächelte zur Bestätigung, dass bei mir alles in Ordnung war. Mir geht es super. Zum Glück wusste ich damals nicht, dass ein gehobener Daumen im Iran ungefähr bedeutet, jemandem den Mittelfinger zu zeigen.

Die Polizisten, die offenkundig begriffen, dass ich keine Ahnung hatte, was der Daumen in ihrem Land bedeutet, erwiderten mein Lächeln, nickten mir zu und gingen weiter. Ein kurzer Blick auf das Handy zeigte mir, dass es fünf Uhr morgens war. Reichlich früh, eine Frau um fünf Uhr zu wecken, nur um sie zu fragen, ob sie gut schläft. Die kühlen Morgenstunden eignen sich andererseits hervorragend zum Laufen und so packe ich alles zusammen und mache mich auf den Weg.

Die Landschaft ist trocken, und es sind nur wenige Autos unterwegs. Es tut gut, den Körper arbeiten zu lassen. Er will das. Seit meiner Ankunft im Iran bin ich kaum gelaufen. Die sechzehn Kilometer gestern waren so kurz, dass ich sie kaum gespürt habe. Wenn ich längere Zeit keine Gelegenheit zum Laufen habe, werde ich gereizt. In meinem Körper brodelt es vor lauter angestauter Energie, die innerlich an mir zerrt. So weit ist es jetzt zwar noch nicht, aber die Muskeln nehmen die Bewegung dankbar an.

Die Straße schlängelt sich an einzelnen Häusern und Bäumen vorbei. Die Straßenschilder mit ihrem schnörkeligen Persisch sind schön, aber unverständlich. Als eins auftaucht, das die Entfernung nach Showt sowohl in persischen als auch lateinischen Buchstaben angibt, mache ich ein Bild davon.

Es ist nicht leicht, sich zurechtzufinden, wenn man die Sprache nicht beherrscht. So weiß ich beim nächsten Straßenschild, das nur auf Persisch ist, wie der Ortsname aussieht. Ich versuche, Blicke in Gärten zu werfen, um herauszufinden, ob man dort zelten könnte, aber jedes Haus ist von einer hohen Mauer umgeben. Man kann nicht sehen, was sich dahinter verbirgt.

Nach etwa einer Stunde taucht neben mir ein weißes Auto auf, und ich bleibe stehen. Der Fahrer, ein Mann um die dreißig, kurbelt die Scheibe herunter. Er lächelt und wirkt neugierig.

»What do you?«

Mit Körpersprache und einfachen englischen Wörtern versuche ich zu erklären, dass ich nach Showt laufe.

»Da wohne ich! Du kannst bei mir schlafen!«

Ich zögere. Ich brauche eine Übernachtungsmöglichkeit, aber

wer ist er? Kann ich ihm trauen?

»Ich habe Familie, du kannst bei uns schlafen! Ruf an, wenn du nach Showt kommst!«

Tja, das klingt zumindest wie eine Möglichkeit.

Der Mann schreibt seinen Namen, Hadi, und seine Telefonnummer auf einen Zettel, und ich gebe ihm meine. Er fährt weiter, und ich sehe sein weißes Auto hinter dem nächsten Hügel verschwinden und bin voller Hoffnung. Vielleicht ist die Welt ja so freundlich, wie ich gehofft habe.

Ich jogge weiter, und zwei Stunden später erreiche ich eine Gegend mit flachen, heruntergekommenen Industriegebäuden. Ich habe Showt erreicht, das mich mit einem Schild willkommen heißt, auf dem steht: »A woman's hijab is stronger than a martyr's blood.«

Überall sind Autowerkstätten. Auf den Straßen drängen sich PKWs und Lastwagen. Ich schiebe mich zwischen Ölwannen und Mechanikern hindurch. Ganz offensichtlich kein Urlaubsort.

Es ist zwei Uhr, und ich habe Hunger. Ich finde ein Restaurant, das Hamburger anbietet, und parke Baby Blue davor. Als ich in dem Lokal sitze, sehe ich Leute, die zu dem Kinderwagen gehen, auf ihn deuten und miteinander reden. Ich zeige auf das Fleisch, um einen Hamburger zu bestellen, der eher ein Baguette mit Frikadellen und frischem Gemüse ist, aber gut schmeckt, weshalb ich gleich noch einen bestelle und zwei Trinkjoghurts herunterkippe.

Der Mann in dem Restaurant ist vorsichtig und zurückhaltend, und als unsere Blicke sich begegnen, hebt er die Augenbrauen in einer fragenden Geste und legt die Hände an eine Wange, als wären sie ein Kissen. Er erkundigt sich, ob ich weiß, wo ich diese Nacht schlafen kann. Ich denke an den Mann im Auto, lächele und nicke. Er nickt auch.

Als ich bezahlen will, weigert er sich, mein Geld anzunehmen. Dabei habe ich so viel bestellt. Ich würde ihm gern auch etwas geben, aber die hölzernen Buttermesser, die ich poliert und geölt habe, um sie Menschen zu schenken, die mir helfen, habe ich in Schweden vergessen.

Die ungeheure Gastfreundlichkeit im Iran war manchmal anstrengend. Ich begriff, dass es den Menschen wichtig war zu geben und dass es furchtbar unhöflich war, etwas nicht anzunehmen, und es schmerzte, nichts zu haben, was ich ihnen schenken konnte. Ich merkte, dass die Leute sich fragten, warum ich auf diese Art reiste, zu Fuß, und meine Sachen in einem Kinderwagen aufbewahrte. Dachten sie, ich hätte kein Geld?

Das Telefon plingt, eine SMS:

> Hi cristina you go to a green park, I'm calling you ... please wait you, I'm guiding you ok mss? I'm hadi I'm house in showt Im go back to showt ok? Now I'm going to bazargan go back ok? Not go .. ok?

Ich danke dem Restaurantbesitzer für das Essen und gehe. Der Park, in dem ich mich mit meinem Gastgeber für diese Nacht treffen soll, liegt gleich nebenan, hohe Bäume schwanken im Wind. Ich freue mich darauf, mich auszuruhen, aber sobald mein Hintern auf dem Gras landet, taucht eine Gruppe neugieriger Kinder auf.

»Tourist! Tourist!«, rufen sie und zeigen auf mich. Ich lache, und wir versuchen, miteinander zu reden. Dann fällt ihnen Inga ins Auge. Sie spielen mit ihr, und Inga darf eine Menge iranischer

Kinder kennenlernen. Das Publikum wird größer. Die Mütter versammeln sich, auch ein paar ältere Männer finden das Spektakel äußerst amüsant. Dann ist plötzlich Hadi mit seinem weißen Wagen da.

»Hallo, Kristina, nett, dich zu sehen!«, sagt er und lächelt.

Die Menschen im Park merken, dass etwas vor sich geht, und kommen vorsichtig näher, um nichts zu verpassen.

»Hallo! Ja, nett, dich zu sehen! Wo wohnst du?« Ich zeige ihm,

dass ich zu ihm laufen will, indem ich Baby Blue hinter das Auto stelle und Laufbewegungen mache.

»Fünfundzwanzig Kilometer«, sagt Hadi und wirkt skeptisch.

Fünfundzwanzig Kilometer, denke ich. Ich kann jetzt keine zwanzig Kilometer mehr laufen!

Hadi ist nicht davon ausgegangen, dass ich laufen möchte. Er öffnet den Kofferraum und versucht mithilfe einiger Männer im Park, den Wagen in sein Auto zu bugsieren.

Wirklich jeder sieht sofort, dass es nicht gehen wird. Das Auto ist anderthalb Meter breit. Baby Blue ist zwei Meter lang. Das ist keine gute Lösung. Ich will laufen, nicht Auto fahren, außerdem könnte sich Baby Blues empfindliches Vorderrad verbiegen, wenn man unvorsichtig damit umgeht.

Irgendwann sieht Hadi ein, dass es nicht funktionieren wird. Er zuckt mit den Schultern und sieht unglücklich aus. Dann zieht er einen Zettel aus der Tasche und gibt ihn mir. Wir verabschieden uns, und er fährt davon. Die Männer zerstreuen sich.

Ich schaue auf den Zettel. »Don't trust kurdish people.« Erstaunt zerknülle ich das Blatt und stecke es in die Tasche. Warum nicht? Mir ist klar, dass die Menschen in diesem Landesteil Türkisch, Kurdisch und Persisch sprechen. In meinen Ohren klingen alle Sprachen gleich. Woher soll ich wissen, wer hier wer ist?

Ich nehme den Wagen und kehre zu dem Hamburger-Restaurant zurück. Der Besitzer hat mir indirekt einen Schlafplatz angeboten, und es wird Zeit herauszufinden, was das bedeutet.

Als ich das Lokal betrete, nickt er mir ruhig zu. Ich versuche nicht einmal, mit ihm zu sprechen, nehme stattdessen an einem Tisch Platz und warte. Vor dem Fenster spielt sich der Alltag in Showt ab, und ich bleibe mit einer Fanta vor mir zwei, drei Stunden sitzen und warte auf den Abend.

Ein kleiner Junge von zehn, elf Jahren arbeitet hart in der benachbarten Werkstatt. Er ist bis zu den Ellbogen ölverschmiert und kämpft mit einem Wagenheber, schweren Reifen und Werkzeug. Dann kommt er herein, kauft sich eine Fanta und setzt sich.
Dieser kleine Kerl arbeitet wie ein erwachsener Mann, denke ich, damit er sich eine Fanta kaufen kann. Der Restaurantbesitzer gibt dem Jungen einen Hamburger, und ich sehe, dass der Kleine nicht für ihn bezahlen muss. Ein guter Mann.

Gegen sieben bekomme ich Gesellschaft von ein paar Männern um die fünfzig. Sie fragen in gebrochenem Englisch, wer ich bin, woher ich komme und wo ich diese Nacht schlafen werde. Ich antworte, dass ich aus Schweden stamme und nicht genau weiß, wo ich schlafen werde. Daraufhin schlägt einer von ihnen vor, dass ich nach Täbris fahren soll, dort gebe es ein Hotel. Ein anderer übertönt alle und meint, ich solle bei ihm daheim schlafen. Ein dritter ist da ganz anderer Meinung. Plötzlich ist eine intensive Diskussion darüber entbrannt, wo ich die Nacht verbringen soll.

Ich begegne dem Blick des Restaurantbesitzers, und er schüttelt fast unmerklich den Kopf. Er findet den Vorschlag der Männer nicht gut. Sind es vielleicht sogar Leute, vor denen ich mich in Acht nehmen sollte? Ich sage, dass es bis Täbris zweihundertfünfzig Kilometer sind, dorthin kann ich nicht fahren. Sie diskutieren noch eine ganze Weile, und ihre Meinungen gehen weit auseinander. Der Lauteste von ihnen fühlt sich auf einmal von einem Kind gestört, das als Automechaniker arbeitet und in der Gaststätte eine Pause eingelegt hat. Ohne Vorwarnung tritt der Mann heftig nach dem Jungen. Der Kleine wird zwar nicht getroffen und schiebt sich hinaus, wirkt aber verängstigt.

Die Männer kommen mir vor wie ein Rudel Wölfe. Sie warten nur darauf, mich in Stücke zu reißen und die Reste in ihren Bau zu schleifen. Schließlich hält der laute Mann mir seine Autoschlüssel vors Gesicht.

»Wir fahren jetzt!«, sagt er.

Vergiss es! Nie und nimmer werde ich einen dieser Männer begleiten. Mein Blick begegnet erneut dem des Restaurantbesitzers, und er gibt mir mit einer Handbewegung zu verstehen, dass ich in seinem Lokal bleiben soll. Ich weiß nicht, was das bedeutet, soll ich hier zwischen Stühlen und Bratenwendern schlafen? Oder bei jemandem daheim? Im Moment spielt das keine Rolle, den Mann mit dem Schlüssel oder einen anderen der Männer am Tisch werde ich jedenfalls nicht begleiten.

»Nein, ich bleibe hier.«

Es dauert einige Zeit, bis die Männer meine Entscheidung akzeptieren, aber nachdem ich immer wieder Nein gesagt habe, verziehen sie sich schließlich einer nach dem anderen. Der Gastwirt bedeutet mir noch mal, dass ich bleiben soll, und da ich keine Alternative habe, befolge ich seinen Rat. Zwei Stunden vergehen, und es dämmert. Die Werkstätten werden geschlossen, auf der Straße bewegen sich Menschen in unterschiedliche Richtungen, und die Kinderarbeiter verschwinden.

Ich nutze die Zeit zum Bloggen über die Kinder im Park und den Weg hierher. Danach berausche ich mich an den positiven Kommentaren.

> Gott, ist das spannend! Wenn ich dein Tagebuch lese, schlägt mein Herz schneller. Ich will nicht, dass dir etwas passiert. Drücke dir die Daumen und bewundere deinen Mut!

Die vielen netten Worte zu lesen, beruhigt mich. Sie trösten und bestärken mich in dem Glauben, dass mein Vorhaben gelingen kann.

Gegen neun Uhr betreten eine Frau und zwei Kinder das Restaurant. Die Frau hat einen großen Kochtopf dabei. Es ist die Familie des Restaurantbesitzers. Sie lächelt und nickt mir zu, und die beiden unterhalten sich mit leisen Stimmen. Aus ihren Worten erschließe ich mir, dass mein Gastgeber an diesem Abend Bale heißt, da es ein Wort ist, das sie häufig wiederholt. Bale hin und Bale her.

Die zehnjährige Tochter trägt einen Hidschab und gibt sich erwachsen. Sie deckt den Tisch mit Tellern und Besteck und streicht die Decke an meinem Platz perfekt glatt. Sie ist schon fast weiblich geformt, denke ich, und bereit, die Verantwortung zu übernehmen, die sie im Leben erwartet – sich um eine Familie zu kümmern. Wir essen, und die Familie unterhält sich. Der etwa dreijährige Junge macht Mätzchen.

Nach dem Essen schließt der Mann sein Restaurant. Mutter und Tochter räumen Teller und Besteck fort, und Bale lässt das Gitter herunter. Aber was wird jetzt aus mir? Soll ich hier schlafen, hinter dem Gitter? Und wenn ein Feuer ausbricht? Dann verbrenne ich ohne eine Chance, ins Freie zu gelangen. Wo soll ich pinkeln? Kann ich mich über den Ablauf im Boden hocken? Wird das nicht stinken?

Mit Zeichensprache und Gesten fordert die Familie mich auf, Baby Blue im Restaurant stehen zu lassen und mich in ihr Auto zu setzen. Wir zwängen uns in den kleinen Wagen, wir fünf und zwei weitere Personen, die wir mitnehmen wollen. Wir sitzen uns gegenseitig auf dem Schoß, und zuoberst thront der Topf.

Bale fährt durch Showt, an Springbrunnen, Neonlichtern und Boulevards vorbei. Die Stadt ist viel größer, als ich dachte. Ich habe mich den ganzen Tag in einem Industriegebiet an ihrem Rand aufgehalten.

Das Haus der Familie ist klein, aber es gibt darin viel Liebe. Ich darf im einzigen Schlafzimmer übernachten. Für sich selbst bereiten meine Gastgeber ein Lager auf dem Wohnzimmerboden. Der Vater massiert zärtlich seinen kleinen Sohn in den Schlaf, und ich denke: »Ich wusste gar nicht, dass muslimische Männer so liebevoll sein können.«

Augenblicklich schäme ich mich für meine Vorurteile.

Als ich mich hingelegt habe und schon fast eingeschlafen bin, klopft es behutsam an die Tür. Die Frau tritt mit einer Kanne Wasser und einem Glas ein. Ich danke Gott für alle freundlichen Menschen auf der Welt.

Am nächsten Tag erfahre ich, dass Bale gar kein Name ist. Das Wort bedeutet »ja«.

Allein unter einem Baum

6. Tag, Ivughli – Straßenschild nach Qerkhlar, 26 km

Nach meinen ersten Tagen auf den Straßen des Irans habe ich etwas weniger Angst und bin zuversichtlicher. Die Menschen, denen ich begegne, sind neugierig und hilfsbereit. Ich bekomme Wasser und kiloweise Obst, viele lächeln mich an. Bisher hat keiner etwas zu meiner Kleidung gesagt, obwohl der Schweiß den Trainingsanzug an meinem Körper kleben lässt und jede meiner weiblichen Formen offenbart – Tag für Tag. Meine Paddelmütze ist außerdem eine recht freie Interpretation davon, seine Haare zu bedecken, aber trotzdem hat, wenn ich recht sehe, noch keiner die Nase gerümpft.

Ich finde Abläufe für mein neues Leben zu Fuß. Anfangs hatte ich meine iranische Telefonnummer auf der Homepage angegeben, falls jemand mir einen Schlafplatz anbieten möchte. Daraufhin wurde ich mit Nachrichten hilfsbereiter Menschen überhäuft, Menschen, die ich oft nicht verstand und die nicht selten eintausendfünfhundert Kilometer von meiner geplanten Route entfernt lebten.

Nach dem Zwischenfall in Showt recherchiert Mehrdad nun jeden Tag, ob ich irgendwo schlafen kann. Außerdem habe ich statt meiner Telefonnummer seine auf die Homepage gestellt. Er spricht die Sprache und vermittelt gern Kontakte. Wenn mir ein Quartier angeboten wird, spreche ich mich mit Mehrdad ab. Er wird zum Dreh- und Angelpunkt der gesamten Kommunikation über meine Reiseroute und zu der Frage, wo ich übernachten kann.

Nachdem ich vier Tage gelaufen bin, richtet Mehrdad bei der App Telegram eine Gruppe ein und nennt sie *Kristina's News*. Er lädt alle ein, die mir helfen wollen, dort zu chatten. Telegram funktioniert ähnlich wie Facebooks Messenger und wird im Iran von vielen Leuten benutzt, weil die App erlaubt und verschlüsselt und nicht zensiert ist. Kristina's News hat schon bald fünfzig Mitglieder. Viele wohnen an der Strecke, die ich nehme, und bieten mir Unterkunft und Verpflegung an. Die Kommunikation findet größtenteils auf Persisch statt, sodass ich sehr wenig verstehe, aber gelegentlich tauchen auch eine englische Textzeile und ein paar gut

gemeinte Emojis auf. Mehrdad behält den Chat im Auge und organisiert die Übernachtungsmöglichkeiten. Sobald Mehrdad einen Schlafplatz gefunden hat, bekomme ich eine SMS mit einer Adresse auf Persisch. Die kann ich dann anderen zeigen und sie nach dem Weg fragen. Manchmal treffe ich meine Gastgeber in der Stadt, zum Beispiel an einem Kreisverkehr oder vor einem Hotel. Mehrdad richtet darüber hinaus die Telegram-Gruppe *3 of Us* ein, zu der er, Amir und ich gehören. So haben wir unseren eigenen Chat und können uns über alles Mögliche austauschen. Wir stehen täglich in Kontakt und diskutieren alles, von Lebensphilosophie bis zu Baby Blues abgefahrenen Reifen.

Manchmal informiert Mehrdad meine Gastgeber auch darüber, was ich brauche, weil ich nicht besonders gut darin bin, es ihnen selbst zu sagen. Zum Beispiel, dass ich früh ins Bett gehen und gegen sechs Uhr aufstehen möchte. Dass ich doppelt so große Mahlzeiten benötige wie andere und gern Flaschen mit gefrorenem Wasser mitnehme. All das tut Mehrdad. Er wird zum Öl in meiner Maschinerie, und ich wage kaum daran zu denken, wie viel Zeit er auf diese Arbeit als Projektleiter verwendet.

Heute werde ich mich mit Akbar Naghdi treffen. Er betreibt in der Stadt Marand einen Ableger des Netzwerks *Warmshowers*. Es ist eine global agierende Organisation für Fahrradtouristen, die eine heiße Dusche und ein Bett benötigen. Über Akbar habe ich außerdem Folgendes gehört: »Du brauchst nicht nach ihm zu suchen, er findet dich.«

Ich weiß, dass ich es an diesem Tag nicht bis Marand schaffen werde, dafür ist es viel zu weit dorthin. Und viel zu heiß. Akbar wird sich unterwegs mit mir treffen und mich nach Marand fahren. Am nächsten Tag wird er mich dann an die exakt gleiche Stelle zurückfahren, Mehrdad hat ihm alles erklärt. Es ist mir wichtig, wirklich jeden Meter zu Fuß zurückzulegen.

Obwohl ich schon um sieben Uhr aufbreche, ist es dreißig Grad heiß, und ich bin innerhalb weniger Minuten durchgeschwitzt. Ich weiß noch, wie es war, als ich am ersten Tag loslief. Wie ungewohnt es war zu schwitzen. Dass ich die Feuchtigkeit am Körper unangenehm und störend fand. Der Geruch ist dagegen nie ein Problem gewesen, da ich mich und meine Kleider täglich wasche, aber die Kleider klebten an mir, und das Gefühl des Feuchten und Heißen war neu. Seither habe ich jedoch gelernt, den Schweiß zu akzeptieren und als ein Zeichen dafür zu sehen, dass mein Körper funktioniert. Die nasse Jacke ist zu einem Teil von mir geworden. Der Schweiß ist mein Freund.

Auf der Strecke nach Ivughli und Marand ist die Landschaft trostlos. Die Straße führt durch eine trockene und unberührte Wildnis, in der lediglich ein paar Grassoden entlang der Fahrbahn und einzelne Flecken halb verbranntes Gras wachsen. In der einen Richtung sehe ich kilometerweit Steppe. In der anderen erhebt sich eine nicht sonderlich hohe Gebirgskette, die eher an eine Kiesgrube erinnert. In der Ferne erspähe ich einige Punkte, die sich bewegen, und bleibe stehen. Sollten das etwa …? Ich verenge die Augen, greife nach dem Fotoapparat und versuche, sie heranzuzoomen. Tatsächlich, es sind Kamele! Allerdings keine Männer in weißen Kleidern und keine Karawane, diese Kamele sind eher als Herde unterwegs. Und ich hatte sie schon als unrealistische Hirngespinste abgetan.

Es ist nicht viel Verkehr, es vergehen mehrere Minuten, bevor ein neues Auto kommt. Die Gegend ist allerdings nicht nur menschenleer, es gibt auch kein Restaurant, in dem ich essen könnte.

Das ist nicht gut. Wenn ich nicht esse, bin ich irgendwann mit meinen Kräften am Ende.

Auf einem Rastplatz an der Straße parken einige Sattelschlepper. Als ich vorbeigehe, signalisiert einer der Fahrer mir winkend, ich solle zu ihm kommen und mich zu ihm in den Schatten setzen.

»Kaffee?«

Er wedelt mit einem kleinen Papierbeutel mit Instantkaffee und stellt einen zusammenklappbaren Stoffhocker auf, sodass ich der Verlockung einer Pause nicht widerstehen kann und mich darauf niederlasse. Im Iran trinkt man eher Tee als Kaffee, und ich habe keinen mehr getrunken, seit Mehrdad mir auf der Fahrt nach Maku einen anbot. Er kocht Wasser, wofür er eine große Wasserflasche aus seinem Truck herausfischt. Mir wird daraufhin klar, dass es eine gute Notlösung sein kann, Fernfahrer anzusprechen, falls mir einmal das Wasser ausgehen sollte. Er besitzt einen gigantischen Vorrat, denn die Entfernungen zwischen den Ortschaften sind groß. Ich zeige auf die Videokamera, und der Fahrer nickt und scheint sich zu freuen. Ich stelle die Kamera hinter uns auf und drücke auf Rec. Keine Ahnung, was dabei herauskommt, aber ich will den Moment auf Film festhalten. Ich ziehe Schuhe und Strümpfe aus und lege die Schuhsohlen und Socken zum Trocknen auf den heißen Asphalt. Um Blasen vorzubeugen, ist es wichtig, sie zu trocknen. Während ich so dasitze und mit den Zehen wackele, kommen zwei weitere Fahrer hinzu. Die drei Männer unterhalten sich in einer Sprache, die ich als Türkisch identifiziere, aber ich verstehe kein Wort.

Einer von ihnen wendet sich an mich.

»Very, very mountain«, sagt er.

Ja, ich weiß, dass es auf und ab geht, denke ich, nicke und schlürfe weiter meinen Kaffee.

Die Fahrer unterhalten sich, und ich genieße den Schatten, den Kaffee und die Gelegenheit, meine Zehen zu lüften. Da ich filme, erfahre ich später daheim, worüber sie sprechen. Sie sagen, mein Mut beeindrucke sie.

»Ich würde nicht fahren, wo sie laufen will, selbst wenn wir zwei Lastwagen wären«, sagt der eine.

»Ich würde es nicht einmal tun, wenn wir zehn wären!«, erwidert der andere.

Ich bedanke mich für den Kaffee, ziehe Strümpfe und Schuhe an und rolle Baby Blue in die Hitze hinaus. Die Fahrer winken und sagen »kasteh-nabashi«, etwas, das ich von vielen höre, »gut gemacht«. Als die Mittagszeit näher rückt, sind es laut Thermometer fünfundvierzig Grad, und ich muss langsamer laufen. Komm schon, Schritt für Schritt! Es ist so fürchterlich heiß, mein Kopf kocht fast. Ich mache mir Sorgen wegen Baby Blues Reifen. Wie wirkt sich der glühend heiße Asphalt auf sie aus?

Der Schweiß läuft mir an den Innenseiten der Arme herunter, und die Hose klebt an den Beinen. Ich bleibe stehen und trinke von dem Wasser, das ich unter dem Wagen aufbewahre. Übernachtet habe ich in einem Haus, das dem Roten Halbmond gehört. Von der türkischen Grenze bis Täbris liegen größtenteils kleine Ortschaften, in denen es weder Hotels noch Hostels gibt. Der Rote Halbmond wird dort für mich zu einem Hort der Sicherheit. Normalerweise kümmert er sich um Menschen, die im Straßenverkehr verletzt werden, und verfügt deshalb entlang der großen Straßen über eine Reihe von Stationen, in denen die Mitarbeiter wohnen und essen. Jetzt laden sie auch mich ein, Kost und Logis mit ihnen zu teilen. In einer Station durfte ich zu Mittag essen, und so saßen wir alle an einem runden Tisch mit weißer Wachstuchdecke zusammen. Die Männer versuchten, mir die persischen Wörter für verschiedene Früchte beizubringen, indem sie diese hochhielten, auf sie zeigten und die Bezeichnung mehrmals wiederholten. Alle lachten. Mitten in diesem Spiel kam ein Bericht im Radio. Sie verstummten und lauschten. Für einen Moment wurden ihre Augen traurig, und sie zeigten auf sich, sagten »na terrorist« und schüttelten den Kopf. Der Mann in der Familie, bei der ich am Vorabend schlafen durfte, tat das Gleiche, er zeigte auf sich und sagte »na terrorist«. Ich war bedrückt. Wie würde ich mich fühlen, wenn mein Heimatland als Terrorstaat betrachtet würde?

Die Männer vom Roten Halbmond, bei denen ich übernachten durfte, haben meine fünf Liter Wasser über Nacht eingefroren, aber mittlerweile ist das Eis geschmolzen und das Wasser schon warm. Wie soll ich etwas Kaltes auftreiben? So weit das Auge reicht, gibt es hier weder ein Geschäft noch eine Gaststätte, und zwischen Ivughli und Marand liegen vierundsechzig Kilometer. Dazwischen ist nichts.

Ich blicke auf die leere, trockene Steppe hinaus und denke an eiskaltes Wasser und Landminen. Letztere dürften hier eher selten sein. Die Vereinten Nationen warnen vor der gesamten Provinz, sie grenzt sowohl an den Irak als auch an die Türkei. Die meisten Minen befinden sich an der Grenze zum Irak und nicht dort, wo ich mich derzeit aufhalte.

Bei Fariba und Hossein blätterte ich in ihrem Fotoalbum. Auf einer Seite gab es eine Aufnahme von einem kleinen, schlaksigen Jugendlichen in Uniform. Auf dem Bild posierte er mit einer Waffe in den Händen. Das Maschinengewehr war groß und der Junge so klein.

»Wer ist das?«, fragte ich Amir.

Er beugte sich über das Album.

»Das ist mein Cousin«, sagte er.

»Wie alt ist er?«, erkundigte ich mich.

»Als das Bild gemacht wurde, war er fünfzehn. Er war ein Jahr jünger als ich und musste an die Front«, antwortete Amir.

»Als er fünfzehn war? Was hat er dort gemacht?«, fragte ich.

»Er bekam einen Schlüssel aus Plastik. Sie sagten ihm, es sei der Schlüssel zum Paradies. Er nahm ihn in die Hand und lief auf das Minenfeld, um es mit seinem Körper zu räumen. Er lief, bis er in die Luft gesprengt wurde, er und Tausende andere. Wir begruben, was von ihm übrig war.«

Das machte mich wütend. Der Junge auf dem Foto sah mich mit

seinen ernsten Augen an. Welches Untier gibt einem Kind einen solchen Befehl, dachte ich. Ayatollah Khomeini tauchte in meinen Gedanken auf. Was würde mit mir passieren, wenn ich den Obersten Führer kritisierte? Amirs Cousin wurde geopfert, um eine von sechzehn Millionen Minen zu räumen. Das war so unglaublich sinnlos und für mich kaum zu fassen.

Gegen zwei Uhr sind es laut Thermometer sechsundvierzig Grad. Mir ist ziemlich schwindlig, und ich sehe ein, dass ich eine Pause machen muss. Etwas weiter voraus steht drei Meter von der Straße entfernt ein Baum, der mich vor der schlimmsten Hitze schützen könnte und zu dem ein Trampelpfad führt. Dort dürfte es also keine Minen geben.

Ich parke den Wagen unter dem Baum, setze mich neben ihm auf die Erde und greife zur Wasserflasche. Zwei Drittel meines Vorrats habe ich bereits getrunken, es sind nur noch anderthalb Liter übrig! Ich kippe in einem langen Schluck einen halben Liter herunter und lege mich auf die Erde. Ich weiß nicht, wie lange das Wasser reichen muss, habe keine Ahnung, wo ich Akbar treffen werde.

Der Trainingsanzug ließe sich auswringen, wenn ich ihn ausziehen dürfte. Ich ziehe den Reißverschluss ein wenig auf, aber das bringt nicht viel. Manchmal fühlt er sich an wie ein Gefängnis, wie mein privates Dampfbad. Obwohl kein Mensch in der Nähe ist, nehme ich nicht einmal die Mütze ab.

Ich beschließe, während der zwei heißesten Stunden zu ruhen. Gegen vier müsste die schlimmste Hitze eigentlich überstanden sein.

Ich ziehe mein Telefon heraus und schalte Whitesnake an. Vor meiner Abreise las ich auf der Homepage des Außenministeriums, dass die Einfuhr von »Schweinefleisch, Drucksachen, Videofilmen, Musikkassetten, CDs, Kurzwellenradios und religiösem Material als kulturell sensibel« betrachtet und die entsprechenden Gegenstände von der Polizei beschlagnahmt werden könnten. Ich fasste es so auf, dass ich lieber keine westliche Musik mitnehmen sollte, tat es aber trotzdem. Ich nahm an, bei meiner Ankunft am Flughafen würde man mein Telefon nach verbotenen Apps und illegalem Material durchsuchen, aber es interessierte keinen. In vielen Cafés und Restaurants, die ich besucht habe, spielen sie Shakira und Jennifer Lopez, und nun sitze ich hier mit Bon Jovi, den Pointer Sisters, George Michael, Carola Häggkvist, Linda Bengtzing und ABBA in den Ohren.

Ich schließe die Augen und lausche dem Song von Whitesnake: »Here I go again, on my own.«

Der Text spricht direkt zu mir, er beschreibt mich und meine Reise.

Das bin ich, denke ich. Ich bin hier allein mit meinem Traum!

Ich bin völlig auf den Text konzentriert, als das Telefon klingelt.

Carina!

Ich setze mich mit einem Ruck auf.

»Hallo! Wie schön, dass du anrufst!«

»Hallooo! Wie geht es dir? Was tut sich bei dir? Wie fühlst du dich bei dem Ganzen?«

Ihre vertraute Stimme zu hören, ist wunderbar. Ich lächele in meiner Einsamkeit unter dem Baum.

»Mir geht es gut, aber im Moment ist es unheimlich heiß! Fast fünfzig Grad. Mir ist schwindlig, und ich habe kaum noch Wasser.«

»Oh je, pass bloß gut auf dich auf! Wie geht es Baby Blue, läuft er gerade?«

»Ja, er hält sich gut. Ich mache mir nur ein bisschen Sorgen um seine Füße, du weißt ja, wie verschlissen sie sind.«

»Und wie geht es Inga?«

»Sie ist wie üblich ein hoffnungsloser Fall, eine nervige Jugendliche. Will ständig mit Baby Blue auf Abenteuerfahrt gehen. Aber jetzt liegen wir hier, ruhen uns unter einem Baum aus und essen Pflaumen.«

»Ja, ich weiß!«

Carina hat anhand meines Spots gesehen, dass ich Pause mache, und auf der digitalen Karte im Netz die exakte Position herangezoomt. Sie sieht die Straße, neben der ich sitze, sogar den Baum, unter dem ich mich ausruhe. Es ist ein magisches Gefühl, fast so, als schaute Carina von oben auf mich herab. Ich nehme all meinen Mut zusammen und frage sie etwas, was mich seit Längerem beschäftigt: »Wie findest du es eigentlich, dass du bei dieser Reise nicht dabei bist?«

Seit ich beschlossen habe, allein in den Iran zu reisen, hat mich ein schlechtes Gewissen gequält, weil ich Carina zu diesem Abenteuer nicht eingeladen habe. Ich wollte den Lauf allein durchziehen, aber in Momenten wie diesem vermisse ich dennoch eine Freundin, die meine Hand hält, und ich frage mich, wie sie empfindet, ob ich sie enttäuscht habe.

»Na ja, es hätte bestimmt Spaß gemacht, dabei zu sein. Es ist ein bisschen langweilig, zu Hause am Schreibtisch zu sitzen, ich sehne mich nach dem Leben auf der Straße. Aber den Iran habe ich eigentlich nie besonders verlockend gefunden, deshalb ist es okay.«

»Oh, schön zu hören. Danke!«

Wir beenden das Gespräch, und ich lege mich wieder hin. Kein Lüftchen regt sich. Ich blicke zu den Ästen und zu dem Licht hinauf, das zwischen den hellgrünen Blättern hindurchsickert. Das Laub ist ein wohltuender Schutz vor der unbarmherzigen Hitze. Ich ruhe mich zwei Stunden aus, in denen der Schwindel abklingt, und als es auf vier Uhr zugeht, rolle ich Baby Blue wieder auf die Straße und gehe Schritt für Schritt in Richtung Marand. Es ist immer noch unerträglich heiß. Nach einigen Hundert Metern komme ich zu einem Anstieg. Das ist hart, und mir tropft Schweiß von der Nasenspitze.

Was ist hier eigentlich los, wo bleibt die abendliche Abkühlung?

Verwirrt werfe ich einen Blick auf das Thermometer. Die Nadel ist am Anschlag und zeigt etwas mehr als fünfzig Grad an. Ist es noch heißer geworden? Das ist doch vollkommen verrückt, ich muss weiterkommen! Morgen wird es wahrscheinlich genauso heiß sein. Ich kann hier nicht bleiben!

Ich kämpfe mich weiter den Anstieg hinauf, muss weitermachen, setze einen Fuß vor den anderen. Und noch einmal. Schließlich erreiche ich den Scheitelpunkt. Vor mir breitet sich Wüste aus. Vor Hitze flirrt die Luft über der Erde. Meine Augen ruhen kurz auf der sandfarbigen Weite, dann setze ich mich erneut in Bewegung. Geradeaus. Schritt für Schritt. Meine einzige Gesellschaft sind die Strommasten, die in regelmäßigen Abständen neben der Straße auftauchen.

Meine Augenbrauen sind voller Schweißperlen, die manchmal zusammenfließen, schwerer werden und von der Stirn am Kiefer entlang herablaufen. Ich trinke mehr von dem warmen Wasser. Nur noch ein halber Liter.

Baby Blue verfügt über einen praktischen Entfernungsmesser, aber manchmal vergesse ich, ihn einzuschalten. So auch an diesem Tag, weshalb ich keine Ahnung habe, wie weit es noch ist. Ich weiß, dass ich einfach dieser Straße folgen muss und Akbar mich in der Nähe einer bestimmten Stelle abpassen wird. Wie weit es bis dahin ist, weiß ich in diesem Moment allerdings nicht.

Ein Stück die Straße hinunter steht ein kleines Haus. Ganz allein erhebt es sich dort, viereckig mit weißen Wänden. Es sieht fast aus wie ein Kiosk.

Aber kann das wirklich wahr sein? Oder halluziniere ich in der Hitze? Ich blinzele den Schweiß aus den Augen und richte den Blick auf das Häuschen. Es steht immer noch da und sieht tatsächlich aus wie ein Kiosk.

Der Anblick verleiht mir neue Energie. Schließlich könnte es dort etwas zu kaufen geben, das kalt und trinkbar ist. Als ich näher komme, sehe ich, dass es wirklich ein kleiner Kiosk ist, der an einer Kreuzung mitten im Nirgendwo steht, und das Lädchen verkauft nicht nur Erfrischungsgetränke, sondern auch Eis! Wie viel

Glück kann man eigentlich haben? Ein Kiosk, wenn ich ihn brauche!

Ich kaufe eine große Flasche Fanta, die ich auf der Stelle austrinke, und zwei Liter Wasser. Nichts auf der Welt schmeckt besser als kaltes Wasser. Ich lächele den Mann im Kiosk an und verlasse meine frisch entdeckte Oase. Die Fanta und meine Trinkpause haben mich etwas aufgemuntert, dennoch merke ich, meine Laune ist nicht so, wie sie sein sollte. Ich muss dringend etwas essen.

Als Carina und ich durch Europa liefen, sagte sie halb im Scherz des Öfteren »stopft Kristina voll mit Essen, dann wird alles gut«. Die Devise hat sich bewährt.

Ich habe an diesem Tag noch kein richtiges Mittagessen bekommen, es gab kein Lokal an der Straße. Im Wagen habe ich noch ein paar Lebensmittel und hole die Tomaten heraus, die ich zwei Tage zuvor von einem Bauern bekam, als ich neben seinem Feld Pause machte. Er kam zu mir und überreichte mir mit seinen erdigen, sonnengegerbten Händen eine ganze Tüte Tomaten. Durch die Hitze sind einige schlecht geworden, aber die Männer vom Roten Halbmond haben die aufgeplatzten aussortiert und die anderen gewaschen. Nüsse und Äpfel habe ich auch dabei, ebenfalls Geschenke von Menschen, denen ich unterwegs begegnet bin.

Während ich esse, schlendere ich weiter. Ich komme an einem Straßenschild vorbei, auf dem ich die Zahlen zwei und fünf erkenne, aber ansonsten sagt es mir nicht viel.

Plötzlich hält ein kleines graues Auto vor mir und ein Mann steigt aus.

»Hello, Kristina!«

Akbar! Endlich!

Marand Running Club

7. Tag, das Straßenschild nach Qerkhlar – Marand, 38 km

Akbar lächelt breit mit Mund und Augen. Er ist um die dreißig, groß und schlank, und trägt Laufschuhe an den Füßen. Ich freue mich unglaublich, ihn zu treffen, widerstehe jedoch dem Impuls, ihn zu umarmen. Ich weiß, dass sein Englisch alles andere als perfekt ist, da wir uns über SMS verständigt haben, aber die Hauptsache ist, dass er jetzt da ist! Als Erstes fällt mir auf, dass seine beiden mittleren Schneidezähne abgebrochen sind.

Oh je, kann er es sich nicht leisten, zum Zahnarzt zu gehen, frage ich mich, erkundige mich aber nicht, was passiert ist.

In den folgenden Tagen kümmert sich Akbar um mich. In seiner Wohnung kann ich nicht schlafen, weil er Single ist und das unpassend wäre. Stattdessen werde ich bei einem seiner Freunde übernachten, der Frau und Kinder hat.

Akbar redet nicht viel, aber er spricht ein wenig Englisch. Uns verbindet die Liebe zum Laufen, und wir sind an den nächsten Tagen viele Kilometer gemeinsam unterwegs. Es ist eine größtenteils wortlose Kommunikation.

Akbar lebt von den Einnahmen seines Geschäfts, eines kleinen Ladens für Lebensmittel und andere Haushaltswaren. Mit ihm versorgt er seine Eltern und jüngeren Geschwister, aber wie viele andere befreundete Läufer träumt er davon, an den Big Five teilzunehmen, den fünf größten Marathonläufen der Welt. Vermutlich wird er jedoch nie nach London, Paris, Berlin, New York und Boston fahren dürfen, wo diese Läufe stattfinden, zumindest nicht in die USA, solange die Staatsform im Iran so bleibt, wie sie ist. Er wird kein Visum bekommen und seine Marathonträume werden Träume bleiben.

Ich versuche, ihn nach Marathon- und Ultraläufen im Iran zu fragen, und meine zu verstehen, dass es zwar welche gibt, aber nicht viele.

Akbar ist Mitglied des Marand Running Club, eines Laufvereins in Marand, und mehrere Läufer des Vereins haben erklärt, einen Teil der Strecke mit mir laufen zu wollen. Das wird Spaß machen! An den ersten Tagen bin ich viele Kilometer allein unterwegs gewesen.

Am nächsten Morgen treffen wir uns ungefähr dreißig Kilometer vor Marand, sechs fröhliche Läufer und ich. Akbar hat mich gegen sechs Uhr bei der Familie abgeholt, in deren Haus ich einquartiert war, und wir sind zu der Stelle zurückgefahren, an der er mich abgeholt hatte, an dem Straßenschild, das den Weg nach Qerkhlar weist. Es sind dreißig Grad, aber die Luft kommt mir geradezu mild vor. Es sind nur wenige Autos unterwegs.

Akbar und die Männer lächeln breit und begrüßen einander mit den üblichen Wangenküssen. Fast alle begrüßen sich so, Frauen mit Frauen und Männer mit Männern. Mir geben sie die Hand, dann geht es los.

Mehrere von ihnen wollen mir bei Baby Blue helfen. Ich zögere. Hieße das nicht, Hilfe anzunehmen?

Es gibt eine Homepage für Menschen, die quer durch die USA gelaufen sind. Sie halten fest, ob sie allein gelaufen sind oder Hilfe hatten, welche Strecke sie genommen, wie viele Tage sie für ihre Route benötigt haben, und eine Menge anderer Dinge. Will ich sagen, dass ich ohne Hilfe durch den Iran gelaufen bin? Was werden die Leute davon halten, wenn ein anderer für ein paar Kilometer meinen Wagen vor sich herschiebt? Als ich jedoch sehe, welchen Spaß sie dabei offenbar haben, kann ich es ihnen einfach nicht abschlagen. Ich beschließe, dass es mir egal ist, ob das nun als Hilfestellung zählt oder nicht, die Freude ist auch wichtig.

Wir laufen zusammen, und ich gebe ein langsames Tempo vor, damit sie die ganze Strecke schaffen. Keiner von ihnen weiß es in diesem Moment, aber am nächsten Tag werden sie sich vor Muskelkater kaum bewegen können. Akbar ist der einzige Ultraläufer unter ihnen. Die anderen trainieren normalerweise zwei Mal die Woche zwischen fünf und zehn Kilometer, und nun stattdessen dreißig Kilometer zu laufen, kann dem Körper ganz schön zusetzen. Ich selbst fühle mich stark. Mehrere Tage

hintereinander bin ich einen knappen Marathon gelaufen und habe keine Beschwerden. Keine Schmerzen. Beim Laufen denke ich oft daran und bin dankbar für einen Körper, der Tag für Tag einfach funktioniert.

Wir versuchen zu reden. Keiner der Männer spricht sonderlich gut Englisch, aber ich erfahre immerhin, dass Gazam Lehrer ist und nicht viel verdient, aber seinen Beruf liebt. Hassan ist Anfang zwanzig, sein Englisch ist am besten. Ramin ist ein etwa fünfundvierzigjähriger Single, der seinen Freunden zufolge nicht das geringste Interesse an Frauen hat, weil Frauen immer nur »Gold und Make-up haben wollen«. Die anderen lachen ein wenig über ihn, und ich richte den Blick auf seinen Läuferkörper. Er ist muskulös, die Haare sind pechschwarz mit ersten grauen Strähnen und seine Haut hat eine schöne Sonnenbräune. Man sieht, dass er viel im Freien ist.

Zwei Männer laufen im Unterhemd. Ich wundere mich, weil ich dachte, lange Ärmel seien obligatorisch, aber Männer dürfen beim Training offenbar Unterhemden tragen, Frauen dagegen nicht einmal ihre Waden zeigen.

Ich genieße das Laufen in vollen Zügen. Zu reden, zu lachen und eine Weile nur still Seite an Seite zu laufen, während wir uns in der Hitze mühen, ist etwas völlig anderes, als allein zu laufen. Ramin ist ganz begeistert von Baby Blue und übernimmt den Kinderwagen als Erster. Er lächelt mich an, und ich erwidere sein Lächeln. Als wir uns Marand nähern, führt er uns zu einem kleinen Bewässerungskanal, durch den in einem steten Strom Wasser fließt, und wir machen eine Pause. Die Latschen auszuziehen und seine Füße ins kühle Nass zu halten, ist göttlich. Ich tauche auch den Kopf hinein. Ramin erzählt in gebrochenem Englisch, dass die umliegenden Obstfelder ihm gehören, und kurz darauf kommt sein Cousin mit einer ganzen Kiste Obst. Wir essen Äpfel, Pflaumen und Weintrauben und plaudern neben dem rieselnden Wasser.

Wir setzen unseren Weg ins Stadtzentrum fort, und am Straßenrand tauchen flache, kastenförmige Häuser auf. Viele Passanten rufen uns etwas zu und wollen wissen, was wir machen, und ich werde von sechs Läufern begleitet, die es ihnen erzählen können. Was für ein Luxus.

Wir halten an einer Eisdiele, und ein junger Typ, der sich uns angeschlossen hat, kauft mir ein Safraneis, das ich in der Hitze verschlinge. Ich grinse über das ganze Gesicht. Das ist toll, wir laufen zusammen! Laufen ist wirklich ein Weg, Brücken zwischen den Menschen zu bauen!

Als wir zu einer bestimmten Straßenecke in Marand kommen, hält das Begleitfahrzeug, das uns gefolgt ist, und die Läufer holen ihre Taschen aus dem Auto. Ich lasse die Schultern hängen. Jetzt ist der Spaß vorbei. Neugierig sehe ich zu, als sie ihre normalen Kleider über den verschwitzten anziehen. Und obwohl ich versuche, für alles offen zu sein, finde ich das schon ein bisschen seltsam.

Der Laufverein hat dafür gesorgt, dass ich diese Nacht bei Ramin schlafen kann. Ich werde ein wenig rot, als mir das klar wird. Ich schaue ihn an, und er lacht auf. Wir gehen die wenigen Meter zu ihm, und er besteht darauf, Baby Blue zu schieben.

Wir kommen auf einen Hof mit festgestampfter Erde. In einer Ecke steht ein Baum mit grünen, unreifen Früchten, die ich nicht identifizieren kann. Ich stelle Baby Blue darunter ab und betrachte fragend ein Loch in der Erde. Es sieht aus, als wäre dort ein großer Kessel eingegraben worden.

»Brot!«, sagt Ramin eifrig und klatscht mit den Händen links und rechts, als würde er backen. Danach zeigt er auf die Innenseite des eingegrabenen Kessels. Offenbar wird auf ihr das Brot gebacken.

Er ist sichtlich stolz auf sein Haus und führt mich herum. Skeptisch mustere ich die schiefen Fußböden und unmöblierten Zimmer. Ramins Mutter sitzt auf dem Boden und schält etwas für das Abendessen. Er stellt mich ihr vor. Sie sieht mich an und nickt.

Seine Mutter hat einen Unterbiss wie viele alte Menschen, wenn sie alle Zähne verloren haben, und mit etwas gutem Willen kann man in ihrem angespannten Gesicht ein Lächeln erahnen. Als sie aufsteht, um etwas aus der Vorratskammer zu holen, geht sie vorgebeugt in einem rechten Winkel. Ramin erzählt mir, sie habe sich auf den Feldern kaputtgearbeitet. Sie kann sich nicht mehr aufrichten. Das Leben ist hart zu ihr gewesen.

Ich frage nach der Dusche, und er führt mich zu einer Mulde unter dem Haus, in der einige Kacheln liegen, aber außerhalb der Dusche besteht der Boden aus Erde. Ich lasse das sonnenerwärmte Wasser Salz und Schweiß vom Körper abspülen und versuche zu ignorieren, dass dieser Bauernhof den einfachsten Standard hat, dem ich im Iran bisher begegnet bin.

Nach der Dusche hülle ich die nassen Haare in mein Abendtuch und gehe zu Ramin hinauf. Wir sitzen auf dem Fußboden der Küche und versuchen, uns zu unterhalten, während in einem Topf auf dem Herd Gemüse köchelt. Ramins Mutter mag sich zwar nicht mehr aufrichten können, beherrscht aber die Kunst, aus wenigem eine leckere Mahlzeit zu zaubern. Es duftet wunderbar. Sie stellt das Essen auf den Tisch und deckt ihn mit Tellern, Besteck und Wasser. Ich nehme mir, aber Ramin isst kaum etwas.

»Willst du nichts essen?«, frage ich ihn.

»Nein, ich habe heute Morgen gut gefrühstückt. Grütze aus Mehl und Honig«, antwortet er.

»Aber du bist doch mehr als dreißig Kilometer gelaufen?«

»Ich habe danach so viel Obst gegessen«, sagt er.

Ein komischer Kauz, denke ich. Er läuft sonst nie so weit, trotzdem will er nichts essen. Ich selbst esse, so viel ich kann, ich benötige Energie. Als ich nicht mehr kann, lasse ich etwas Reis und Gemüse auf dem Teller zurück, denn ich habe gelernt, dass man das so macht, sonst füllt der Gastgeber den Teller mit mehr Essen. Ich bedanke mich für die Mahlzeit.

Ramin hält eine Reihe von Rekorden als Geher, und am Nachmittag zeigt er mir den Bewegungsablauf. Er geht über den schiefen Boden, und ich kann mir ein Grinsen nicht verkneifen. Gehen ist eine wirklich seltsame Sportart. Aber Ramin ist wirklich geschickt. Dann sagt er:

»Now you!«

Ich sehe ihn skeptisch an, stehe aber auf und probiere es. Die Beine sollen gerade, fast nach hinten gestreckt sein und die Hüften wackeln. Ich watschele durch das Zimmer wie eine Ente. Meine Arme schwingen heftig. Wir müssen beide lachen, und er sieht mich lange an. Grau melierte Bartstoppeln zieren die kräftigen Kieferknochen. Seine Augen sind warm und weichen nicht von mir. Ich werde verlegen und lache auf. Ramin hat etwas Männliches, Starkes und Eigensinniges. Nichts finde ich so sexy wie einen durchtrainierten, wohlproportionierten Körper, aber es ist eine unmögliche Anziehung.

Plötzlich betritt Ramins Mutter den Raum und stellt direkt vor uns einen Eimer Wasser ab. Peng! Sie sagt etwas zu Ramin, und ich höre die Schärfe in ihrer Stimme.

Ramin muss arbeiten und verlässt den Hof für ein paar Stunden. Ich hole Kamera, Tablet und Handy heraus, um zu bloggen und Bilder hochzuladen. Ich denke an Fredrik und habe ein schlechtes Gewissen. Ramin und ich würden jedoch nie bis zum Äußersten gehen können, selbst wenn wir es wollten. Wir befinden uns in einem Land, in dem die Regeln der Scharia gelten und außerehelicher Sex mit Peitschenhieben bestraft wird. Außerdem lebe ich mit einem anderen Mann zusammen, den ich liebe. Aber seine Fantasie spielen lassen darf man ja wohl noch?

Ich gehe ins Internet und blogge. Nehme die Liebe und positive Energie aller in mich auf, die meine Reise verfolgen. Ich sehe immer neue Namen unter den Kommentaren und bekomme auch viele gute Ratschläge.

> Ich freue mich jeden Tag auf deinen Blog, bin total beeindruckt und froh, dass es gut läuft. Bin stolz auf meine Landsleute, die zeigen, welch großes Herz sie haben!

Ein Mann namens Babak schreibt auf Schwedisch:

> Schön von dir zu hören und dass es dir den Umständen entsprechend gut geht. Es ist hart, aber du machst das brillant. Wir, die wir deine Reise verfolgen, überlegen, wie wir dir helfen können. Lade dir die App Telegram herunter, damit können vielleicht mehr Leute Kontakt mit dir halten. Die App wird im Iran nicht blockiert. Viel Glück!

An diesem Nachmittag bekomme ich eine SMS von Mahdi, dem Doktoranden aus Lahidschan. Er schlägt vor, zwei Wochen mit mir zusammen zu laufen. Ich zögere. Ich mag es nicht, wenn andere mir zu lange zu nahe sind, außerdem ist die Reise ja so gedacht, dass ich allein unterwegs bin, und würde Mahdi überhaupt die Kraft haben, so viele Kilometer zu laufen? Andererseits muss Mehrdad wirklich viel Zeit aufwenden, um Kontakte zu Menschen zu vermitteln, die mich aufnehmen wollen. Er hat Familie und muss in seinem Betrieb arbeiten. Mahdi spricht Persisch und Englisch. Er könnte mir helfen und Mehrdad ein wenig entlasten.

Ich rufe Mehrdad an, um mich mit ihm abzusprechen, aber die Idee gefällt ihm ganz und gar nicht.

»Er könnte ein Agent sein, ein Spion der Regierung, der dir etwas anhängen will. Ich möchte nicht, dass du mit Mahdi weiter in

Kontakt bleibst. Antworte ihm nicht, wenn er dir eine SMS schickt oder dich anruft«, sagt Mehrdad mit Nachdruck. »Das könnte sonst übel für dich ausgehen.«

Mir schwirrt der Kopf. Es gibt Agenten? Die die örtliche Bevölkerung ausspionieren und möglicherweise auch mich? Ich weiß nicht, wie der Iran funktioniert, aber hat Mehrdad tatsächlich recht? Was ist das nur für ein Land, in dem ich mich befinde?

Aber Mahdi ist so freundlich. Ich will ihn nicht verletzen. Ich will auch Mehrdad nicht verletzen. Zwischen zwei Menschen zu stehen, die ich mag, ist für mich das Schlimmste, was ich mir überhaupt vorstellen kann. Ich sage nichts mehr. Ich werde still.

Als Ramin heimkehrt, sehe ich, dass er meine Essensreste isst. Daraufhin kommt mir der Gedanke, dass die Familie vielleicht nicht mehr zu essen hatte, dass ich alles bekommen habe, was da war. Bei dem Gedanken blutet mir das Herz.

Am Abend richten seine Mutter und die Schwester auf der Terrasse ein Nachtlager her. Ramin und sein Schwager schlafen in einem Zimmer im Haus. Die Mutter legt dünne Matratzen und die üblichen dicken Decken aus, die wie Fleecedecken aussehen. Es ist ein klarer und warmer Abend, aber die beiden behalten ihre Kleider an, deshalb folge ich ihrem Beispiel. Dann legen sie sich links und rechts neben mich, und ich frage mich, ob sie es tun, damit ich mich nicht zu Ramin fortstehle, oder damit er sich nicht zu mir schleicht. Vielleicht wollen sie aber auch nur höflich sein und mir Gesellschaft leisten.

Ich liege da und betrachte die Sterne, die nach und nach am Himmel auftauchen. Ich erinnere mich an die Abende meiner Kindheit daheim in Piteå. Wie oft ich auf dem Feld vor meinem Elternhaus stand und zu den funkelnden Lichtpunkten am Himmelsgewölbe hinaufsah. So klein ich auch war, wir gehörten zusammen. Sie funkelten auch in meiner Seele. Manchmal tanzte das Nordlicht über den Nachthimmel, und ich schaukelte mit in den wogenden Schleiern. Ich spürte die Unendlichkeit des Weltraums, die Sterne waren so weit entfernt, und ich war ein unbedeutendes Sandkorn am Strand des Ozeans, der unser Universum ist. Trotzdem wäre das All ohne dieses eine Sandkorn nicht das gleiche gewesen.

Ich betrachte die Sterne, bis ich einschlafe und mein ganzer Körper zur Ruhe gekommen ist.

Ultralauf

8.–11. Tag, Marand – Sufiyan – Täbris – Bostanabad, 151 km

Ramin hat mir aus einer Styroporkiste einen Kühlschrank gebaut. Die Kühlbox hat er mit selbst gepflückten Pflaumen, Pfirsichen, Äpfeln und Weintrauben gefüllt, eine gefrorene Wasserflasche hält das Obst kühl. Ramin zurrt das Ganze an Baby Blue fest, während ich dem Nachtprogramm des Schwedischen Rundfunks mein erstes Interview aus dem Iran gebe.

Akbar und ich werden nach Sufiyan weiterlaufen. Ramin begleitet uns auf den ersten zwölf Kilometern, einem langen und zähen Anstieg. Wir schieben abwechselnd Baby Blue vor uns her, und es ist schön, ein wenig Hilfe zu haben. Als wir den Scheitelpunkt erreichen, wird es für Ramin Zeit, uns zu verlassen.

»Viel Glück, Miss Kristina«, sagt er.

»Danke! Und danke für deine Hilfe!«, erwidere ich.

Eigentlich möchte ich Ramin umarmen. Mich auf die Zehen stellen, die Arme um seinen Hals schlingen und ihm für alles danken. Doch das erscheint undenkbar, etwas hält mich zurück. Stattdessen hebe ich die Hand und winke, und er dreht sich um und kehrt nach Marand, zu seinem Hof, den schiefen Fußböden und der Dusche in dem Erdloch zurück.

Akbar und ich laufen weiter. Er spricht nicht viel, aber er ist ein guter Läufer in seinen Schuhen einer mir unbekannten Marke.

Es ist schwer, im Iran die Art von Laufschuhen aufzutreiben, an die ich gewöhnt bin. Die meisten Läufer im Marand Running Club tragen chinesische Schuhe, Kopien bekannter Marken. Einige hatten ihre Schuhe mehrfach mit der Nähmaschine geflickt.

Manchmal staune ich, wie groß das Angebot an schlechten Schuhen ist. Es ist mir nie gelungen, die perfekten Schuhe für lange Distanzen zu finden. In die Türkei nahmen Carina und ich jeweils zwei Paar Schuhe mit. Der Hersteller hatte erklärt, sie würden 15 000 Kilometer halten, und wir wollten lediglich dreitausend laufen. Als wir ein Viertel der Strecke zurückgelegt hatten, spürte ich, dass die Spitze des Fußbetts bei jedem Schritt durch die Schuhsohle drang. Der Schritt schlug hart auf dem Asphalt auf und nach der Tagesetappe hatte ich leichte Schmerzen unter dem Vorfuß. Meinem Rücken hätte es auf Dauer auch nicht gutgetan, diese Stöße abzufedern, sodass ich unverzüglich zu meinem nächsten Paar Schuhe wechselte, grünen Asics Nimbus. Es war himmlisch, auf Kissen aus frischer, gut funktionierender Dämpfung dahinzuschweben!

Andere Schuhe haben auf die Achillessehne gedrückt, was nicht so sehr daran lag, wie abgenutzt sie waren, sondern eher an der Form des Schuhs und Dauer des Laufs. In schlechten Schuhen zu laufen, kann einen Körper wirklich fertigmachen. Das gleiche Problem hat man manchmal auch, wenn man zu einer völlig anderen Art von Schuh wechselt. Der Trend zu Barfußschuhen und Fivefingers hat sich bei vielen als fatal erwiesen. Mehrere Freunde haben die neuen Schuhe ohne Dämpfung getestet, nachdem sie jahrelang in exzellent gedämpften Schuhen gelaufen waren. Das Ergebnis war bestenfalls ein schlimmer Muskelkater, schlimmstenfalls zogen sie sich Muskelverletzungen in den Waden zu. Viele humpelten, nachdem sie zu schnell das Schuhwerk gewechselt hatten.

Deshalb frage ich mich – trifft das auch umgekehrt zu? Wenn viele Iraner daran gewöhnt sind, in abgelaufenen chinesischen Kopien zu laufen, würden sie sich dann Verletzungen zuziehen, wenn sie stattdessen in gut gedämpften, europäischen Komfortschuhen liefen?

Manche Laufexperten meinen, dass wir es unseren Füßen mit

den dicken, gedämpften Sohlen reichlich gemütlich machen, obwohl wir sie eigentlich trainieren sollten, und dass Verletzungen nie am Schuh liegen, sondern daran, wie wir unsere Füße benutzen und wofür sie trainiert sind.

Wie viele meiner Freunde laufen regelmäßig? Viele. Wie viele von ihnen betreiben Krafttraining für die Füße, also für den Körperteil, den wir unbedingt brauchen, um laufen zu können? Keiner. Auch ich nicht. Geht es den Füßen besser, wenn sie in dünnen, abgewetzten Schuhen über den Boden tanzen?

Unser Tagesziel liegt gut vierzig Kilometer entfernt, und wie üblich ist es brüllend heiß, sodass wir schweißnass und ein wenig müde sind, als wir zu der Pension kommen, in der ich übernachten soll. Der Betreiber sieht mich an und redet lange mit Akbar, der nickt. Wir gehen wieder hinaus.

»Um hier schlafen zu dürfen, benötigst du eine Genehmigung.«

In dieser Pension darf eine Frau allein nur mit polizeilicher Genehmigung übernachten. Akbar und ich begeben uns zur Polizeiwache, die eine kombinierte Militär- und Polizeistation ist.

Die Polizeipräsidien im Iran sehen aus wie kleine Märchenschlösser in einem Disneyfilm, sie haben runde Türme und Mauern mit Schießscharten. Häufig sind sie in Pastellfarben gehalten. Diese Polizeiwache ist mintgrün, und neben dem Gebäude weht an einem hohen Fahnenmast die iranische Flagge.

Als wir eintreten, müssen wir in einem ersten Raum zunächst unsere Sachen abgeben und dann einen Raum weiter gehen. Akbar unterhält sich eine ganze Weile mit einem Polizisten. Im dritten Zimmer spricht er mit dem nächsten Polizisten und im vierten mit einem weiteren. Niemand redet mit mir. Im fünften Zimmer sehen wir uns einem Beamten gegenüber, der zunächst minutenlang einen Stift betrachtet, danach handschriftlich einen Brief verfasst, den er anschließend kopiert. Die Kopie legt er in einen Umschlag, den er versiegelt und stempelt. Dann macht er eine Kopie von meinem Pass. Die ganze Prozedur dauert ungefähr anderthalb

Stunden. Ich rutsche auf einem Stuhl herum und lächele, um einen guten Eindruck zu machen.

Als Akbar die Genehmigung schließlich in der Hand hält, kehren wir zur Pension zurück. Er übergibt sie dem Besitzer, der etwas zu Akbar sagt, woraufhin diesem der Kragen platzt. Seine Augen verfinstern sich, und sein Mund wird zu einem schmalen Strich. Er kehrt dem Empfangstresen den Rücken zu und zerreißt wortlos unsere frisch erworbene Genehmigung. Entsetzt sehe ich zu, wie sich das wichtige Dokument, auf das wir so lange gewartet haben, in wertlose Papierschnipsel verwandelt und in einen Papierkorb neben der Rezeption fliegt.

»Akbar, was ist passiert? Was hat er gesagt?«

»Es ist zu teuer, du kannst hier nicht übernachten.«

Ohne vorher mit mir zu sprechen, zieht er sein Handy heraus und telefoniert mehrmals. Er sucht nach einer Lösung. Kann ich stattdessen die fünfzig Kilometer nach Täbris fahren und dort bei jemand anderem schlafen? Oder für die Nacht nach Marand zurückkehren?

Keine der beiden Ideen sagt mir sonderlich zu. Transporte dauern, und die kühlen Morgenstunden sind so wertvoll. Außerdem sehne ich mich fast verzweifelt danach, meine Ruhe zu haben und endlich mit meinen Gedanken und meinem Blog allein sein zu dürfen.

»Akbar, was soll das Zimmer denn eigentlich kosten?«

»Viel zu viel.«

»Wie viel?«

»750 000 Rial.«

Das entspricht 200 schwedischen Kronen, ein läppischer Betrag.

»Das ist schon okay, das kann ich bezahlen«, sage ich und versuche sanft, aber zugleich entschieden zu klingen.

Akbar sieht mich zunächst zweifelnd an und nickt schließlich. Wir kehren zum Papierkorb zurück und fischen die Schnipsel aus dem Müll. Anschließend legen wir das Puzzle, das mir ein Zimmer einbringen wird. Das einzige Klebeband, das ich dabeihabe, ist Leukoplast, ein fünf Zentimeter breites, hautfarbiges Pflaster für Blasen, aber es muss reichen.

Der Portier lächelt müde, als er die Genehmigung annimmt, die durch das Band zusammengehalten wird, aber es funktioniert.

Nachdem ich eingecheckt habe, lädt Akbar mich in einem Restaurant zum Essen ein, danach ist der Moment gekommen, mich von dem Mann zu verabschieden, der mich drei Tage lang beglei-
tet hat. Akbar Naghdi, der ein begeisterter Läufer ist und anderen Läufern und Radfahrern aus aller Welt hilft. Und den ich nach Schweden einladen werde, sobald ich wieder daheim bin, weil er mit dem Fahrrad durch Europa fahren möchte, aber er bekommt kein Visum. Das Visum wird ihm allerdings nicht vom Iran verweigert, sondern von den schwedischen Behörden. Männer in seinem Alter, die keine Familie haben, neigten dazu, sich abzusetzen und Asyl zu beantragen, wird behauptet. In den Augen der schwedischen Behörden werden sie zu einer Belastung. Da ist es leichter, sie schon im Vorfeld abzuweisen, so argumentieren alle Länder der westlichen Welt. Amir ist schwedischer Staatsbürger und kann reisen, wie er will, aber Akbar sitzt fest. Und jetzt steht er vor mir und sieht mich mit seinen braunen Augen intensiv an. Wir geben uns die Hand.

»Viel Glück, Kristina!«

»Danke für alles, Akbar! Pass auf dich auf.«

Als ich zu meinem Zimmer hinaufgehe, komme ich am Speisesaal vorbei, in dem gerade etwa siebzig Frauen und Kinder essen. Sie verstummen ausnahmslos und sehen mich neugierig und fragend an, als ich vorbeigehe. Einige lächeln. Ich gehe auf mein Zimmer und lasse mich aufs Bett sinken. Das Telefon plingt.

Hi good. Evening miss I'm. Ramin my Mather and my sister wish for your happy and healthy. I love u. I'm working in garden. I sink for u. if you problem. I'can went for u antil end your trip. Should return home me.

Ich schlucke. Hilfe, hat sich Ramin etwa in mich verliebt? Oder drückt er sich nur schlecht aus? Die Styroporbox steht wie mein personifiziertes schlechtes Gewissen auf dem Schreibtisch. Er kennt mich nicht, er weiß nichts von mir, wir können ja kaum miteinander reden! Andererseits haben seine Freunde gesagt, er sei nicht verheiratet, weil Frauen nur »Gold und Make-up« haben wollten. Er möchte eine Frau finden, die anders ist. Vielleicht eine wie mich. »I love you«, ist eine abgedroschene, inflationär benutzte Phrase. Die Worte haben nicht wirklich etwas zu bedeuten. Aber er will mich offensichtlich wiedersehen.

Ich rufe Mehrdad an. Der arme Mehrdad, er muss sich wirklich um alles Mögliche kümmern.

»Liebe? Ha! Das ist keine Liebe«, sagt er. »Er will nur ein Visum für Schweden. Aber jetzt wird mir einiges klar. Ramin hat mich nämlich angerufen und gesagt, dass er die ganze Strecke mit dir zusammen laufen will. Ich werde Nein sagen.«

»Wie bitte, das hat er getan?«

»Ja.«

»Ich will keine Begleitung. Das Ganze steht und fällt damit, dass ich allein laufe. Ich wäre dir dankbar, wenn du ihm das erklären könntest«, sage ich.

»Das mache ich.«

»Danke.«

Wir beenden das Gespräch. Ich muss unbedingt etwas gegen meine Scheu vor Konflikten unternehmen. Ich kann nicht zulassen, dass Mehrdad sich um jedes meiner Probleme kümmert. Ich schreibe Ramin eine SMS, danke ihm für seine Frage und erkläre ihm, es gehöre zum Konzept meiner Reise, dass ich allein laufe. Dann würde ich zu meinem Mann in Schweden heimfliegen. Es tut gut zu wissen, dass Mehrdad ihm das zusätzlich auf Persisch mitteilt, da ich nicht weiß, ob Ramin wirklich versteht, was ich ihm schreibe.

Warum will Ramin mit mir laufen? Ist das ein Beispiel für Taroof, den persischen Brauch, etwas anzubieten, ohne es wirklich zu meinen? Ein komplexes Zusammenspiel daraus, den eigenen Status und den des anderen zu heben und zu senken, das ich nicht durchschaue? Oder will er mich, eine einsame Frau, auf der Straße beschützen?

Ich habe es so satt, dass ich es nicht wage zu sagen, was ich
denke, womit ich wiederum Konflikte heraufbeschwöre. Ich betrachte den Kühlschrank, und hinter meinen Lidern brennen Tränen. Hatte er wirklich nicht mehr zu essen? Gab er mir alles, was da war? Oder habe ich die Situation falsch verstanden und beleidige ihn, wenn ich glaube, dass er arm ist? Ich höre Berlin, »Take my breath away«, während Tränen meine Wangen herablaufen.

Am nächsten Tag laufe ich nach Täbris. Es ist eine Stadt mit eineinhalb Millionen Einwohnern, die von großen Autobahnen umgeben ist. Mir schlottern die Knie, als ich inmitten all der Autos stehe, die an mir vorbeirasen, und die Kringel auf meiner Karte mit den persischen Buchstaben des Straßenschilds vergleiche.

In Täbris ruhe ich mich zwei Tage aus. Als ich wieder zu Kräften gekommen bin, rufe ich Amir an, und wir beschließen, dass ich Akbar und Ramin neue Laufschuhe schenken werde. Irgendetwas möchte ich ihnen geben. Sie haben sich wirklich rührend um mich gekümmert. Geld würden sie niemals annehmen, aber über gute Laufschuhe werden sie sich freuen, glaubt Amir. Ich habe ein gutes Gefühl dabei.

Mehrdad hat Kontakt zum örtlichen Fernsehsender gehabt, dessen Reporter mir während des Interviews Fragen stellt, die er sich vorher auf Englisch aufgeschrieben hat. Ich frage mich, ob er versteht, was ich ihm antworte. Er nickt immer nur und fragt niemals nach. Es wundert mich, dass sich das staatliche Fernsehen für meinen Lauf interessiert, aber das Regime scheint eine Frau aus dem Westen präsentieren zu wollen, die durch das Land läuft. Die Reportage wird an andere Sender weitergegeben, und ein, zwei Tage später ruft ein iranisches Radioprogramm an, um mich zu interviewen.

Mein Körper hat sich an die Strapazen gewöhnt. Dreißig, vierzig Kilometer am Tag ermüden mich nicht mehr. Das Laufen beeinflusst mich nicht nennenswert, dagegen laugt es mich manchmal aus, in Gesellschaft von Menschen zu sein, mit denen ich

mich nicht unterhalten kann. Ich brauche Zeit für mich, Zeit, über die ich allein bestimmen darf. Ein Ruhetag ist immer auch ein Medientag. Ich blogge für die Seite marathon.se, für die ich einmal in der Woche einen längeren Artikel verfasse. Hinzu kommen kürzere Beiträge für den Marathonblog der Tageszeitung Svenska Dagbladet, die zwei oder drei Mal in der Woche veröffentlicht werden. Beide wollen auch Bilder haben. Um es mir möglichst einfach zu machen, lade ich Fotos auf eine für beide zugängliche Cloud hoch und füge Bildunterschriften hinzu, sodass sie anschließend selbst auswählen können, welche Aufnahmen sie veröffentlichen wollen. Bilder in guter Qualität hochzuladen und Bildlegenden zu schreiben, dauert einige Stunden, erst recht, wenn das Internet langsam ist.

Ich schlendere durch die Stadt, stolpere auf einer Treppe und stoße mir den Ellbogen. Das ist typisch, bei extremen Laufwettbewerben verletzen sich mehr Teilnehmer an den Versorgungspunkten, wenn die Leute sich entspannen, als auf steilen, lebensgefährlichen Streckenabschnitten. Ich liebe Cafés und versuche, eins zu finden, entdecke aber nur Restaurants. Es ist ungewohnt, Hochhäuser und Wohnblocks zu sehen, die vor dem Himmel aufragen.

Das Kaspische Meer, die grüne Lunge des Irans, rückt immer näher. Ich bin auf halber Strecke zwischen der türkischen Grenze und dem Grün am Kaspischen Meer. Ich sehne mich dorthin, das wird sicher schön, die üppige Vegetation und die Nähe zum Wasser werden für ein milderes Klima sorgen. Seit fünfundsiebzigtausend Jahren siedeln Menschen am Kaspischen Meer, es muss also ein angenehmer Ort zum Leben sein.

Auf dem Weg aus Täbris heraus, mitten im iranischen Binnenland, ist es dagegen alles andere als angenehm, zumindest wenn man läuft. Die Autobahn nach Süden ist in jeder Richtung dreispurig, und der Grenzverkehr aus der Türkei rauscht an mir vorbei. Der Strom aus Sattelschleppern scheint niemals zu versiegen. Der Lärm ist ohrenbetäubend und die Luft voller Abgase. Es ist der dichteste Verkehr, den ich bisher erlebt habe. Außerdem ist es windig. Staub wird von der Erde aufgewirbelt, und die schwedische Flagge an der Wimpelstange am Kinderwagen peitscht mir ins Gesicht. Das Gefährt bietet dem Wind eine große Angriffsfläche und bremst mich. Ich kämpfe mich im Gegenwind vorwärts.

Nach einiger Zeit klingelt das Telefon. Ich lasse Baby Blue an Schwung verlieren und werde langsamer. Es ist Amir. Er ruft aus Schweden an, muss also etwas Wichtiges zu sagen haben, sonst würde er sich nicht bei mir melden.

»Hallo, wie geht's?«, sage ich und fühle mich sofort frischer.

»Hallo, Kristina! Ich rufe an, weil ich dir etwas erzählen muss. Mehrdad hat in Kristina's News etwas über Mahdi geschrieben. Auf Persisch«, sagt Amir und klingt bedrückt.

»Oh, was hat er denn geschrieben?«, frage ich.

»Er stellt infrage, warum Mahdi dir helfen möchte, und unterstellt ihm, dich benutzen zu wollen, um ein Visum für Schweden zu bekommen oder um im Iran bekannt zu werden. Er schreibt, er finde es seltsam, dass Mahdi noch in der Gruppe ist, nachdem er ihn zurechtgewiesen hat. Es ist ein ziemlich unerfreulicher Eintrag«, antwortet Amir gedämpft.

Ich bin so bedrückt, dass ich ein flaues Gefühl im Bauch habe. Mehrdad hat die Worte zitiert, die ich ihm in einem Dialog auf Telegram schrieb, als Mehrdad mich gefragt hatte, welche Hintergedanken Mahdi meiner Ansicht nach haben könnte, gemeinsam mit mir zu laufen. Ich glaubte eigentlich nicht, was ich schrieb, erlaubte mir aber zu spekulieren. Jetzt sind diese Überlegungen öffentlich geworden. Als Mehrdad verlangte, dass ich mich nicht mehr mit Mahdi austausche, habe ich ihm nichts versprochen, ihm aber auch nichts mehr über meinen Kontakt zu Mahdi erzählt. Ich wollte nicht wählen, Mehrdad nicht verletzen, aber auch nicht mit Mahdi aus einem Grund brechen, der mich nicht überzeugt. Weil ich so konfliktscheu war, ist ein wirklicher Konflikt

entstanden. Ich werde ganz klein. Ich bin eine Idiotin.

Bei meiner Reise geht es darum, dass ich mich meinen Ängsten stelle, und ausgerechnet das misslingt mir gründlich.

Nachdem Mehrdad Mahdi vor allen anderen in der Gruppe offen kritisiert hat, sitze ich zwischen allen Stühlen. Ich finde mich selbst zum Kotzen, danke Amir jedoch höflich für seinen Anruf, ohne noch etwas zu sagen.

Mehrdads Theorie, dass es sich bei Mahdi um einen Agenten und Denunzianten handeln könnte, fand ich anfangs reichlich paranoid, fast ein bisschen irre. Trotzdem hatte ich ein ungutes Gefühl. In meiner Welt gibt es keine Spione im Dienst der Regierung. Andererseits weiß ich nichts oder nur sehr wenig über das iranische Spitzelsystem. Die iranische Sittenpolizei ist mir bekannt, aber es handelt sich um ein System, dessen Kontrolleure in ihren hellgrau und beige tarngemusterten Uniformen klar erkennbar sind. Sie weisen junge Leute zurecht, die sich in Parks zu nahekommen, und Frauen, die das Kopftuch nicht ordnungsgemäß nach den Regeln der Scharia tragen, und können, wenn sie sich bewähren, mit einem Studienplatz an der Universität belohnt werden. Ich habe aber auch von anderen Denunzianten oder Spionen gehört, die man weder sieht noch bemerkt. Von Männern und Frauen in Zivil. Es könnte jeder sein. Dein Nachbar oder der Lehrer deiner Kinder. Die Macht der Spione ist groß, mit ihren Berichten sind sie in der Lage zu verhindern, dass andere Iraner einen Studienplatz oder die Möglichkeit bekommen, eine Firma zu gründen. Der Bericht kann aus einem Bild bestehen, das die betreffende Person zeigt, wenn sie Alkohol trinkt, tanzt oder Kontakt zu Ausländern hat.

Spitzel oder Spione werden Iraner freiwillig, weil sie sich Vorteile davon versprechen, aber auch, weil sie erpresst und dazu gezwungen werden. Dass Mahdi ein Spion oder Denunziant sein soll, der es darauf abgesehen hat, mich anzuzeigen, sobald ich einen Fehler begehe oder das Regime kritisiere, ist für mich schwer zu begreifen. Es erscheint mir weit hergeholt. Für Mehrdad ist dieses Risiko dagegen ein Teil seines Lebens im Iran. Erst ein gutes Jahr nach meiner Heimreise erfahre ich, dass Mehrdad Bahai ist und damit einer Religionsgemeinschaft angehört, deren Mitglieder im Iran verfolgt und schikaniert werden, unter anderem dadurch, dass sie nicht studieren dürfen und ihre Betriebe geschlossen werden.

Wenn Mahdi tatsächlich ein Agent wäre, könnte das für mich gefährlich werden? Mich darf jeder gern durchleuchten, ich habe nichts zu verbergen. Dann höre ich jedoch Pedrams Stimme in meinem Kopf: »Im Iran entscheidet das Regime. Will es dir etwas anhängen, benutzt es irgendetwas, was du getan hast, und erklärt, es verstoße gegen das Gesetz.« Ich muss mich entscheiden. Will ich Mahdi vertrauen oder nicht?

Wenn ich in etwa einer Woche nach Lahidschan komme, wird das Ganze auf die Spitze getrieben. Lahidschan ist Mahdis Heimatstadt, und er hat mir angeboten, bei ihm und seinen Eltern zu übernachten. Er will mich zum Essen einladen und darauf freue ich mich, aber Mehrdad hat in Lahidschan auch eine Übernachtungsmöglichkeit organisiert – in einer leeren Wohnung, in der ich sicher und allein schlafen kann. Selbst wenn Mahdi kein Agent ist, gibt es jetzt also einen Konflikt, zu dessen Entstehung ich selbst beigetragen habe.

Ich versuche, die Gedanken an den Streit zwischen Mahdi und Mehrdad zu verdrängen. An diesem Tag laufe ich meine erste

Ultradistanz und will mich darauf konzentrieren. Bis Bostanabad sind es sechsundfünfzig Kilometer, und so weit bin ich seit meiner Ankunft im Iran an einem Tag noch nicht gelaufen.

Ich kämpfe mich im Gegenwind weiter und erblicke in der Ferne eine Polizeikontrolle. Die Verkehrspolizisten tragen weiße Hemden und dunkelblaue Hosen, im Gegensatz zu gewöhnlichen Polizisten, die hellgrüne Hemden tragen. Auf Höhe der Kontrollstelle wird mir die Paddelmütze vom Fahrtwind eines Sattelschleppers vom Kopf geweht. Ich bin schlagartig nervös, was werden die Polizisten davon halten? Die Mütze bleibt in einem dornigen Gestrüpp hängen, und ich muss in die Vegetation hinausgehen und sie herauszerren. Die Polizisten lachen jedoch nur und fordern mich winkend auf, zu ihnen auf die andere Straßenseite zu kommen. »Allemagne?«, fragen sie, und ich antworte »Suede«, Schweden, und zeige auf die Flagge. Mittlerweile weiß ich, wenn das nicht hilft, kann ich auch »Zlatan Ibrahimovic« sagen. Dann legt sich unweigerlich ein Lächeln auf das Gesicht der Leute, und sie sagen: »Ah, Suede!« Jeder in jedem noch so kleinen Dorf scheint zu wissen, woher der Fußballstar stammt. Als Nächstes sage ich »piade«, zu Fuß, und leiere die Ortsnamen herunter, die ich hinter mir habe, sowie die größeren Städte, die noch vor mir liegen. Sie verdrehen die Augen und sagen »khasteh-nabashi« und bevor ich weiterlaufe, schenken sie mir Äpfel und Wasser.

Zwanzig Kilometer weiter wird die Straße schmaler, aber deshalb herrscht nicht weniger Verkehr. Die Standspur ist schmal und wenn ein Lastwagen an mir vorbeifährt, werde ich jedes Mal vom Fahrtwind erfasst.

Als ich mich Bostanabad nähere, müsste ich eigentlich müde Beine haben, bin aber einfach nur glücklich über die vielen Kilometer, die ich hinter mir habe. Mein erster Ultralauf seit meiner Ankunft im Iran!

Dritter Teil

Ängste: Fortsetzung

Vor meiner Abreise fürchtete ich mich am meisten davor, in meinem Zelt überfallen, im Gefängnis vergewaltigt oder von einem muslimischen Extremisten misshandelt zu werden. Jetzt, mitten auf meiner Reise, liegen mir diese Ängste ziemlich fern. Rückblickend schäme ich mich für sie. Was habe ich eigentlich über die Menschen gedacht, denen ich hier begegnen würde, und die alle so freundlich zu mir sind?

Nach gut drei Wochen zu Fuß habe ich stattdessen Angst, im Straßenverkehr verletzt zu werden, niemals meine Ruhe zu haben und Menschen entlang der Straße zu enttäuschen, wenn ich zu etwas Nein sage. Wenigstens basieren die beiden ersten Ängste nicht mehr auf Vorurteilen, sondern entsprechen der Realität, die ich tagtäglich erlebe. Die Dritte könnte einer irrigen Vorstellung geschuldet sein. Viele wollen mich treffen, und ich habe Angst, sie zu verletzen, wenn ich Nein sage. Oder glaube ich vielleicht nur, dass sie verletzt sein werden? In den meisten Fällen kann ich sie ja nicht direkt fragen.

Meine auf Vorurteilen beruhenden Ängste sind mir als gigantische, gefährliche Wolken in Erinnerung geblieben. Sie waren schwer zu greifen. Sie zu sortieren, hat mir geholfen, trotzdem sind sie kurz vor meiner Abreise mit neuer Kraft zurückgekehrt, wenn auch nicht mehr so intensiv. Am Ende hat mir schlicht die Kraft gefehlt, weiter Angst zu haben.

Während meiner Reise taucht nun eine völlig neue Furcht auf – die vor Agenten. Wer ist eigentlich dieser Mahdi? Ein Freund oder ein Feind? Ein Spion oder einer dieser vielen normalen, freundlichen Menschen? Wie kann ich mich für Vertrauen einsetzen, wenn ich mich in einem Land aufhalte, dessen Behörden die eigene Bevölkerung ausspionieren? Wenn Mahdi ein Agent ist, bislang aber nicht dafür gesorgt hat, dass ich verhaftet werde, liegt es dann daran, dass er mich als ungefährlich einstuft?

In der Übersicht über meine Ängste, stoße ich darüber hinaus auf eine alte Angst, die deutlicher wird: dass jemand ein Exempel

an mir statuieren will, indem er mir wehtut. Ich bin im Fernsehen und in Zeitungen zu sehen und werde im Radio interviewt. Je bekannter ich werde, desto mehr kann ich auch zu einer Zielscheibe werden. Gleichzeitig will ich mit meinem Lauf versuchen, die Welt zu verändern, und um das zu schaffen, muss ich gesehen werden.

Katarina Gospic und Stefan Falk schreiben in ihrem Buch *Neuroleadership* über die Angst der Menschen und wie sie uns steuert. Unser Gehirn ist darauf ausgerichtet zu überleben und fortwährend damit beschäftigt, in diesem Sinne seine Umgebung zu deuten. Es ist dazu da, Bedrohungen zu minimieren und Belohnungen zu maximieren. Der große Unterschied zwischen Bedrohung und Belohnung besteht darin, dass es fünf Mal so viele Nervenregionen im Bedrohungsmechanismus des Gehirns gibt wie im Belohnungsmechanismus. Die Nervenregionen im Bedrohungsmechanismus werden aktiviert, wenn wir uns fürchten. Wir reagieren also bedeutend stärker auf Bedrohung, so funktionieren wir einfach, und aus diesem Grund haben wir vor einer Reihe unterschiedlicher Dinge und auf unterschiedliche Arten Angst.

Konkrete Angst existiert in der Gegenwart, schreibt Eckhart Tolle in seinem Buch *Jetzt! Die Kraft der Gegenwart*. Die Angst vor Menschen, die anderen Schaden zufügen, ist relevant. Die Angst vor dem Mann mit den Autoschlüsseln in dem Burger-Restaurant und dem Mann in dem weißen Hemd auf seinem Motorrad war angemessen. Der eine hatte in meiner Nähe versucht, einen Menschen zu verletzen, und der andere hielt mich fest. Mein Gehirn riet mir, mich von ihnen fernzuhalten und, falls das nicht reichen sollte, darauf eingestellt zu sein, mich zu verteidigen.

Sich Sorgen um die Zukunft zu machen, kann natürlich auch Vorteile haben. Wenn ich zurückblicke, sehe ich, dass meine fantasievollen Zukunftsängste nützlich für mich waren. Sie halfen mir zu planen und Maßnahmen zu ergreifen, damit der Lauf erfolgreich verlaufen würde. So gesehen erfüllen die eingebildeten Ängste eine Funktion, selbst wenn sie nicht konkret sind. Ob meine Ängste relevant waren, weiß ich nicht. Die Vorbereitungen flößten mir jedenfalls ein Gefühl von Geborgenheit ein, weil ich mich gut vorbereitet hatte.

Problematisch ist, dass fantasiegesteuerte Angst, die beispielsweise auf Vorurteilen basiert, grenzenlos ist.

Vorurteile sind ganz natürlich und kein Grund, sich zu schämen. Es gibt sie überall. Unabhängig davon, in welchem Land wir geboren wurden oder welcher Religion und Kultur wir angehören, funktionieren wir alle gleich. Das gilt sowohl für die Funktionen des Gehirns als auch sozialpsychologisch. Entscheidend ist, wie sehr wir uns der eigenen Vorurteile bewusst sind und wie wir mit ihnen umgehen. Gruppen haben zudem ihre eigenen Spielregeln dafür, welche Vorurteile erlaubt und welche es nicht sind, und wie sie zum Ausdruck kommen dürfen.

Bevor ich meinen Lauf durch den Iran begann, wollte Amir mir Teheran zeigen. Wir fuhren zum Borj-e Milad, einem 435 Meter hohen Fernsehturm, dem höchsten Gebäude des Landes und fünfthöchsten Turm der Welt. Der Turmkorb besteht aus zwölf Stockwerken, in denen sich Restaurants, ein Luxushotel, Geschäfte und Wohnungen befinden. Viele Tausend Touristen besuchen den Borj-e Milad jedes Jahr, und Amir fand, dass ich ihn ebenfalls sehen sollte.

Wir reihten uns in die Warteschlange am Fuß des Turms ein. Es war dreißig Grad heiß, die Luft feucht. Es geschah unbewusst, aber ich war auf der Hut. Die intensiven Dialoge der letzten Wochen mit Iranern und Schweden über die Situation der Frauen im Iran hatten mich beeinflusst und nervös gemacht. Ehrlich gesagt fürchtete ich mich ein wenig.

Plötzlich spürte ich, dass mir jemand an den Po fasste. Ich drehte mich um, schlug ohne zu zögern kräftig zu – und traf den Kopf eines Fünfjährigen, der von hinten gegen mich gestolpert war. Es war ein ziemlich fester Schlag, ausgelöst von meiner Nervenanspannung, und der Junge fing natürlich sofort an zu weinen. Seine Eltern starrten mich an, unübersehbar schockiert über die Frau aus dem Westen, die völlig grundlos ihren süßen kleinen Sohn schlägt.

Am liebsten wäre ich im Erdboden versunken. Ich will mich für Vertrauen einsetzen, und das Erste, was ich tue, ist, ein Kind zu schlagen? Amir hatte seine liebe Mühe, den Eltern zu erklären, wer ich war und was ich vorhatte. Dass ich nervös und verwirrt sei. Ich versuchte, den Kleinen anzulächeln und ihm zuzuwinken, aber in seinen Augen standen Tränen und sobald ich mich ihm näherte, drehte er den Kopf weg. Zum Glück waren seine Eltern unendlich verständnisvoll und verziehen mir. Sie trösteten ihren Sohn und winkten freundlich, als sie in den Aufzug traten.

An diesen Vorfall denke ich häufig. Wenn ich meine Umgebung mit Misstrauen betrachte, bin ich auch bereit zuzuschlagen, bevor ich rede, und auf Verteidigung eingestellt. Wäre ich voller Vertrauen gewesen, hätte ich mich umgedreht, um nachzusehen, wer mich berührt.

Ich frage mich, woher meine Vorurteile der iranischen Bevölkerung gegenüber kommen? Warum fürchte ich mich davor, dass Muslime mich überfallen, vergewaltigen und ins Gefängnis werfen? Ich denke, es geht um das Bild, das uns die Medien von der Welt vermitteln, und um mein eigenes Unwissen in Kombination damit, wie unser Gehirn funktioniert.

In schwedischen Medien sehe ich Bilder und Artikel über den IS, der Menschen erschießt, verstümmelt und köpft, wenn sie dem falschen Glauben anhängen. Dieser Terror geschieht größtenteils im Mittleren Osten. Zeitungsredakteure und Journalisten stellen häufig Nachrichten von Dingen in den Vordergrund, die wir bedrohlich finden, weil die Leser darauf reagieren. Außer dem wenigen, was ich in den Zeitungen lese, weiß ich herzlich wenig über das Leben im Mittleren Osten. Es gibt fast zweihundert Länder auf der Welt, und ich kann nicht alles über jedes wissen. Ich kenne nur wenige Iraner. Das persische Alltagsleben und die persische Gastfreundschaft werden in Nachrichtensendungen oder Tageszeitungen selten gezeigt. Die Schlussfolgerung lautet, dass die Welt »da unten« so aussieht, wobei mit »da unten« das Gebiet des Mittleren Ostens gemeint ist, in dem ich vage den IS verorte. Ich habe den Iran mit den Nachbarländern Irak und Syrien, in denen der IS aktiv ist, in einen Topf geworfen. All diese Länder liegen weit entfernt von Schweden, und es ist einfacher zu denken, dass jedes von ihnen gefährlich ist. Mein Gehirn trägt das seine dazu bei und schenkt dem Thema große Aufmerksamkeit, weil es um eine Bedrohung geht.

Die Sozialpsychologie sagt, dass wir eher auf unsere eigenen Leute hören und dazu neigen, Menschen aus anderen Gruppen abzuwerten. »Die anderen« bündeln wir zu einer großen Menge mit ähnlichen negativen Eigenschaften, während »wir«, also alle, die zu unserer eigenen Gruppe gehören, Individuen mit unterschiedlichen und positiven Eigenschaften sind. Außerdem sind wir darauf programmiert, Unannehmlichkeiten aus dem Weg zu gehen. Wir nehmen es so wahr, dass Menschen, die anders sind, eine Bedrohung darstellen, und ihr Verhalten schwer vorhersehbar ist. Deshalb umgeben wir uns lieber mit denen, die so sind wie wir.

In seiner Analyse meiner Ängste erläutert der Psychologe Anders Ekstrand, dass sich das vorgeprägte, auf meinen Vorurteilen basierende Bild davon, wie der Iran »ist«, rasch verändert hat. Ich nehme neue Fakten zur Kenntnis, mache meine eigenen

Erfahrungen und ändere deshalb meine Auffassung. Anders Ekstrand sieht in mir außerdem eine Abenteurerin, die an ihre Grenzen geht, mental stark ist und sich sicher fühlt, wenn es darum geht, körperliche Schwierigkeiten zu akzeptieren. Diese Eigenschaft steht in einem scharfen Kontrast zu der Angst, Menschen zu verletzen oder zu enttäuschen, und genau dieser Kontrast macht mich menschlich.

Das ist ein Blickwinkel, den ich nicht bedacht hatte. Ich kann auf meine Schwächen also auch stolz sein, da ich kein unmenschlicher Machotyp sein möchte, der sich unverletzlich gibt. Ich bin ein Mensch, sonst nichts. Anders Ekstrand meint auch zu erkennen, dass ausgerechnet meine Sorge, anderen wehzutun, meinen Lauf vorzeitig beenden könnte.

Brené Brown, Professorin an der University of Houston Graduate College of Social Work forscht zu den Themen Verletzlichkeit, Mut, Scham und Empathie. Sie hat herausgefunden, dass Menschen, die Vertrauen zeigen, sich auch trauen, verletzlich zu sein; Verletzlichkeit erfordert wahren Mut. Sie wagen es zuzugeben, dass sie nicht perfekt sind, und sehen darin einen inneren Wert. Verletzlich zu sein heißt, anderen ohne irgendwelche Garantien zu vertrauen.

Sie zeigt auch, dass die Verletzlichkeit der Ort ist, an dem Innovation, Veränderung und Kreativität entstehen. Keine Angst zu haben und stattdessen Vertrauen zu empfinden, ist also nicht zuletzt eine Quelle unserer Kreativität.

Können wir unser Gehirn dazu trainieren, in einem Zustand des Vertrauens zu sein? Die Antwort lautet Ja. Es gilt, seine Aufmerksamkeit eher auf das zu richten, was gut funktioniert, statt auf das, was schiefläuft. Es ist eine Taktik, die ein Ultraläufer in meinen Augen anwenden muss, um erfolgreich seine Ziele erreichen zu können.

Für mich ergibt sich daraus die wichtige Lehre, Ängste und Sorgen von mir abfallen zu lassen, die aus einer fantasierten Zukunft oder fiktiven Vergangenheit stammen. Diese Ängste sind Energiediebe, die meinen Geist belasten. Im Jetzt und Hier zu existieren, löst die meisten unserer Sorgen, schreibt Eckhart Tolle. Es ist besser, sich nicht um die Sorgen zu scheren und auf die Art Energie zu sparen, die mir zur Verfügung steht, wenn tatsächlich eine bedrohliche Situation eintritt.

Unser Gehirn verbraucht etwa zwanzig Prozent der Körperenergie, obwohl es nur zwei Prozent des Körpergewichts ausmacht. Die meiste Energie benötigen die Frontallappen. In ihnen sitzt unser Mut, sie können sagen: »Jetzt überwinde ich meine Angst und beschreite diesen neuen Weg.« Unser Gehirn will den Energieverbrauch minimieren und scharfe Kontraste schaffen, eine leicht verständliche Welt aus Gut und Böse, Schwarz und Weiß. Deshalb verschlingt es viel Energie und strengt an, die Vereinfachungen des Gehirns infrage zu stellen und stattdessen mutig zu sein und Neues zu denken, aber man wird reich belohnt.

Der Unfall

12.–14. Tag, Bostanabad – Duzduzan – Sarāb – Nir, 118 km

Der Iran mag eines der Länder auf der Welt mit den meisten Todesopfern im Straßenverkehr sein, aber ich habe überlebt. Von Täbris aus bin ich auf den dicht befahrensten Straßen gelaufen, die ich jemals gesehen habe. Auf dem staubigen Standstreifen. So weit auf dem Asphalt, wie ich mich traute, und so weit von den Autos entfernt wie nötig. Ich schwankte im Fahrtwind der größten LKWs, und die Abgase brachten mich zum Husten, aber keiner hat mich angefahren, weder ein Auto noch ein Sattelschlepper.

Stattdessen habe *ich* es fertiggebracht, jemanden anzufahren.

Am elften Tag nähere ich mich Bostanabad, das mir eher wie eine gigantische Straßenkreuzung vorkommt als eine Stadt. Hier begegnen sich die Landstraße 32, der ich bisher gefolgt bin, und die Landstraße 16, die ich in Richtung Kaspisches Meer nehmen möchte. Auch eine große Autobahn führt durch die Stadt. Man findet dort kleine Hotels, Tankstellen und Restaurants – alles, was Autofahrer benötigen.

Als ich an einem stehenden Bus vorbeilaufe, knallt es plötzlich. Ein Mann, der hinter dem Bus aufgetaucht ist, stürzt über Baby Blue. Er liegt wimmernd auf der Straße und reibt sich die Knie. Ich gehe zu ihm, bücke mich und tätschele ihn. Ich versuche, ihn zu fragen, wie es ihm geht, nehme meine Wasserflasche und halte sie ihm fragend hin. Gleichzeitig versammeln sich immer mehr Menschen, und ich sehe ihre Füße, von denen ich umgeben bin. Ich fische auch einen Riegel Schokolade heraus und biete ihn dem Mann an. Er sieht mich nicht an, jammert weiter und hält sich die

Knie. Mit den Händen versuche ich festzustellen, ob er sich etwas aufgeschürft, oder schlimmer, gebrochen hat, und die Anzahl der Füße um uns herum wird immer größer.

Ich drehe seine Beine und lege dabei den Arm um ihn, als mir schlagartig bewusst wird, was ich da tue: einen fremden Mann umarmen, Zärtlichkeit auf offener Straße zeigen.

Ich erstarre, schaue auf und fürchte, wütenden Blicken zu begegnen.

Aber niemand ist wütend, alle lächeln. Sie sehen jemanden, der helfen möchte, nicht eine Frau, die soeben gegen die Gesetze des Landes verstoßen hat. Stattdessen bücken sich einige, als wollten sie helfen. Der Mann rappelt sich auf und humpelt davon, ohne mich anzusehen. Ein Mann unter den Umstehenden begegnet meinem Blick und zuckt mit den Schultern. Wenn er keine Hilfe annehmen möchte, können wir ihn auch nicht dazu zwingen.

In Bostanabad hat Mehrdad für mich ein Zimmer in einem Bed & Breakfast gemietet. Ich ziehe den Zettel heraus, auf dem Akbar Bed & Breakfast auf Persisch geschrieben hat und zeige ihn einem der Passanten, die nach dem Unfall stehen geblieben sind. Er lächelt und zeigt auf ein weißes quadratisches und zweistöckiges Haus etwas weiter die Straße hinab.

Ich bekomme ein Zimmer, das schmucklos und weiß ist, vor dem Fenster rauscht der Verkehr vorbei. Die weiße Lilie nimmt allmählich einen grauen Farbton an, und mir schaudert bei dem Gedanken, dass meine Lunge vermutlich genauso aussieht.

Hier benötige ich keine Erlaubnis der Polizei, um ein Zimmer zu mieten, und in dem gemeinsamen Duschraum für Frauen und Männer lasse ich das Wasser Straßenstaub und Schweiß abspülen. Hinterher wasche ich die Laufkleider in einem Waschbecken. Ich spüle die Kleidungsstücke ab und wringe sie kräftig aus, damit sie bis zum nächsten Tag trocknen. Morgen werde ich etwas später aufbrechen, da das schwedische Fernsehen mich für ein Liveinterview anrufen möchte.

Heute blogge ich über den Verkehr und den Unfall und darüber, wie schwierig es manchmal ist, das Richtige zu tun, und wie man sich fühlt, wenn man helfen möchte, aber nicht darf. Anschließend sehe ich mir die Kommentare zu früheren Einträgen an.

Nik aus Isfahan im südlichen Iran wünscht mir alles Gute, hofft, mir zu begegnen und bietet mir eine Unterkunft für mehrere Nächte an. Er wohnt weit abseits meiner Route, und wir werden uns wahrscheinlich niemals treffen, aber es ist ein großzügiges Angebot!

Der norwegische Radfahrer Kåre wünscht mir viel Glück und schreibt, dass ihn mein Mut und meine Art, Probleme zu bewältigen, beeindrucken. Eyglo Ingolfsdottirs Worte gehen mir direkt zu Herzen:

> Ich habe deine Reise von Anfang an verfolgt und freue mich unheimlich, dass alles gut zu gehen scheint. Du inspirierst mich und viele, viele andere.

Ich freue mich, aber dann folgt ein anderer Beitrag auf Schwedisch, geschrieben von jemandem namens Valle:

> Ich glaube, dass du Dreck am Stecken hast. Du verfolgst mit deiner Reise keine guten Absichten.

Ich erstarre und lese die Zeilen ein zweites Mal. Dreck am Stecken?

Unter einem anderen meiner früheren Einträge, in dem ich ein Bild von einem ausgetrockneten Flussbett hochgeladen habe, finde ich einen anderen, mit demselben Namen unterschriebenen Kommentar:

> Das Bild, das diese Frau vom Iran zeigt, ist kein schönes Bild. Schaut euch das Foto oben an, das ein iranisches Dorf zeigen soll. Erstens ist das kein Dorf, sondern eine kleine Stadt, zweitens erzählt sie

mit diesem Bild nichts über den Iran. Über einen ausgetrockneten Flusslauf zu informieren, ist außerdem eine Information, die der Geheimhaltung unterliegt, und kein Land der Welt akzeptiert, dass jemand diese Art von Informationen sammelt. In Schweden nennt man so etwas Spionage. Sie ist auch in Teheran gewesen, wo es viele grandiose Gebäude gibt. Sie hat sie gesehen, aber nicht erwähnt. Stattdessen zeigt sie uns ein Bild von einer Toilette in einem iranischen Dorf. Diese Art von Information ist das Gegenteil dessen, was sie von ihrer Reise behauptet. Ich habe große Zweifel an ihren Absichten.
Wenn nötig, werde ich die Behörden bitten, Maßnahmen zu ergreifen.

Anfangs bin ich von Angriffen und missgünstigen Kommentaren verschont geblieben, aber inzwischen häufen sie sich.

Ich habe ein mulmiges Gefühl im Bauch. Was soll das? Wie kann ein ausgetrockneter Fluss eine sensible Information sein? Dass er kein Wasser führt, kann jeder beliebige Satellit erkennen. Und Spionage? Wer ist dieser Mann? Wo hält er sich auf? Im Iran wegen Spionage angeklagt zu werden, klingt nicht gut. Welche Konsequenzen könnte sein Verhalten haben?

Valle könnte praktisch jeder sein. Aber wird jemand seinen Behauptungen Bedeutung zumessen? Wenn irgendwer ein Exempel statuieren und mich beschuldigen will, stecke ich dann in Schwierigkeiten? Ich habe auch vorher schon böswillige Kommentare auf meiner Seite gelesen, aber es besteht ein großer Unterschied zwischen einem unbegründeten persönlichen Angriff und dem Vorwurf der Spionage im Iran.

Dann haut Rasool in die gleiche Kerbe.

Passt dir etwas nicht? Dann fahr nach Hause.

Ich erzähle das Ganze sowohl der iranischen Botschaft in Schweden als auch der schwedischen Botschaft in Teheran. Ich weiß, dass Hamid meinen Blog kontinuierlich übersetzt und den Text an die

Regierung im Iran schickt, er wird also ohnehin bald erfahren, ob sie reagiert hat. Ich sende eine SMS an Sidal an der Botschaft in Teheran und an Hamid in Stockholm. Ich erwarte nicht, dass sie aktiv werden, will sie nur davon unterrichten.

Kurz darauf ruft Sidal mich an. Sie ist auf einer Dienstreise, möchte aber hören, wie es mir geht. Sie wird meine Homepage im Auge behalten. Es tut gut, mit jemandem Schwedisch zu sprechen, noch dazu jemandem, der das Land besser kennt als ich.

Als wir aufgelegt haben, ist eine SMS gekommen. Hamid schreibt:

> Ignorier ihn einfach, keine Erwiderung erforderlich. Wichtig sind die offiziellen Vertreter des Irans, nicht irgendwer im Internet.

Er hat recht. Ich sollte ihn einfach nicht beachten. Ich darf nicht zulassen, dass irgendein Troll das einzigartige Erlebnis meines Laufs durch den Iran mit so vielen magischen Begegnungen, einem Körper, der Kilometer für Kilometer funktioniert, und Naturerlebnissen, die mir den Atem rauben, vermiest. Ich will im Jetzt sein, alles aufnehmen, aber das Bett ist in dieser Nacht besonders hart, und ich schlafe unruhig.

Am nächsten Tag konzentriere ich mich darauf, die Angriffe vom Vortag hinter mir zu lassen. Ich will nicht an Valle denken und zu laufen hat mir schon immer geholfen, einen klaren Kopf zu bekommen. Ich schätze, es wird mir auch jetzt helfen.

Als die Füße ihr rhythmisches Klopfen auf dem Asphalt aufnehmen, fühle ich mich schon bald stark und genieße die Bewegung in vollen Zügen. Wogende gelbe Felder, Äcker, die für die Herbstsaat gepflügt worden sind, und einzelne üppige Laubbäume leisten mir Gesellschaft. Schritt für Schritt, Kilometer für Kilometer, tragen meine Beine mich zum Kaspischen Meer, das noch über zweihundert Kilometer entfernt ist, vorbei an Schildern, die den

Weg zu Skihängen weisen, und Honiggläsern, die am Straßenrand zum Verkauf stehen.

Manchmal wird die Straße von einer Schafherde oder einem Esel gekreuzt. Kleine blaue Lastwagen der Marke Zamyad scheinen wirklich alles transportieren zu können – riesige Heuladungen, Getreidesäcke, Kühe, Menschen und Schafe. Überrascht stoße ich an dieser ziemlich öden Straße auf ein Restaurant. Es liegt mitten an einem Anstieg. Ich parke Baby Blue, zeige auf einen Fleischspieß und setze mich. Mir gegenüber nimmt ein Mann mit einer Flasche alkoholfreien Pfirsichbiers in der Hand Platz. Er sagt »US good« und lächelt. Danach zeigt er auf sich selbst und sagt: »Na Terrorist.«

Ich darf in einer Wohnung schlafen, die mir von der Gemeindeverwaltung in Duzduzan zur Verfügung gestellt wird, und am nächsten Morgen lädt man mich zum Frühstück ins Gemeindehaus ein. Ein Mann sitzt an einem Computer und benutzt Google Translate, damit wir uns verstehen. Ich brauche eine Weile, um ihm klarzumachen, dass es besser funktioniert, wenn er ins Englische übersetzt statt ins Französische. In dem kleinen Ort Nir schlafe ich im einzigen Hotel des Dorfs. Der Besitzer übernachtet auf einem Bett in der Rezeption, damit er ein Frühstück zubereiten kann, sobald sein einziger Gast aufgewacht ist. Er gibt mir ein paar gekochte Eier und ein breites Lächeln mit auf den Weg. Für mich gibt es immer Platz. Mein Zelt liegt weiter unbenutzt im Wagen.

Nach ein paar Tagen Funkstille taucht Valle wieder auf. Er stürzt sich nach einem Eintrag über die Verkehrsrichtung auf mich. Ich wurde nämlich heute von einem Mann angehalten, weil ich auf der falschen Straßenseite lief. Richtig ist die rechte Seite, bleibe ich auf der linken, würde ich irgendwann einen Unfall haben, behauptete er. Der Mann fuhr einen Transporter und versuchte, Baby Blue in seinen Wagen zu heben, um mich mitzunehmen, und ich musste ihn unfreundlich anherrschen, damit er den Kinderwagen endlich losließ. Am Abend schildere ich das Erlebnis in meinem Blog, und Valles Kommentar lässt nicht lange auf sich warten.

> Niemand darf auf der Autobahn gehen, laufen oder Rad fahren. Warum achtest du das iranische Gesetz nicht? Ich bin überzeugt, dass du besser als jeder andere weißt, dass wir im Iran gegen die Privilegien des weißen Mannes revoltiert haben. Du musst die Gesetze unseres Landes respektieren wie jeder andere auch.

Valle scheint mit seinem Ärger nicht allein zu stehen, denn es tauchen weitere kritische Stimmen auf.

Als ich irgendwann in einem Restaurant esse, beobachte ich, wie der Besitzer seinen sieben, acht Jahre alten Sohn misshandelt. Der Junge kommt mit einer Tüte in der Hand hereingelaufen, der Mann starrt ihn wütend an, hebt die Hand und gibt ihm die erste Ohrfeige. Danach folgt die nächste und schließlich noch eine und noch eine. Als der Junge zu Boden fällt, kann ich nicht länger sitzen bleiben und bitte um die Rechnung. Er hört auf zu schlagen und kümmert sich stattdessen um mich, während der Junge weinend auf einer Decke liegt. Als ich gehe, koche ich vor Wut, und am Abend schreibe ich auf meiner Homepage über den Mann. Nenne ihn einen »feigen Lumpen, der es nicht wert ist, ein Mann genannt zu werden«.

Ein gewisser Behrouz kommentiert mein Erlebnis:

> Kristina sollte in ihr Land zurückfahren und dort ihren Landsleuten helfen. Wir brauchen ihre Hilfe nicht. Sie sollte ihrem eigenen Volk helfen. Wir kommen allein zurecht. Alle Spione auf der Welt sehen in ihr eine Freundin! Ich sage nicht, dass diese Frau eine Spionin ist, aber ich habe große Zweifel an ihren Absichten.

Ich habe beschlossen, mich nicht gegen meine Kritiker zu verteidigen, will keine Energie darauf verschwenden, registriere aber, dass andere sich mit mir solidarisieren. Das ist fantastisch.

> Behrouz, glaubst du wirklich, dass Kristina mit ihrem Lauf versucht, dem Iran zu helfen? Wer sind denn die Leute, die Angst vor ›finsteren, mysteriösen Männern aus dem Mittleren Osten‹ haben und jede Hilfe brauchen, die sie bekommen können, um zu entdecken, dass die Welt anders aussieht als in ihren fiebrigen Fantasien? Sie tut doch schon alles, was sie kann, um ›ihrem Volk‹ zu helfen: indem sie läuft.

> Behrouz the loser, du scheinst mehr als jeder andere Hilfe nötig zu haben, sieh zu, dass du sie bald bekommst.

Ich will diese Kommentare nicht an mich heranlassen und kämpfe darum, sie auf Distanz zu halten, aber es fällt mir schwer. Ich kann die Frage nicht abschütteln, ob jemand mir wirklich etwas antun könnte? Ob Behrouz mich wegen Spionage anzeigen wird? Oder ob Valle Freunde hat, die mir schaden könnten, die morgen am Straßenrand stehen, mich aufhalten und in ein Auto zerren könnten?

Abgesehen von der direkten Angst, ärgere ich mich. Sie zerstören meinen Blog, besudeln meine schöne Geschichte über den Iran und die Menschen, denen ich begegne. Ich lösche keine Kommentare. Denn wie soll ich mich für Meinungsfreiheit einsetzen, wenn die Leser meines Blogs sich nicht frei äußern dürfen?

Als ich mir meine Sorgen vor Augen führe, merke ich, dass meine Angst vor Extremisten gewachsen ist. Ich bin häufiger in den Medien zu sehen, ich erzähle von den Menschen, denen ich begegne und die mir so unglaublich wohlgesinnt sind. Ich fürchte, wenn ich nur Gutes über den Iran sage, könnten all jene, die nicht möchten, dass der Iran in einem guten Licht dasteht, mir schaden wollen. Ich erwähne nicht, dass ich eine Genehmigung benötigte, um in der ersten Pension übernachten zu dürfen, und sage weder etwas über den Verdacht, dass es Agenten gibt, noch über die Spionagevorwürfe. Das Regime, die Staatsform, die Menschenrechte, die Rolle der Frauen, Sex, Homosexualität oder anderes, von dem ich weiß, dass es heikel ist, erwähne ich mit keinem Wort, solange ich mich im Iran aufhalte. Es wäre idiotisch, das zu tun. Dieses Risiko gehe ich nicht ein. Wenn mich jemand einsperrt, weil es ihm nicht passt, was ich tue, dann ist es das Regime, nicht

irgendein Einzelner. Die gewöhnlichen Menschen, denen ich begegne, scheinen so ziemlich alles zu tun, um trotz des Regimes, das ihr Land regiert, möglichst frei zu leben.

Vielleicht liegt es wirklich an meiner verstärkten Präsenz in den Medien, dass die Zahl der Trolle steigt. Sie ärgern mich allerdings eher, als dass sie mir Angst einflößen. Sie stören mich, meine Konzentration.

Um solche Gedanken zu verdrängen, kehre ich zu einem Kommentar Hassans vom Marand Running Club zurück, den ich gefragt hatte, worum es in seinen Augen bei meinem Lauf gehe. Er antwortete mir:

> So wie die Erde um die Sonne läuft, so läufst du um die Welt und siehst Strahlen aus Mitmenschlichkeit und Liebe, die aus den Herzen der Menschen scheinen, und reflektierst sie auf die Welt. Manchmal gibt es Mauern zwischen uns, und wir müssen Brücken zwischen den Herzen der Menschen bauen. Das ist es, was du mit deinem Lauf tust, und wenn mehr das Gleiche tun wollen – kommt mit!

Der heilige Berg Sabalan

15.–16. Tag, Nir – Ardabil, 56 km

Unerbittlich nähere ich mich Lahidschan am Kaspischen Meer, versuche aber, mir den Gedanken aus dem Kopf zu schlagen. Lahidschan, wo Mahdi auf mich wartet. Mehrdad weiß noch nicht, dass ich weiter mit Mahdi in Kontakt stehe. Meine provisorische Lösung lautet, die Augen vor dem Problem zu verschließen. Bis jetzt funktioniert das ganz gut!

Außerdem sind es bis dahin noch fast zwei Wochen. Mittlerweile bin ich in die Gegend rund um den sagenumwobenen Berg Sabalan vorgedrungen, den dritthöchsten Berg im Iran, der Teil des Elburs-Gebirges ist.

Das Klima hat sich deutlich verändert. Die bislang so heißen Tage sind einem milderen Grau gewichen. Die Gebirgskette entlang des Kaspischen Meers beschert uns, die wir direkt hinter den Bergen sind, ein kühleres und windigeres Klima. Regentropfen bedecken meine Kleider, und ich setze zum Schutz vor dem Sand, den der Wind hochwirbelt, eine Sonnenbrille auf. Ein Polizist versucht, mir bei dichtem Nebel seine Reflektorweste zu geben. Ich hole meine eigene heraus, ziehe sie an und nicke ihm zum Dank für seine Fürsorglichkeit zu.

Die Straße führt mich immer höher. Kilometer um Kilometer strebe ich aufwärts. Ich bin stark, meine Beine schaffen viel, aber diese zähe Steigung geht mir auf die Nerven. Ich fluche lauthals über den Anstieg, will dieser teuflische Berg denn niemals enden? Die Oberschenkel brennen, und meine Handgelenke schmerzen.

Später laufe ich glücklich auf der Straße, genieße den spärlichen Verkehr und den Anblick von Bauern, die am Fuß des Bergs mit Traktoren ihre Felder pflügen. Im Schatten eines Baums ruht ein Hirte. Ich laufe an kleinen Dörfern vorbei, deren Häuser aus Ziegeln gebaut sind und neben denen Heuhaufen liegen. Das ist schön. Ein Kamel glotzt mich an, als ich vorbeikomme. Ich hole die Videokamera heraus, filme das Kamel und befestige die Kamera anschließend an Baby Blue. Ich möchte das Leben in den Dörfern auf Film festhalten, traue mich aber nicht zu fragen.

In Sareyn, einer Stadt am Fuß des Sabalan, habe ich eine Übernachtungsmöglichkeit. Der Sohn der Familie hat mich auf Facebook gefunden und sich bei Mehrdad gemeldet. Die Tochter des Hauses und ich lehnen uns an die Mauer im Apfelgarten und betrachten den schneebedeckten Gipfel des Bergs, der in der Ferne aufragt.

»Der Berg ist heilig«, erzählt sie mir. »Zarathustra meditierte einige Jahre auf dem Sabalan, deshalb ist es ein heiliger Berg. Viele pilgern dorthin, um Zarathustras Spuren zu folgen.«

Ihre Mutter hat mich kurz zuvor ganz fest gedrückt, das Bild meiner Mutter im Smartphone geküsst und anschließend erklärt, sie sei jetzt meine persische Mutter. Sie spricht Aserbaidschanisch und glaubt, dass ich Persisch spreche, weil sie nicht versteht, was ich sage. Anschließend hat sie mich in traditionelle aserbaidschanische Kleider gehüllt, und nun lassen wir es uns im Garten gut gehen, essen Milchreis und Datteln. Die Tochter erzählt von Zarathustra, dem Gründer des Zoroastrismus, der auch ein iranischer Dichter und Philosoph war.

»Zarathustra lehrte uns, gute Gedanken zu denken, gute Worte zu sprechen und Gutes zu tun. Wir haben einen freien Willen, den wir im Kampf zwischen Wahrheit und Lüge benutzen sollen. Wenn wir sterben, kehrt unsere Seele mit neuem Wissen in die geistige Welt zurück und setzt ihren Kampf dort fort.«

Bevor ich in den Iran fuhr, waren Iran und Persien für mich das

Gleiche. Ich verstand den Unterschied nicht. Ein bisschen vage dachte ich, dass der Islam in beiden Ländern heimisch war. Jetzt erfahre ich, dass Persien ein gigantisches Reich war, das sich von Libyen und Griechenland über den Balkan, Zentralasien bis ins heutige Indien und Pakistan erstreckte. Eine Zeit lang lebte mehr als die Hälfte der Weltbevölkerung in Persien. Kyros der Große, einer der Herrscher, war möglicherweise einer der ersten, der von Religionsfreiheit sprach. Er schaffte die Sklaverei ab, bestimmte, dass alle Menschen das Recht hätten, ihre eigene Religion zu wählen, und führte Gleichberechtigung zwischen unterschiedlichen Ethnien ein. Das alles tat er bereits im Jahr 539 vor Christus. Der Zoroastrismus, ein Glaube, der auch beinhaltet, dass man es akzeptiert, wenn andere Menschen an andere Götter oder gar nicht glauben, war die vorherrschende Religion. Persien hatte auch einen eigenen Kalender. Mir wird klar, warum das persische Neujahrsfest, das nichts mit dem Islam zu tun hat, von Menschen in Pakistan, Indien und sogar auf dem Balkan gefeiert wird.

Die Tochter und ihre Cousine nehmen mich zum Badehaus mit, wo die Besucher die warmen vulkanischen Quellen genießen, die gesund sein und einem ein langes Leben schenken sollen. Die örtliche Bevölkerung badet gratis, Gäste müssen dagegen bezahlen. Meine neue Schwester entrichtet das Eintrittsgeld für mich, und ich schiebe die Hand zwischen dicken Plastikstreifen hindurch, die in einer Türöffnung herabhängen, streiche sie zur Seite und betrete einen Raum voller nackter Frauen. Es ist ein ungewohntes und zugleich vertrautes Gefühl. Eine Frauenfamilie.

Auf den Straßen schauen die Frauen häufig weg, hier jedoch nicht. Sie sehen mich unverwandt, offen und forschend an. Junge, alte, dicke, dünne. Einige tragen einen Badeanzug, andere laufen nackt herum. Viele wollen wissen, wer ich bin und woher ich komme, ob ich verheiratet bin und warum mein Mann mich nicht begleitet. Ich scherze und sage, dass er nicht stark genug ist, um so zu laufen, wie ich es tue. Er ist daheim und kümmert sich um die

Kinder. Die Frauen bilden eine große Traube um mich und diskutieren, wie wir unsere unterschiedlichen Leben führen. Manchen steht es frei zu reisen, wie sie wollen, andere fahren ohne die Erlaubnis ihres Mannes nirgendwohin. Wieder andere wollen gar nicht ohne ihren Mann reisen, ja, nicht einmal das Haus verlassen, um alltäglichen Aktivitäten nachzugehen.

Am nächsten Tag wird mir ein üppiges, aus Brot, cremiger Sahne und Honig bestehendes Frühstück vorgesetzt. Zum Abschied befestigt die Familie Blumen an Baby Blue, und meine persische Mutter verspritzt auf der Erde hinter mir Wasser. Das soll mir eine sichere Reise garantieren.

Ich verlasse Sareyn. Die Familie hat mir eine kleinere Straße empfohlen, die ebenfalls nach Ardabil führt. Sie kommt mir fast ein bisschen geheim vor. Ich habe die großen Straßen mit ihren Abgasen und vorbeirauschenden Lastwagen satt, sodass ich den Tipp dankend annehme. Die Straße ist schmal, nur zwei Spuren, die Landschaft hart und steinig, unterbrochen von grünen Flächen, auf denen Reis, Weizen und Gerste wächst.

Baby Blue und ich sind allein. Ein Traktor ist das einzige Fahrzeug, das ich sehe, ich erkenne ihn. Es ist das gleiche Modell wie der Traktor meines Onkels.

Die Luft ist klar und frisch. Ich atme tief durch, und der Duft von feuchtem Sand füllt meine Lunge.

Es fasziniert mich, dass mein Körper durchhält. Er ist fantastisch. Meine Füße sind so stark und schwellen niemals an. Weil ich immer Schuhe trage, die zwei Nummern zu groß sind, werden meine Zehennägel nicht schwarz.

Ich komme an mehreren kleinen Dörfern mit etwa dreißig Häusern und Verkaufsluken in manchen Wänden vorbei. Die Backsteinhäuser stehen kunterbunt durcheinander, Steinmauern trennen die kleinen Grundstücke voneinander. Sie sehen fast aus wie Ruinen.

Es ist kühl wie an einem schwedischen Sommertag. Der Trainingsanzug flattert um den Körper, und der geflickte Asphalt gleitet geschmeidig unter den Füßen dahin. Die Iraner halten ihn gut instand. Keine Schlaglöcher.

Ich laufe an Backsteinhäusern mit gigantischen Stapeln von Heuballen auf den Dächern und Hunderten Toren von Hunderten Häusern vorbei, manche auf schöne Weise verrostet, andere frisch gestrichen. Die Tore sind riesig, drei Meter hoch und fünf Meter breit. Sie sind genauso hoch wie die Mauern, und was sich hinter ihnen verbirgt, lässt sich nicht erkennen.

Mehrdad meldet sich per SMS. »*Mach ein Foto von meinem geliebten Sabalan*«, schreibt er. Der Spot zeigt ihm, wo ich gerade bin. Ich schieße viele Fotos, schicke sie ihm und bekomme zum Dank Herzen und lächelnde Emojis. Ich frage ihn, was ihm der Sabalan bedeutet. Mehrdad erzählt daraufhin, er habe lange davon geträumt, den Berg zu besteigen. Er sei schon fast so weit gewesen, hatte die nötige Ausrüstung gekauft und trainiert, alles war vorbereitet. Dann wurde er krank und musste operiert werden. Die Bergbesteigung wurde abgesagt, aber die Sehnsucht ist geblieben.

Ich luge zu dem schneebedeckten Gipfel hinauf. 4811 Meter sind es bis dorthin. Eine Idee nimmt Gestalt an. Mehrdad hilft mir, meinen Traum zu verwirklichen. Kann ich ihm helfen, sich seinen zu erfüllen?

Der Nebel zwischen den Berghängen

18. Tag, Ardabil – Astara, 85 km

Ich erwache in einem Bett, das mir eine gastfreundliche Familie in Ardabil überlassen hat, einer Stadt mit einer halben Million Einwohner, die recht hoch im Elburs-Gebirge liegt. Vida ist die Einzige in der Familie, die Englisch spricht, sodass ich mit ihr den engsten Kontakt habe. Sie und ihre Familie wohnen in der dritten Etage eines fünfstöckigen Hauses. Der Hof des Gebäudes ist wie üblich von einer hohen Mauer umgeben. In diesen Nächten schlafen ihre beiden Jungen bei der Großmutter, und ich darf das Schlafzimmer der beiden benutzen. Vida hat sich außerdem freigenommen, um mir an den zwei Tagen, die ich dort verbringe, alles zu zeigen. Der Ruhetag ist wie üblich ein Medientag, sodass ich gestern Bilder hochgeladen und für marathon.se und den Marathonblog geschrieben habe. Außerdem bin ich von einem weiteren staatlichen Fernsehsender und einer Tageszeitung interviewt worden.

Gestern Abend durfte ich Vida und zwei ihrer Freundinnen zum nahe gelegenen See Shorabil begleiten. Eine von ihnen war Tanja, die auch läuft und neugierig auf mich und mein Projekt war.

Tanja holte uns in ihrem Auto ab, und es herrschte eine ausgelassene Stimmung.

Ich hatte mir mein blaues Alltagskopftuch um den Kopf geschlungen, weiß aber bis heute nicht, was die Iranerinnen damit anstellen. Bei ihnen sitzt es stolz und stattlich, oftmals über einem hohen Dutt auf dem Kopf, und gelegentlich mithilfe von perlenverzierten Nadeln, mit dem sie es befestigen. Mein Tuch wird dagegen ständig vom Wind heruntergeweht. Es dreht sich um den Kopf, wenn ich mich bewege, und im nächsten Moment hängt das eine Ende an der Taille und das andere am Ohr. Bücke ich mich, plumpst es herunter.

An dem schönen See wimmelte es überall von Menschen, es war ein lauer Abend, und wir flanierten gemeinsam mit vielen anderen. An einem Verkaufsstand holten wir uns gegrillte Maiskolben und unterhielten uns über das Leben. Tanja erzählte, sie wolle auf keinen Fall heiraten, ihre Freiheit für eine Ehe aufzugeben, sei ein zu hoher Preis. Stattdessen wohnt sie bei ihrer Schwester und deren Mann.

Frauen im Iran haben immer einen Vormund, es ist entweder ein Vater, ein Bruder oder ein Sohn. Ich fragte mich insgeheim, was für ein Gefühl es wäre, bei meiner Schwester und ihrem Mann zu wohnen. Ich fände es seltsam, und es fasziniert mich, dass die Iraner nicht allein zu leben scheinen. Tanja, die doch so selbstständig war, hatte keine eigene Wohnung, die sie mit Sicherheit besäße, wenn sie in Schweden leben würde. Es wirkt beengt, aber gleichzeitig gemütlich, immer mit anderen zusammenzuwohnen.

Jetzt wird es Zeit, Baby Blue zu packen und Abschied zu nehmen. Ich werde von Ardabil über einen Gebirgspass und danach entlang der Grenze zu Aserbaidschan bis Astara laufen, das am Kaspischen Meer liegt. Ich habe berechnet, dass es bis dorthin fünfundsiebzig Kilometer sind, was sich jedoch als Irrtum herausstellen wird, in Wahrheit sind es fünfundachtzig. Außerdem habe ich eine Stunde Tageslicht verloren, weil die Zeitumstellung auf die Winterzeit auf diesen Tag fällt. Beide Faktoren sind dafür verantwortlich, dass ich im Dunkeln laufen werde, in dem ich vor dem Mann mit dem weißen Hemd fliehe, von dem ich zum Glück noch nichts weiß, als ich in Ardabil in meinem Gästebett liege.

Vida macht mir ein Frühstück und versorgt mich mit reichlich Proviant, gekochten Eiern, süßem Gebäck und einer ganzen Kiste voller Melonenstücke. Die Lebensmittel lege ich leicht zugänglich in das große Fach auf der Rückseite Baby Blues. Zwei meiner drei gefrorenen Plastikwasserflaschen stopfe ich in das Fach unter dem Wagen, damit sie möglichst lange kalt bleiben, die dritte landet in dem Fach mit Essen.

Dann wird es Zeit, Abschied zu nehmen. Vida tritt auf den Hof hinaus, um mir beim Aufbruch zu helfen, aber auch, um zur Arbeit zu fahren. Vida, die ich bisher in grünen, lila und blauen Kleidern gesehen habe, trägt nun einen schwarzen Hidschab, der

Gesicht, Hals und Schultern umschließt. Er sitzt so eng um das Gesicht, das er jede Bewegung mitmacht. Dazu trägt sie einen langen, schwarzen Mantel.

Während meiner Zeit im Iran sehe ich keine Frau, die eine Burka trägt, aber für Staatsangestellte ist eine streng muslimische Kleidung obligatorisch. Die Frauen im Iran können nicht wählen, ob sie ein Kopftuch tragen oder nicht, sie müssen es tragen.

Gemeinsam packen wir den Wagen und machen Selfies, ihr Mann Rahman, Vida und ich. Dann öffnen wir das Tor zur Straße. Vida setzt sich ins Auto, winkt und fährt davon. Ein Anflug von Wehmut kommt bei mir auf, diese Aufbrüche und Abschiede wühlen mich jedes Mal auf. Alle sind so nett zu mir, und ständig muss ich sie wieder verlassen. Das bedrückt mich, denn wer weiß schon, ob wir uns jemals wiedersehen werden?

Erneut gibt es nur mich und die Straße vor mir. Es ist sieben Uhr morgens und langsam, aber sicher überwiegt die Neugier. Das Abenteuer wartet! Was wird passieren? Wem werde ich an diesem Tag begegnen? Ich empfinde die Luft als kühl und angenehm, aber das Thermometer zeigt bereits dreißig Grad an.

Ich benutze Google Maps, um aus Ardabil herauszufinden, und laufe auf meinem Weg an den Moscheen vorbei, die wir gestern besucht haben.

Einige Mitglieder der Sittenpolizei errichten auf einem Platz Tribünen, sie bereiten die alljährliche Feier zu Ehren der Märtyrer vor, die im Iran-Irak-Krieg gefallen sind. Amir hat mir erzählt, dass die letzte Woche der Sommerferien dem Gedenken an all jene gewidmet ist, die für ihr Land gestorben sind. Ich schmunzele, als ich sehe, dass einige der jungen Polizisten verstohlen ihr Handy herausholen und Bilder von mir machen. Hoppla, eine schwedische Touristin scheint interessanter zu sein als die nationale Freiheit.

In der Ferne sehe ich die gelblichen Berge, die zum Himmel aufragen, dann beginnen die Anstiege. Das Gras am Straßenrand ist trocken und gelb, aber die Laubbäume sind grün. Vor mir habe ich das Elburs-Massiv. Ich vermeide es tunlichst, zu der Gebirgskette hinaufzuschauen, die sich vor dem Himmel auftürmt, da ich erkenne, dass nun viele schwere Stunden vor mir liegen. Ich konzentriere mich allein auf das, was im Moment vor mir liegt, und genieße es.

Baby Blue wiegt neun Kilo und das Gepäck fünfundzwanzig. Darüber hinaus habe ich fast fünf Kilo Wasser sowie die Lebensmittel dabei, die Vida mir geschenkt hat. Hinzu kommt, dass ich meinen eigenen Körper über den Berg bringen muss.

Obwohl es ein ganz normaler Dienstag ist, haben sich entlang der Straße viele zu einem Picknick niedergelassen. Die Leute sitzen hier oft mit ihren Lieben auf einer Decke und essen Obst und Nüsse und trinken Tee. Iraner picknicken gern. Ständig und überall. Sie essen und unterhalten sich, manchmal in größeren Gruppen, manchmal eine Familie für sich. Die Kinder laufen herum und spielen.

Gelegentlich wundere ich mich, dass die Familien inmitten des Mülls sitzen, den andere am selben Ort hinterlassen haben. Funktioniert die Müllbeseitigung im Iran nicht, oder geht man hier anders mit Müll und Abfällen um? Ich bin auf Organisationen gestoßen, die den Müll von den Straßen entfernen, beobachte aber auch Leute, die ihr Autofenster herunterlassen und einfach eine Mülltüte hinauswerfen.

Von einer der Familien bekomme ich Granatäpfel und eine

riesige Sonnenblume. Ich versuche, höflich abzulehnen, da ich gerade erst gefrühstückt habe und unter dem Wagen viel Proviant verstaut ist, aber die fürsorglichen Iraner wollen so gern geben, also nehme ich das Geschenk an. Da Gastfreundschaft im Iran eine so große Bedeutung hat und man stolz auf sie ist, hat mein Reflex, etwas zurückgeben zu wollen, nachgelassen. Es ist schon vorgekommen, dass sich zwei darum gestritten haben, wer mich zum Mittagessen einladen darf. Viele fragen mich mit einem breiten Lächeln, ob der Iran ein gastfreundliches Land ist, und strahlen, wenn ich »Ja« antworte.

Kurz darauf begegne ich einer Frau mit ihren beiden Töchtern, die ihre Picknickdecke verlassen und zum Straßenrand gehen, als sie mich näher kommen sehen. Sie rufen begeistert nach dem Vater, der sich zu ihnen gesellen soll. Er kommt mit einer Tüte frisch gepflückter gelber Früchte in der Hand zu mir und schenkt sie mir. Inzwischen wiegt der Wagen noch ein paar Kilo mehr, aber es ist unmöglich, die Gaben abzulehnen. Ich bedanke mich, versuche zu erklären, dass ich aus Schweden stamme und nach Astara laufe. Dann winke ich ihnen zum Abschied zu.

Meinen Lauf den Berg hinauf habe ich als Etappe nach einem Ruhetag eingeplant, was dringend nötig war, wie ich nun merke, denn diese Anstiege hochzulaufen, ist wirklich hart. Nach einer halben Stunde ist mein Trainingsanzug nass geschwitzt. Manchmal gehe ich, manchmal laufe ich. Ich lasse mein Gefühl entscheiden. Ab und zu bleibe ich stehen und blicke auf die gelbgrüne Landschaft mit ihren vereinzelten Bäumen und grünen Sträuchern. Je mehr Höhenmeter ich zurücklege, desto seltener sehe ich Häuser und Menschen.

Dagegen herrscht weiterhin dichter Verkehr.

In meiner Brust wächst ein Glücksgefühl. Die grandiose Aussicht, die liebevollen Menschen, die Dankbarkeit dafür, dass ich gerade hier, gerade jetzt laufen darf. Außerdem liebe ich Herausforderungen und weiß, dass einige vor mir liegen, unter anderem ein Tunnel, vor dem Mehrdad mich gewarnt hat. Auf der Karte habe ich aber auch gesehen, dass auf der anderen Seite des Bergs das Meer liegt und die Straße in Serpentinen abwärts führt. Das Meer zu erreichen ist in diesem Moment mein Ziel.

Kurz vor elf sehe ich am Straßenrand ein Restaurant. Super! Die Gaststätte bedeutet Essen im Bauch und neue Energie, und neue Energie bedeutet, dass ich den Heyran-Pass bald erreichen werde. Wie weit ich laufen kann, hängt davon ab, was ich esse.

Vor dem Restaurant sitzen einige Männer und beobachten mich, als ich näher komme. Ich parke Baby Blue vor dem Lokal und trete ein. Es ist fast leer. Durch das Fenster sehe ich, dass die Männer zu Baby Blue gehen und sich den Wagen anschauen. Auf ihn zeigen, diskutieren.

Essen zu bestellen, ist jedes Mal ein Erlebnis. Vor meiner Abreise habe ich ein paar Wörter gelernt, die alle mit Essen zu tun haben. Nahrung ist der Treibstoff, den ich benötige, um laufen zu können, wie ich es tue. Ich kann guscht, polo und mahi sagen, was Fisch bedeutet. Ayran ist ein erfrischendes Getränk, für das Joghurt mit Wasser und etwas Minze gemischt wird.

Ich gehe zur Kühltheke und zeige wie üblich auf die Fleischspieße. Der Besitzer versteht sofort und nickt.

»Polo?«, frage ich.

Er nickt wieder und lächelt. Ich nehme mir eine Limonade aus dem Kühlschrank und lasse mich im Schneidersitz auf einem der Teppiche im Restaurant nieder. Ich lehne mich an das Kissen, lasse die Muskeln ruhen und warte auf das Essen.

Die Luft im Lokal ist kühl, und ich spüre, dass ich mich entspanne. Der Gastwirt legt vor mir ein dünnes weißes Plastiktuch auf den Teppich und serviert das Essen. Ich bekomme zwei Teller, auf dem einen befindet sich ein Spieß mariniertes, gegrilltes Hähnchenfleisch und eine gegrillte Tomate, der andere ist randvoll mit Reis, zu dem mir eine Portion Butter gereicht wird, die ich mit dem Reis vermischen soll. Obwohl ich erst ein paar Stunden zuvor gut gefrühstückt habe, schreit mein Körper nach Nahrung, und das hier ist genau das, was ich brauche.

Der Gastwirt versucht, sich mit mir zu unterhalten, was sich wie immer schwierig gestaltet, da wir keine gemeinsame Sprache haben. Er macht ein paar Bilder von mir, und ich bekomme ein Glas Tee.

Nach dem Essen hole ich meine iranische Karte heraus und gebe sie dem Besitzer, der damit zur Kasse geht.

»Pin?«, ruft er mir zu.

»Pandschohaft chelloschisch«, rufe ich auf Persisch zurück. Mittlerweile sage ich nicht mehr die einzelnen Ziffern, sondern »siebenundfünfzig, sechsundvierzig«. So funktioniert das hier, jedenfalls, was mich betrifft. Ich muss nie mit den schnörkeligen Buchstaben unterschreiben.

»Dashui?«, frage ich. Wo ist die Toilette?

Er zeigt zu einem Haus neben dem Restaurant. Die Toilette befindet sich häufig in einem abgetrennten, kleinen Häuschen und besteht in der Regel aus einem Loch im Fußboden. Im Iran ist die Toilette oft von der übrigen Wohnfläche getrennt.

Anschließend stelle ich mich innerlich auf das letzte Stück zum Pass ein. Ich kämpfe mich durch eine immer grüner werdende Landschaft. Belaubte Büsche bedecken immer größere Teile des Erdbodens. Bald werde ich den Pass erreichen, der schön, aber auch gefährlich sein soll.

Es ist zwei Uhr, als ich endlich die Passhöhe erreiche. Ich habe Baby Blue mit seinen gut vierzig Kilo hochbugsiert und bin klatschnass geschwitzt, die Oberschenkel brennen, sogar die Arme protestieren. Der Untergrund flacht ab, und ich spaziere weiter und gebe den Muskeln so die Gelegenheit, Milchsäure abzubauen. Meine Atemzüge werden immer tiefer.

Ein Stück voraus taucht der Tunnel auf. Seine Öffnung bildet einen großen schwarzen Halbkreis im Berg. Als Mehrdad den Pass eine gefährliche Passage nannte, verstand ich nicht ganz, warum er so gefährlich sein sollte, aber das tue ich jetzt. Es gibt keinen Bürgersteig. Keine Standspur. Nur Autos und Lastwagen, die mit hohem Tempo an der Tunnelwand vorbeifahren.

Es führt außerdem kein anderer Weg vorbei, und Baby Blue oberhalb des Tunnels durch die Vegetation zu schieben, würde ich niemals schaffen. Dort würde zudem das Risiko eines platten Reifens bestehen, falls die Sträucher Dornen haben sollten.

Um meine Überlebenschancen zu erhöhen, ziehe ich die Reflektorweste an. Schließlich ist es auf jeden Fall besser, gesehen zu werden, denke ich, zumindest wenn die Autofahrer ihre Scheinwerfer einschalten.

Als ich in den Tunnel komme, versuche ich angesichts der vielen Abgase anfangs, die Luft anzuhalten, muss aber schnell einsehen, dass der Tunnel dafür viel zu lang ist, genau 1 866 Meter lang, wie ich später erfahre. Ich erhöhe das Tempo, laufe und laufe. Obwohl ich kaum erkenne, wohin ich muss, werde ich nicht langsamer. Der Fahrtwind der vorbeifahrenden Autos lässt die Ärmel meines Anzugs flattern. Kinder kurbeln die Scheibe herunter und schreien in die Dunkelheit, und das Echo verstärkt ihre Rufe. Die Autofahrer kleben auf der Hupe und scheinen es zu lieben, wie der Lärm widerhallt. Von dem ganzen Krach tun mir die Ohren weh.

Als ich aus dem Tunnel herauskomme, sehe ich Wolken, die unter mir am Bergkamm hängen. Alles ist anders. Um mich herum wogen grüne Hügel, und die Straße schlängelt sich zum Kaspischen Meer hinab.

Das Meer sehe ich in dem Moment zwar nicht, weiß aber, dass es jenseits des Grüns liegt. Mein Herz hüpft in der Brust. Was für ein Luxus das ist! Ich muss der glücklichste Mensch auf Erden sein, weil ich gerade jetzt gerade hier sein darf!

Schon bald stelle ich fest, dass ich nicht die Einzige bin, die den Heyran-Pass einzigartig schön findet. Die gesamte kurvenreiche Straße zum Gipfel ist ein beliebtes Ausflugsziel für zahlreiche

Menschen, die an der Straße parken und den Nebel zwischen den Berghängen bewundern möchten.

An einem Aussichtspunkt mache ich halt und stelle meine Kamera auf, um die Szene zu filmen, drücke auf Rec und lasse sie einfach laufen. Nach meiner Heimkehr will ich mich an alles erinnern. Viele Neugierige kommen zu mir, wollen sich mit mir unterhalten und ein Foto machen. Ständig sagen sie »ax?«, und ich nicke und posiere mit einem nach dem anderen. Ich lächele, und wir

verständigen uns, so gut es geht. Neben mir steht unter anderem ein junger Mann und wiederholt immer wieder die Worte: »Yesterday, what time is it?« Ich bin etwas genervt und frage mich, was der Unsinn soll.

Erst als ich nach meiner Rückkehr nach Schweden eine Übersetzung aus dem Persischen bekomme, findet sein seltsames Verhalten eine Erklärung. In dem Film dreht sich der junge Mann zu seinen Freunden um, die von ihm wissen wollen, was er sagt, und erklärt: »Ich sage alles, was ich auf Englisch sagen kann!«

Langsam bewege ich mich immer weiter bergabwärts. Ich habe die Sonne im Rücken und bin zuversichtlich und zufrieden. Ich genieße den Augenblick, die Aussicht, die Menschen und die Arbeit der Muskeln in den Beinen.

Sonnenblumen

20.–21. Tag, Lavandil – Lisar, 39 km

Nachdem ich am Vortag fast neunzig Kilometer gelaufen bin, fühle ich mich immer noch erschöpft. Der Tag, der mit einem langen Anstieg begann, ging mit einem Lauf in der Dunkelheit weiter und endete mit dem absolut größten Adrenalinschub seit meiner Ankunft im Iran. Der Mann in dem weißen Hemd hat mich in panische Angst versetzt. Erst sechzig Kilometer zu laufen und anschließend im Stockfinsteren gejagt zu werden, hat an meinen Kräften gezehrt. Ich sage oft: »Es ist immer noch etwas mehr da.« Das stimmt, aber an diesem Tag habe ich keine Lust, das zu mobilisieren, was noch da ist.

Ich kann mich nicht überwinden zu laufen. Stattdessen gehe ich große Teile der Etappe. Die Temperatur liegt bei vierzig Grad, und es ist feucht wie in einer Dampfsauna. Die Kleider kleben am Leib. Die Vorderseiten der Oberschenkel schmerzen, ich bin steif. Während des langen Abstiegs vom Heyran-Pass mussten meine Oberschenkel viele Kilometer hart arbeiten. Es kommt mir vor, als hinge an jedem Bein auf der Oberseite der Schenkel ein Betonklotz. Das ist unangenehm. Obwohl ich nur gehe, tut mir jeder Schritt weh, und meine Glieder sind unglaublich steif.

Entlang der Straße hängen Sonnenblumen mit schweren Köpfen, was mir einen Stich versetzt. Ich vermisse meine Freunde. Ich vermisse mein Zuhause und denke an meine Freundin Yvonne, an ihre neugierigen Augen und ihr lautes Lachen. Ich kann es hier in den Bergen des Irans hören.

Yvonne lernte ich eines Abends im Biergarten *Lasse i Parken* kennen. Ich setzte mich an ihren Tisch, und es stellte sich heraus, dass wir beide bei Ericsson arbeiteten. Wir blieben in Kontakt und aßen gelegentlich gemeinsam zu Mittag. Sie saß oft lange da und lauschte meinen Geschichten vom Laufen, und dann sagte sie etwas Kluges und Nachdenkliches, das mir menschlich immer weitergeholfen hat.

Yvonne wollte für alle immer nur das Beste. Als die Krankheit sie in ihrem Arbeitszimmer ans Bett fesselte, machte sie sich Sorgen, weil ihr Mann und die Kinder nach ihrem Tod die Kleider würden ausräumen müssen.

Yvonne interessierte sich immer für meine Abenteuer. Sie wollte alles wissen, alles hören. Am Dienstag vor meiner Abreise in den Iran würden wir uns zum letzten Mal begegnen, das wusste ich. Ich trat über die Schwelle des gelben Holzhauses, in dem sie mit Björn lebte, und ging zögernd weiter. Yvonne rief mir zu, ich solle hereinkommen. Björn stellte mir einen Stuhl hin, aber ich wollte nah bei ihr sitzen. Ich bat um eine Vase, arrangierte die Sonnenblumen so, dass sie ihre leuchtenden sonnengelben Köpfe Yvonne zuwandten, und setzte mich auf die Bettkante. Ich legte meine warmen Hände auf ihren Bauch und wünschte mir, die Wärme könnte ihre Krebsgeschwülste fortschmelzen. Wir sprachen über dies und das. Ich glaubte, Yvonne wäre niedergeschlagen, aber ihre Augen leuchteten.

»Erzähl mir vom Iran«, sagte sie.

Ich erzählte ihr, wie ich mich vorbereitet hatte, und was mich dort vermutlich erwarten würde. Innerlich weinte ich. Ich wusste, sie würde nicht mehr da sein, um sich nach meiner Heimkehr mit mir an meinen Geschichten zu erfreuen. Trotzdem wollte sie alles hören. Sie war zu schwach, um ein Buch zu halten, aber über den Iran wollte sie alles hören.

Wir hielten uns schweigend an den Händen. Yvonne sah mir tief in die Augen.

»Es gibt nichts, was ich tun kann. Aber wenn du Schmerzen im

Bauch hast – warte nicht. Geh sofort zum Arzt. Lass dich untersuchen. Nerv sie. Wäre ich früher gegangen, hätte es vielleicht noch eine Heilungschance gegeben.«

Wir sahen uns an, als sollte der Augenblick niemals enden. Nach einer Weile begriff ich, dass sie müde war und es Zeit wurde, Adieu zu sagen. Für immer. Wie macht man das?

Ich beugte mich zu ihr herab und umarmte sie lange. Dann erhellte sich ihre Miene.

»Dreh dich um, Kristina!«, sagte sie, und dann nahm sie alle Kraft zusammen, die sie noch besaß. Ihr Fuß traf meinen Po.

»Viel Glück im Iran! Viel Spaß, genieß die Reise!«

Ich lachte, winkte, ging und warf einen letzten Blick auf ihr Bett, bevor ich das Haus verließ. Ein paar Tage später bekam ich eine SMS von Yvonnes Telefonnummer, wusste aber, dass sie nicht von ihr selbst kommen konnte.

> Kristina. Nonne hat es geschafft. Wir haben bis zuletzt über dich gesprochen. Nimm sie in Gedanken mit, wenn du läufst. Viel Glück! Sei umarmt, Björn.

Sie war nicht mehr. Und wird an dem Tag beigesetzt, an dem ich auf dieser sonnenblumengeschmückten Straße laufe.

Ein Schmetterling setzt sich auf Baby Blue, als zur gleichen Zeit in Schweden die Trauerfeier beginnt. Am selben Tag wird auch mein Onkel Göthe beerdigt. Tränen kullern meine Wangen herab. Ich habe beschlossen, an diesem Tag nur zu gehen, um so die Toten zu ehren. Ich gehe lange, stundenlang.

Zu meiner Rechten befinden sich eine Kiwiplantage und dichte dunkelgrüne Sträucher. Dahinter erheben sich die bewaldeten Höhen des Elburs-Gebirges. Auf der anderen Seite der Straße ist in der Ferne ein Mann auf einem gelben Feld zu sehen. Er hebt den Arm und winkt mir zu. Ich parke Baby Blue an einer Straßenecke und klettere auf einen Kieshaufen, stehe da und lasse die Umgebung auf mich wirken. Das Meer im Hintergrund, der gelbe Acker. Die dunklen Wälder, von denen die Berge hinter mir bedeckt sind. Das Herz pocht in der Brust. Ich bin hier, in diesem Moment. Ich bin tatsächlich hier. In diesem Moment.

Ich lasse den Blick über die Landschaft schweifen und spüre, dass sich die Grenze zu dem, was ich bin, auflöst. Alles ist ein Kontinuum, ich bin eins mit allem, und alles ist ich. Der Wind weht durch mich hindurch, gleichzeitig bin ich der Wind. Ich bin die Berge und die Steine, die Staubkörner und die Straße, und sie sind ich. Es gibt nur ein Jetzt, es gibt nur ein Hier. Weder Zeit noch Raum existieren, alles hat aufgehört zu sein, bis auf einen einzigen Punkt, und dieser Punkt ist genau dort, wo ich bin, gleichzeitig ist er überall. Ich bewege mich weiter, bin eins mit jeder Bewegung, jedem Punkt.

Alles ist ich, und ich bin alles. Das ist Einheit, ist vollkommener Frieden.

In meinem Blog schreibe ich über die Trauer, über Yvonne, meinen Onkel und wie sehr ich sie und alles daheim vermisse. Ich schlafe tief und fest im Haus einer freundlichen Familie, bekomme gutes Essen, Wärme und ein eigenes Schlafzimmer. Ich schöpfe neue Kraft aus allen freundlichen und liebevollen Kommentaren.

> Kristina, ich lese deinen Blog nicht bloß. Er ist der Höhepunkt meines Tages. Du machst eine fantastische Reise und erzählst von einem Land, das im Westen viele Jahre nicht die Aufmerksamkeit gefunden hat, die es verdient!

Am nächsten Tag bin ich noch nicht viele Kilometer gelaufen, als neben mir ein Auto hält. Es ist eine der Familien, bei denen ich übernachtet habe. Sie haben im Blog gelesen, dass ich traurig bin. Nun haben sie einen Umweg gemacht, um mich zu finden. Alkoholfreies Pfirsichbier und Muffins gekauft. Wir setzen uns auf die Treppe zu einer Moschee, und das Bier schmeckt nicht besonders, aber ihre Fürsorglichkeit tut mir gut.

Eingeklemmt zwischen zwei Felsblöcken

24.–26. Tag, Bandar Anzali – Kiashahr – Lahidschan, 83 km

In der grünen Lunge des Irans reihen sich abwechselnd Granatapfelhaine und Kiwiplantagen aneinander. Grün bewachsene Hügel rollen neben den Straßen dahin. Die Iraner sprechen von einem Dschungel.

Ich habe diese Nacht schlecht geschlafen, und das Frühstück konnte man vergessen. Ich bin ganz zufrieden, dass es mir gelungen ist, Joghurt ohne Knoblauch zu kaufen, aber das hilft nur ein bisschen, denn Baby Blue macht Probleme. Die Bremse schleift am Rad, wodurch der Wagen schief rollt.

Ich halte an und stelle sie ein, aber es reicht nicht, er zieht weiter nach links. Mir treten Tränen in die Augen, und ich weine auf offener Straße. Ich fühle mich so allein, warum wollte ich nur hierher? Alle, die ich liebe und die mir etwas bedeuten, sind so weit weg. Carina. Fredrik. Amir. Evis.

»Iss, Kristina, dann geht es dir besser!«, sage ich laut zu mir selbst. Auf der rechten Straßenseite taucht bald darauf ein Restaurant auf, und ich halte an und gehe hinein. Ich kaufe Eis, Wasser und ein Brot. Setze mich eine Weile hin und tue mir selbst leid.

Als ich wieder hinausgehe, beschließe ich zu versuchen, die Bremse endgültig in Ordnung zu bringen. Setze mich neben den Wagen, um gut sehen und an alles herankommen zu können.

Wenige Minuten später bleiben zwei Männer stehen, um mir zu helfen. Sie könnten die Bremse mit Sicherheit reparieren, erklären sie, zeigen darauf und erteilen mir Ratschläge. Bald darauf stößt ein weiterer Mann zu uns und beginnt, an verschiedenen Teilen von Bremse und Wagen zu ziehen. Und kurz darauf noch einer. Und noch einer.

Es endet damit, dass acht Männer in einem Kreis um Baby Blue stehen und die Bremse reparieren wollen. Ich selbst lasse mich daraufhin auf der Treppe zum Restaurant nieder und beobachte das Spektakel.

Es wird intensiv diskutiert, alle machen unterschiedliche Vorschläge, auf Persisch natürlich, und ich verstehe wie üblich kein Wort. Ich weiß nicht, wohin sie unterwegs gewesen sind, aber keiner von ihnen scheint es sonderlich eilig zu haben, und sie diskutieren mindestens zwanzig Minuten. Manchmal schauen sie mich an und einmal höre ich einen von ihnen murmeln: »Zan ou mard?« Frau oder Mann? Wie bitte? Ist es so verdammt schwer zu sehen, dass ich eine Frau bin? Soll ich mir etwa Brustimplantate zulegen?

Keinem der acht Männer gelingt es, die Bremse in Ordnung zu bringen. Am Ende sage ich, dass es gut aussieht, bedanke mich und gehe. Die Männer waren zwar hilfsbereit, aber nicht unbedingt kompetent. Mir selbst gelingt die Reparatur allerdings auch nicht. Um den Wagen schieben zu können, gibt es nur eine Lösung, den Bremsklotz abzunehmen, was ich auch tue.

Ich bin müde, muss aber weiter, und so bleibt mir nichts anderes übrig, als einen Fuß vor den anderen zu setzen und dies zu wiederholen. Wie ich es viele Male zuvor getan habe und es noch mehrere Wochen tun werde, bis ich am Ziel bin.

Wenn der Körper in einem Ultralauf, bei dem die Läufer mehrere Tage unterwegs sind, extremen Belastungen ausgesetzt ist, repariert er sich selbst. Er erkennt, dass er alles tun muss, um zu überleben. Er heilt sich sogar selbst. Als wir bei einem Sechs-Tage-Lauf in Ungarn antraten, war einer der anderen Teilnehmer erkältet, als es losging, einer hatte eine Fußverletzung, nachdem er auf einen spitzen Stock getreten war, und ich selbst hatte Knieprobleme. Ultraläufer sind häufig stur, für sie ist es fast schon ein notwendiger Charakterzug, und so liefen wir trotzdem. Vier Tage später waren wir alle gesund. Unsere Körper hatten sich repariert. Durch das Laufen habe ich auch schon zwei Achillessehnenentzündungen kuriert. Der Arzt meinte, ich solle mich schonen und wenig bewegen, aber statt auf der Couch zu liegen, lief ich lieber achtzig Kilometer in sehr gemächlichem Tempo. Bei der zweiten lief ich drei Tage hintereinander jeweils vierzig Kilometer, danach war die Entzündung verschwunden.

Mein Körper ist wirklich klug. Er weiß Dinge, die ich nicht weiß, und sagt mir, was ich tun soll. Als ich mit Fredrik zusammenziehen wollte, hatten wir vereinbart, dass ich meine Wohnung verkaufen würde. Der Gedanke daran führte dazu, dass ich vier Tage hintereinander Durchfall hatte. Erst als wir beschlossen, stattdessen ein billigeres Haus zu kaufen und meine Wohnung zu behalten, ging es mir wieder gut. Mein Körper wusste, dass ich erst einmal einen kleineren Schritt machen musste und zeigte es mir klar und deutlich.

Ich laufe weiter in Richtung Kiashahr, und um dem vorbeidonnernden Verkehr zu entgehen, entscheide ich mich für eine schmale Straße, die parallel zur Hauptstraße verläuft. Sie ist ein wenig schlechter, aber das Atmen fällt leichter, und es bleibt mir erspart, im Fahrtwind von Sattelschleppern und Lastwagen aus dem Tritt zu geraten. Es ist schön hier und duftet nach üppiger Vegetation. Ja, ein Dschungel.

Plötzlich hält vor mir ein schwarzes Auto. Ein junger Mann mit dichten schwarzen Haaren und Sonnenbrille steigt aus und lächelt breit. Er ist ungefähr so groß wie ich, sieht gut aus und ist wesentlich jünger als ich. Es ist Mahdi! Ich erkenne ihn von seinem Profilbild bei Facebook. Großer Gott, ich wusste nicht, dass er kommen würde! Was wird Mehrdad sagen? Ich habe den Konflikt völlig verdrängt, und jetzt steht Mahdi direkt vor mir.

»Hallo! Endlich begegnen wir uns!«, sagt er fröhlich.

Ich lache, und wir geben uns die Hand. Wir sind bereits Freunde, so empfinde ich es.

Mahdi fährt neben mir her, während ich auf der fast verwaisten Straße laufe. Wir sprechen über Gilaki, die Sprache, die er studiert, und über die Provinz Gilan am Kaspischen Meer, durch die ich gerade laufe und in der er lebt.

»Wenn du morgen nach Lahidschan kommst, musst du mir erlauben, dich zu uns einzuladen, meine Mutter ist die beste Köchin der Welt. Die ganze Familie freut sich darauf, dich kennenzulernen«, sagt er.

Ich denke an Mehrdad und habe das Gefühl, zwischen zwei Felsblöcken eingeklemmt zu sein. Ich möchte Mahdis Einladung annehmen, das hat er verdient, aber ich will auch Mehrdad respektieren, der sich so gut um mich kümmert. Ich atme tief durch.

»Ich komme gern zum Essen bei deiner Familie, aber ich werde in der Wohnung schlafen, die Mehrdad für mich organisiert hat. Ich hoffe, du kannst das verstehen«, sage ich.

Mahdi war Mitglied in Kristina's News und las, was Mehrdad über ihn geschrieben hatte. Er verstand den Grund für den Angriff nicht, der ihn verletzt hat. Die beiden haben seither keinen Kontakt mehr zueinander. Ich erzähle ihm nicht, dass es meine Worte waren, ebenso wenig, dass Mehrdad den Verdacht hegt, er könne ein Agent sein. Ich habe mich entschieden. Ich will Mahdi vertrauen. Ich bin im Iran, um mich durch meinen Lauf für mehr Vertrauen zwischen den Menschen zu engagieren. Mahdi ist immer freundlich zu mir gewesen. Gleichzeitig möchte ich Mehrdad respektieren.

Mahdi hat Verständnis für meine Lage. Ich schlafe in dem Dorf Kiashahr, und er verlässt mich und wird am nächsten Morgen die gut dreißig Kilometer nach Lahidschan mit dem Fahrrad neben mir herfahren. Ich weiß, dass Mehrdad Fahrradfahrer organisiert hat, die sich mit mir treffen wollen, aber ich weiß nicht, um welche Uhrzeit.

Ich genieße Mahdis Gesellschaft, laufe und rede und vergesse, ihn zu bitten, mich allein zu lassen, als wir uns Lahidschan nähern, aber Mahdi hat ein gutes Gespür für die Situation. Er versteht, dass er lieber fahren sollte, und ich gebe ihm die Adresse der Wohnung, damit er mich dort später abholen kann. Kurz nachdem Mahdi mich verlassen hat, taucht aus der entgegengesetzten Richtung einer der Radfahrer auf.

Puh, was für ein Glück, dass die beiden sich nicht begegnet sind!

Der Radfahrer zeigt mir den Weg ins Stadtzentrum von Lahidschan, das sich als eine lebhafte, moderne Stadt mit Straßen erweist, die von hohen Palmen gesäumt werden. Ein bisschen wie Los Angeles mit Kopftüchern.

Der Radfahrer fährt auf dem gesamten Weg zu der leeren Wohnung vor mir her. Ich bedanke mich für seine Begleitung und Hilfe, betrete die Wohnung und atme auf. Eine Dusche. Das tut gut. Kurz darauf holt Mahdi mich ab. Wir essen mit seinen Eltern und gehen an dem See spazieren, um den Mahdi jeden Tag spaziert. Wir plaudern, und ich genieße es in vollen Zügen, so offenherzig und frei reden zu dürfen. Mahdis Englisch ist gut, und wir verstehen uns blendend.

Dann gesteht Mahdi mir, dass er eine heimliche Freundin hat und erzählt mir, wie sie sich kennengelernt haben, und ich erzähle ihm von meiner Scheidung vor zwölf Jahren und warum ich durch den Iran laufe. Wir setzen uns in ein Café, um auf sie zu warten – seine Freundin.

Dann parkt nebenan ein Auto, und sie steigt aus. Offiziell besucht sie gerade einen Schönheitssalon. Weder seine noch ihre Eltern wissen etwas von ihrer Beziehung. Er ist siebenundzwanzig, sie einunddreißig.

Wir essen in einer Pizzeria. Die jungen Turteltauben strahlen. Manchmal berührt Mahdi flüchtig ihren Arm, ab und zu sieht sie ihn an und lächelt. Mahdi hat auch seine Freundin Leila dorthin eingeladen, die mich unheimlich gern kennenlernen möchte, und so stürzt sie auf einmal mit einem Fahrradhelm auf dem Kopf und völlig außer Atem herein. Sie ist wie eine Irre gefahren, um rechtzeitig anzukommen. Sie redet in einem fort, lacht, isst auf, was von unseren Pizzen übrig geblieben ist, und zieht eine kleine Papiertüte heraus, in der sich Ohrringe, die sie für mich gebastelt hat, und andere kleine Geschenke befinden.

Hier sitze ich mit drei lachenden, lebhaft plaudernden jungen Menschen in einer Pizzeria im Iran. Alles ist sehr entspannt. Es ist ein richtig netter Abend.

Hinterher bringt Mahdis Freundin mich zu der leeren Wohnung. Mahdi fährt neben uns. Wir verabschieden uns, und ich schließe auf und trete ein. Ich bin allein und weiß, ich muss mich Mehrdad stellen und ziehe deshalb das Telefon heraus und rufe ihn an.

»Hallo, Mehrdad«, sage ich.

»Hallo.«

»Ich habe mich heute Abend mit Mahdi getroffen, und er ist ein sehr netter Kerl«, versuche ich es.

Mehrdad verstummt. Selbst von meinem Ende der Leitung aus merke ich, wie ihn jegliche Energie verlässt.

»Wie geht es dir? Wie fühlst du dich?«

Ich will unbedingt ein Lebenszeichen von ihm haben, will hören, dass er noch da ist.

»Gut«, sagt er und verstummt erneut.

Ich weiß, dass er lügt. Im Moment ist gar nichts gut. Das tut mir weh, in Brust und Bauch, es ist dieser stechende Schmerz, den man verspürt, wenn man jemanden tief enttäuscht hat.

Er sagt nichts mehr. Habe ich ihn verloren?

»Äh, nun ja, ich geh dann mal ins Bett. Schlaf gut, wir sprechen uns morgen«, sage ich.

Mehrdad beendet das Gespräch, ohne sich von mir zu verabschieden.

Funkstille

27. Tag, Lahidschan – Rudsar, 32 km

»Möchtest du den Film von meiner Hochzeit sehen? Ich würde
ihn dir gerne zeigen!«, sagt Leila, bei der ich am nächsten Tag zum Frühstück eingeladen bin. Ohne meine Antwort abzuwarten, greift sie nach einer DVD und legt sie ein.

Leila ist etwa dreißig, arbeitet an der Universität in Lahidschan und leitet ein Projekt, das Frauen helfen soll, Fahrrad zu fahren. Radfahrerinnen werden im Iran einerseits bewundert, werden gleichzeitig aber gesellschaftlich nicht wirklich akzeptiert. Wie bei so vielen anderen Fragen, gibt es auch hier unterschiedliche Positionen.

Leila und ihr Mann haben Fladenbrote, Fetakäse, Marmelade, Tomaten, einen Teller mit Spiegeleiern und etwas, das nach Fleischbällchen aussieht, aufgefahren. Ich werde mich satt essen können. Es ist wichtig, viel zu essen, um genügend Kraft zu haben und nicht abzunehmen.

In den ersten Wochen habe ich Gewicht verloren, aber mittlerweile hat es sich bei siebzig Kilo stabilisiert. Eines meiner Lieblingsgerichte heißt Abguscht. Es besteht aus Knochen, die stundenlang ausgekocht werden, sodass eine sämige und fette Brühe entsteht. Beim Essen bricht man dann zunächst Brot in kleine Stücke und gießt den Sud aus dem Topf auf das Brot, das sich vollsaugt. Hat man diesen Brei verspeist, isst man anschließend die Suppe selbst. Für einen Langläufer ist das eine perfekte Kombination aus Kohlenhydraten, Fett und Eiweiß.

Leila stellt die DVD an. Während ich mir von den Fleischbällchen und Eiern nehme, sehe ich fasziniert Hunderten Menschen zu, die zu hämmernder Discomusik tanzen. Es ist ein rauschendes Fest. Die Braut, in einem weißen und engen, mit Spitzen besetzten und von Perlen übersäten Kleid, lacht und strahlt. Die weiblichen Gäste sind bis zu den Zähnen in Glitzer und kräftige Farben gehüllt. Sie bewegen sich selbstsicher, sind sich ihrer Grazie und Schönheit bewusst.

Leila plaudert über das Fest, sieht manchmal liebevoll ihren Mann Amir an und streicht ihm über den Arm.

Das Fest, das ich betrachte, verstößt definitiv gegen geltende Gesetze. Männer und Frauen tanzen gemeinsam, und den Gästen wird eventuell sogar Alkohol serviert. Aber illegal heißt nicht, dass es unmöglich ist. Solange die Polizisten in der Nähe ausreichend bestochen werden, geht so etwas.

In dem Hotel, in dem ich in Sarāb wohnte, wurde eine Hochzeit gefeiert. Die Männer versammelten sich in der Lobby, wo sie den ganzen Abend verbrachten, und ich begegnete ihnen auf dem Weg von meinem Zimmer zum Hotelrestaurant, wo ich etwas essen wollte. Die Frauen feierten die Hochzeit hingegen hinter einem Vorhang. Sie ließen Musik laufen und tanzten mit der Braut.

Ich fragte die Männer, ob sie nicht zu den Frauen gehen und mit ihnen zusammen feiern könnten.

»Nein, das geht nicht, dann würde uns der da verhaften!«, sagte einer von ihnen lachend und zeigte auf einen Mann in ihrer Gruppe, der offenbar Polizist war.

»Und warum?«

»Weil Männer und Frauen nicht zusammen tanzen dürfen, das ist verboten«, antwortete der Mann.

Dann waren sie an der Reihe, mir die üblichen Fragen zu stellen, ob ich Single oder verheiratet war, und wo sich mein Mann befand. Dass ich auf eigene Faust im Iran unterwegs war, erstaunte die meisten Menschen, denen ich begegnete, und diese Männer bildeten keine Ausnahme.

Hossein, Fariba, Amir und ich essen in einem Restaurant an der Chalus Road.

Ein Straßenschild in einem Kreisverkehr.

Inga und ich spielen mit den Kindern in Showt.

Der Marand Running Club und ich. Foto: Akbar Naghdi

Ruhepause mit dem Marand Running Club.

Schuljungen wollen ein Autogramm haben.

Einige Männer helfen mir, Baby Blues Bremse zu reparieren.

Aussicht von der Straße auf das Kaspische Meer.

Die sieben Frauen in Ramsar, die mir ein Bild geschenkt haben. Links neben mir steht Mrs Alipoor, rechts von mir die Aerobictrainerin. Die junge Frau mit dem kirschroten Kopftuch ist Mrs Alipoors Tochter.

Aussicht vom Balkon in Jalas und Sepidehs Wohnung.
Unten im Meer habe ich mein schönstes Bad genommen.

Die schwedische und die iranische Flagge wehen gemeinsam über Baby Blue.

Eines von den vielen hübschen Dörfern, die Heuballen liegen aufgestapelt neben und auf den Häusern.

Samira und Menschen aus dem Gemeinderat wandern mit mir aus Galugah hinaus.

Sajjads Bruder ist Fahrradexperte und flickt Baby Blues Reifen, ehe es Zeit für mich wird, durch den Nationalpark Golestan zu laufen.

Die Straße lockt (ich bin auf dem Weg nach Schirwan).

Frühstück bei Armand und seiner Familie in Schirwan.
Dort werde ich von der Nachrichtenagentur Fars interviewt.

Ehe ich mein Ziel erreiche, ist es Herbst geworden. Ich komme am vorletzten Tag vor dem Ziel an einem kleinen Dorf vorbei.

Eine Profiaufnahme von mir und Baby Blue am letzten Tag unseres Laufs. Foto: Soroush Morshedian

Ich klammere mich an das Straßenschild, wie Carina und ich es gern getan haben. Ich bin nur noch fünf km vom Ziel entfernt. Das Herz klopft.

»Oha! Ein iranischer Mann würde seine Frau nicht einmal in eine andere Stadt fahren lassen.«

»Ich habe einen guten Mann, er weiß, dass mir das hier wichtig ist«, entgegnete ich.

Nach dem großzügigen Frühstück bei Leila und Amir eile ich in die Wohnung zurück – Mehrdad wird nicht einmal merken, dass ich bei einer von Mahdis Freundinnen gefrühstückt habe. Als wir uns verabschieden, umarmt Leila mich herzlich und lächelt breit. Sie fährt mit dem Rad davon, und ihr kornblumenblaues Kopftuch flattert hinter ihr.

Ich gehe in die Wohnung und packe.

Mehrdad und ich tauschen uns in der Regel vormittags aus. Er erkundigt sich nach meinen Plänen für die Nacht, und ich sage ihm, ob ich Hilfe bei der Suche nach einer Unterkunft benötige. An diesem Tag bleibt das Telefon jedoch stumm. Keine SMS. Beim Packen werfe ich mehrmals einen Blick auf das Handy. Stattdessen bekomme ich eine andere SMS, über die ich mich riesig freue. Ich bin zu einem Date eingeladen. In fünfzehn Tagen!

Ich beschließe, die Laufschuhe zu wechseln. Das erste Paar, mit dem ich schon in Schweden recht viel gelaufen war, ist abgelaufen. Ich spüre jede Unebenheit durch die Schuhsohle. Jetzt müssen die blauen ran. Ein Leser meines Blogs möchte mir meine alten Schuhe später als Souvenirs abkaufen, aber ich werde sie als Erinnerungsstücke behalten.

Es ist ein besonderer Tag, denn ich werde mich endlich mit einem richtigen Kameramann treffen und gute Bilder für die Dokumentation sowie für alle Reportagen über meinen Lauf bekommen, die Journalistinnen und Journalisten auf verschiedenen Kontinenten hoffentlich schreiben werden. Ich bin eine miserable Fotografin, und gute Bilder und Filmaufnahmen sind ein Weg, meine Reise bekannt zu machen und noch mehr Menschen beeinflussen zu können.

Eine Frau in Göteborg, die mir auf Facebook folgt, hat sich mit einem Filmemacher in Lund in Verbindung gesetzt, der über gute Kontakte im Iran verfügt. Diesem Filmemacher ist es tatsächlich gelungen, die Genehmigung zu bekommen, mich zu filmen, und gemeinsam mit André Larsson hat er Soroush Morshedian engagiert, der mich im Iran filmen wird.

Als ich auf die Straße trete, steht er bereits neben seinem Auto. Grau melierte Haare, ein Grübchen im Kinn und ein Lächeln auf den Lippen. Die Augen blinzeln. Er kommt zu mir, gibt mir die Hand und sagt nach kurzer Bedenkzeit: »My … name … is Soroush!«

Soroush erweist sich als ein akribischer Arbeiter, nachdenklich und humorvoll. Während unserer gemeinsamen Stunden sagt er häufig: »Kristina, I am professional!«, hält einen Zeigefinger hoch und lächelt dabei leicht verschmitzt.

An diesem Tag wollen wir mich dabei filmen, dass ich durch Lahidschan laufe. Um die richtigen Bilder zu bekommen, muss Soroush mich mehrmals bitten, durch die Eisentüren zur Garage unter der Wohnung zu treten.

»Again!«

Ich mache es immer wieder falsch.

»No, no, no, when I say GO you go. Three, two, one, go! And then you go!«

Sieben Mal trete ich durch die Tore, bis er zufrieden ist, und ich endlich weiterlaufen darf. Ich seufze und grübele darüber nach, wie das gehen soll. Täglich viele Kilometer bei einer Temperatur von fünfundvierzig Grad zu laufen, ist schon anstrengend genug, aber wenn ich jedes Teilstück des Wegs sieben Mal wiederholen muss, wird es lange dauern.

Soroush führt mich durch die Stadt an verschiedenen Wahrzeichen und wichtigen Plätzen vorbei. Manche Strecken muss ich mehrmals laufen, damit wir den perfekten Blickwinkel finden und eine große Auswahl an Bildern zusammenkommt. Das ist langweilig, aber ich lache über mich selbst und bin sehr froh, dass ich nicht geplant habe, mich auf der gesamten Reise von einem Fotografen begleiten zu lassen. Soroush mag ein netter Begleiter sein, aber das wäre anstrengend gewesen. Ich will nach wie vor keinen »Leibwächter«, wegen dem die Zuschauer der Dokumentation sagen könnten: »Kein Wunder, dass sie es geschafft hat, sie hatte ja ein Filmteam dabei. Ihre Reise ist bedeutungslos.« Soroush wird mich an insgesamt acht Tagen meines Laufs begleiten.

Ich lenke Baby Blue vor mir durch die Stadt und auf die Landstraße hinaus. Soroush filmt vom Auto aus und hängt sich dafür aus dem Fenster, um auch die Landschaft hinter mir ins Bild zu bekommen. Eigentlich benötige ich an diesem Tag keine SMS von Mehrdad. Wir wissen beide, dass ich in der Stadt Rudsar im Hotel schlafen werde.

Nach einer Weile hält einige Meter vor mir ein Auto. Es sind zwei Männer aus der Fahrradgruppe, die mir die Wohnung geliehen hat. Sie sagen, sie hätten mich am Vortag verpasst. Deshalb sind sie mir hinterhergefahren, um mir ein Geschenk zu überreichen, ein Gemälde vom alten Lahidschan. In eine Ecke haben sie in verschnörkeltem und elegantem Persisch einen Text geschrieben: »Ein Bild vom alten Lahidschan für Frau Kristina von Lahidschans Generation der Achtzigerjahre.« Es gefällt mir. Bisher habe ich jede Menge Obst, Nüsse, Süßigkeiten, Getränke, Kekse und sogar Essen bekommen. Ein Mann hat mir einen gläsernen Schwan mit einem langen, zerbrechlichen Hals geschenkt. Schwer zu transportieren. Jetzt bekomme ich ein Gemälde von diesen wildfremden Menschen, die mir sogar hinterhergefahren sind, um es mir überreichen zu können. Ich bedanke mich, schlage das Bild zum Schutz vor Kratzern und eventuellen Regenfällen in Plastiktüten ein und verstaue es so sorgfältig und vorsichtig, wie ich nur kann. Ich hoffe, es wird die Reise in Baby Blue bis zum Ziel heil überstehen.

Etwas später verabschiede ich mich auch von Soroush. Er muss ein paar Dinge erledigen, und ich habe noch einen ziemlich weiten Weg vor mir bis Rudsar, einer Stadt, die zweiunddreißig Kilometer entfernt am Kaspischen Meer liegt und in der wir uns erneut treffen wollen. Soroush winkt mit einer Hand aus dem Autofenster, als er davonfährt, und ich bin wieder allein mit der Straße.

Die Landschaft ist offen und flach. Grün, schattig, leicht zu laufen. Ich bin völlig durchgeschwitzt, aber das bin ich in dieser feuchten Hitze von fünfunddreißig Grad schon den ganzen Tag

gewesen. Insgeheim frage ich mich, ob auf mir etwas wachsen wird. Pilze? Mein Trainingsanzug ist ein perfektes Treibhaus. Die Schuppen sind schon da.

Laufen ist für mich intensive Gegenwart, totale Achtsamkeit. Ich nehme die Welt in mich auf, lasse die Düfte von feuchter Vegetation und das Gefühl meiner Fußsohlen auf der Erde direkt in mein Herz. Hier existieren keine Rechnungen oder Besprechungstermine auf der Arbeit, es gibt keine kleinen Kästchen im Kalender, die darüber entscheiden, wo ich zu einem bestimmten Zeitpunkt sein soll, oder Listen, die abgearbeitet werden müssen. Im Moment ist mein Leben ein Kontinuum, das einem Muster folgt. Mit seiner Monotonie schafft es Raum dafür, das Jetzt und Hier am größten werden zu lassen. Was ich tue, ist alles, was es gibt. Essen, laufen, sehen, bloggen, schlafen. Mehr brauche ich nicht, weder tolle Häuser oder teure Autos noch farblich passende Kleider. Ich existiere, das reicht. Ich bin in perfekter Harmonie mit den Weiten, die mich umgeben, mit dem Asphalt, auf dem ich laufe, den Schäfchenwolken am blauen Himmel, dem Rhythmus in meinen Schritten, dem Leben selbst. Stundenlang empfinde ich so. Ich laufe in einem glücklichen Flow.

Kurz bevor ich Rudsar erreiche, sehe ich einen Obststand am Straßenrand, an dem die Früchte ansprechend in mit Stoff ausgeschlagenen Kisten ausliegen. Ich bleibe stehen und mache ein Foto. Der Verkäufer winkt mich zu sich, stellt eine Tüte mit unterschiedlichen Früchten zusammen und schenkt sie mir. Ich laufe in der Erntezeit. Aprikosen, Pflaumen, Melonen, Pfirsiche, Weintrauben, Granatäpfel, Pistazien – alles wird jetzt nach und nach reif, und so erhalte ich eine Tüte, die mit diesen frisch gepflückten Schätzen gefüllt ist.

Ich erreiche Rudsar am späten Nachmittag und checke in meinem Hotel ein, das zur etwas komfortableren Sorte gehört. Auf dem Zimmer wasche ich meine Kleider in der Dusche und hänge sie auf meinem kleinen Balkon auf einen Wäscheständer. Ich hoffe, der Wind hilft, sie in der feuchten Luft zu trocknen. Ich ziehe meine Abendhose an, ruhe mich aus und blogge. Das Zimmer ist nicht groß, aber es ist schön, einen Raum für mich allein zu haben, in dem keiner fragt, wo mein Mann ist, keiner mir acht Kilo Obst schenken will – so nett es auch gemeint sein mag. Zwischen Mehrdad und mir herrscht immer noch Funkstille. Ich habe den ganzen Tag kein Wort von ihm gehört. Bei dem Gedanken bekomme ich Bauchschmerzen. Habe ich meinen Freund verloren?

Als ich mein Tablet einschalte, erhalte ich eine Nachricht, laut der ich bestätigen muss, dass ich kein Bot bin. Ein Programm auf meinem Tablet hat entdeckt, dass das Gerät seltsame Signale sendet. Mir krampft sich der Bauch zusammen. Gestern habe ich mein Tablet mit Mahdis Computer verbunden, um die Bilder zu überspielen, die er im Laufe unseres gemeinsam verbrachten Tages gemacht hatte. Ich habe sein WLAN benutzt. Hat Mahdi eine Software auf meinem Tablet installiert, die überwacht, was ich tue? Und woher wusste er eigentlich, dass ich auf dieser kleinen Nebenstreckte parallel zur Hauptstraße laufen würde? Hat Mehrdad die ganze Zeit recht gehabt? Wer ist Mahdi eigentlich?

Ich gehe ins Internet, logge mich ein und lese alle neuen Kommentare zu meinem Eintrag von gestern. Ich versuche, mich gegen eventuelle kritische oder böswillige Kommentare zu wappnen.

Baba wünscht mir einmal mehr viel Glück und schreibt, dass er und seine ganze Familie täglich den Blog lesen. Es geht ihm zu Herzen, dass ich mich für den Iran entschieden habe.

Oh, meine Mutter hat geschrieben!

> Hier fragen mich so viele, wie es mir geht, wenn du so weit weg von Schweden bist und durch ein unbekanntes Land läufst. Im Moment finde ich es einfach fantastisch, dass du all diese Freundlichkeit erleben darfst und die Chance hast, ganz normale Menschen zu treffen und an ihrem Leben teilzuhaben.

Ein Gruß von zu Hause! Mutter! Wie schön, dass sie sich keine Sorgen macht. Vor meiner Abreise habe ich sie ein wenig angelogen, nur ein bisschen. Ich habe gesagt, ich würde auf der Reise von einem Radiosender begleitet und dass die Leute mit mir laufen würden. Das stimmte nicht, aber ich wusste, dass es meine Eltern beruhigen würde. Jetzt sehen auch sie, dass die Welt ein anderer Ort ist, als wir vielleicht glauben.

Nach weiteren aufmunternden Kommentaren kommt es.

Amir-Arsalan, ein Name, der mir neu ist, schreibt:

> Die Menschen, die dich umgeben, sind sehr freundlich, aber zu Beginn deiner Reise haben einige von ihnen deinen Ruf ruiniert. Du musst dich von Menschen in deiner Nähe trennen. Sei vorsichtig. Ohne dass du es merkst, sind ständig Augen auf dich gerichtet.

Will er mir sagen, dass ich mich mit den falschen Leuten umgebe? Dass ich von den Behörden überwacht werde? So, so, Augen sind auf mich gerichtet, und ich soll vorsichtig sein. Ich verstehe nicht, was er meint, ärgere mich und bekomme gegen meinen Willen auch ein wenig Angst. Ich versuche, die Kommentare, die Trolle und die böswilligen Inhalte auf Distanz zu halten, damit sie mich nicht beeinflussen, aber sie gehen mir trotzdem unter die Haut.

Was soll das heißen, mich von Menschen in meiner Nähe zu trennen? Von Mahdi? Oder wen meint er?

Ich werde in meinen Überlegungen durch einen Anruf Soroushs gestört. Er filmt mich in meinem Zimmer beim Bloggen und unten in der Lobby, wo er ein Interview mit mir führt. Ich frage mich, ob es wirklich okay ist, dass ein Mann mich auf mein Zimmer begleitet, aber das Hotelpersonal interessiert sich nicht dafür. Soroush möchte, dass ich mich zwischen den einzelnen Interviews umziehe, um den Anschein zu erwecken, dass wir sie bei unterschiedlichen Gelegenheiten geführt haben. Ich erkläre, das gehe leider nicht – zwei Trainingsanzüge, beide mit lila Jacke und schwarzer Hose, sind alles, was ich außer Hemd, Abendhose und Strickjacke dabeihabe. Soroush seufzt kurz und sieht mich mit seinen neckischen Augen an. Ich zwinkere ihm zu. Wir verstehen uns immer besser. Später gehen wir zum weitläufigen Strand hinunter. Das Kaspische Meer ist graublau. Es ist sehr windig, und die Wellenkämme schäumen, aber der Wind ist warm. Ich kann mir vorstellen, dass in den Sommermonaten viele Badegäste hierherkommen. Das Meer ist schön und grandios, am liebsten würde ich mich sofort hineinwerfen. Der Wind will mir dauernd das Kopftuch abluchsen. Ein paar Kinder planschen im Wasser, eine Handvoll Erwachsener geht im Sand spazieren. In den Augen der Iraner ist es kalt, aber ich finde es wunderbar. Ich habe noch nicht herausgefunden, wie ich schwimmen gehen kann. Schließlich darf ich die Kleider nicht ausziehen. Mein Handtuch ist zu klein, um sich dahinter zu verbergen. Ich stelle mich mit den Füßen ins Wasser und lasse meine Waden von den Wellen umspülen. Die Meerluft duftet nach Dämmerung und Salz. Als ich versuche, mit der Kamera ein Foto zu machen, wird auf einmal mein blauer Hidschab vom Wind mitgerissen und wirbelt davon.

Es scheint niemanden zu interessieren.

Frauenpower

28. Tag, Rudsar – Rāmsar, 42 km

»Okay, ich werde jetzt nicht so unhöflich sein, nichts mehr von mir hören zu lassen.«

Mein Herz pocht. Mehrdad meldet sich bei mir, endlich! Er schreibt auf *3 of Us,* der Telegramgruppe, die er, Amir und ich benutzen.

»Ich fühle mich wie Kevin Costner in *The Bodyguard.* Der einzige Unterschied ist, dass ich nicht in Kristina verliebt bin«, schreibt er. »Wenn du mich bei dieser Reise nicht dabeihaben willst, steige ich ohne ein Wort aus. Willst du, dass ich weiter mitmache, müssen wir reden.«

Ich habe Rudsar hinter mir gelassen und bin auf der Landstraße unterwegs. Die Luft ist feucht und heiß, aber die Wolken spenden ein wenig Schutz vor der schlimmsten Hitze. Auf dem Weg aus der Stadt heraus laufe ich an zarten Lotusblumen und roten Rosen vorbei, die an Hauswänden hochklettern.

Jetzt stürze ich mich aufs Smartphone und schreibe, so schnell ich kann.

> Ich will dich wirklich dabeihaben, Mehrdad. Ich schätze dich und deine Hilfe sehr.

Mehr will ich nicht schreiben. Stattdessen rufe ich ihn an. Mein Herz jubelt, als ich seine vertraute Stimme höre, ich fühle mich wieder wie zu Hause.

»Ich bin so froh, dass wir wieder miteinander reden«, sage ich.

»Ich auch«, erwidert Mehrdad.

Ich nehme Anlauf.

»Mahdi war wirklich total nett, ich kann einfach nicht glauben …«

»Kristina, das ist es ja gerade. Denkst du, ein Agent würde sich unfreundlich benehmen? Er will dir nahekommen, dich dazu bringen, ihm von deinen privatesten Schmerzen, von deinen größten Träumen zu erzählen, und wenn du Vertrauen zu ihm gefasst hast, fragt er dich nach deinen Plänen.«

Ich zucke zusammen. Genau das hat Mahdi getan. Er hat tatsächlich mein Vertrauen gewonnen. Dann denke ich an mein Tablet, das seltsame Signale gesendet hat. Und wenn Mehrdad nun doch recht hat? Ich wimmere. Es kommt mir vor, als würde eine Peitsche über meinen Rücken zischen. Habe ich eine fürchterliche Dummheit begangen? Was habe ich Mahdi eigentlich gesagt? Etwas über das Regime, etwas Kritisches, wegen dem ich im Gefängnis landen könnte? Obwohl ich stehe, schwitze ich.

»Vielleicht hast du recht.«

Ich schaue zu Boden. Schäme mich. Bin besorgt. Mehrdad hat unzählige Stunden darauf verwandt, mir zu helfen und seine Sache gut gemacht, auf ihn kann ich mich verlassen.

Dann fragt er mich, so wie immer, nach meinem Plan für den Tag.

Mehrdad teilt mir mit, dass ich in Rāmsar bei einer Mrs Alipoor übernachten werde. Sie hat im Internet von mir gelesen und sich bei Mehrdad gemeldet, um mich zu sich einzuladen. Ich erfahre, dass sich jemand, der mir den Weg zeigt, an einem Kreisverkehr mit mir treffen wird. Wenn wir uns Rāmsar nähern, kommt es also nur darauf an, den richtigen Kreisverkehr zu finden und Ausschau zu halten.

Oh, welch ein Glück! Alles ist wie immer! Mehrdad schickt mir Nachrichten über mir unbekannte, nette Menschen, die sich an unbekannten Orten mit mir treffen, und ich folge einfach seinen Anweisungen. Hurra!

»Danke, Mehrdad! Das hört sich sehr gut an!«
Wir beenden das Gespräch.
Später am Tag schreibt er auf *3 of Us:*

> Kristina, du bist jetzt eine liebe Freundin. Was ich schreibe, könnte schmerzhaft für dich sein, aber ich tue dir lieber jetzt weh, als zu sehen, dass du später leidest. Kristina, im Iran bist du keine gewöhnliche Touristin. Ich muss ehrlich sein. Du solltest mit Beziehungen vorsichtig umgehen. Sie könnten Teil eines politischen Plans sein. Es gibt Extremisten, die zeigen wollen, dass der Iran kein gutes Land ist, und du ahnst gar nicht, wozu sie fähig sind. Sie schicken ihre Soldaten in Gestalt von süßen Jungen, die sich in dein Herz einschleichen, sie enthüllen nie, was sie wollen, aber sie haben brutale Pläne.

Es folgen längere Ausführungen dazu, wie ich mich zu verhalten habe.

Mehrdad verlangt, dass ich mich mit jeder Person, der ich begegne, jeweils nur einmal treffe, bei einem Mittag- oder Abendessen, aber nicht sowohl als auch. Er möchte, dass ich Grenzen dafür setze, wie weit Menschen mich begleiten dürfen. Ich soll sie immer darüber informieren, dass er im Hintergrund alles koordiniert.

Ich werde vor lauter Ärger ganz kribbelig. Mehrdad weiß genau, dass ich es nicht ausstehen kann, wenn jemand mir vorschreibt, was ich zu tun habe, trotzdem tut er genau das.

Ich spaziere auf der Straße und runzele die Stirn. Welche mir unbekannten Kräfte sind in diesem Land wirksam? Darüber weiß Mehrdad natürlich viel mehr als ich. Ich *bin* eine Spielfigur in einem politischen Spiel, das hat man mich schon vor meiner Abreise spüren lassen, als ich zuerst die Genehmigung der Regierung erhielt, die dann aber wieder zurückgenommen wurde. Im Moment steht das Regime dem Westen überwiegend freundlich gegenüber. Deshalb komme ich zurecht. Oder wäre ich auch sonst gut klargekommen? Wird die Feindschaft zwischen dem Iran und der westlichen Welt übertrieben, ist sie nur ein Ergebnis meiner Angst und dessen, was ich in Medienberichten aus einer bestimmten Perspektive gesehen habe? Oder übertreibe ich meine eigene Bedeutung? Bin ich vielleicht nur eine Ameise, die auf der Erde herumläuft und außer von den Menschen, denen ich begegne, von niemandem beachtet wird?

Ich denke darüber nach, was ich weiß, und dazu gehört, dass ich froh und erleichtert bin, Mehrdad zurückzuhaben. Darüber
hinaus weiß ich, dass bisher alles gut funktioniert hat. Ich laufe und bin frei. Die Menschen behandeln mich gut. Ich bin auf einer Reise, bei der ich mich für Vertrauen einsetze. Meinen Kontakt zu anderen aus einem Mangel an Vertrauen einzuschränken, erscheint mir völlig falsch. Aber das kann ich Mehrdad niemals sagen. Für seine weitere Mitarbeit macht er es zur Bedingung, dass ich besser mit ihm zusammenarbeite.

Als mich aus Ärger über Mehrdads vorherige Abwesenheit jäh die Wut packt, frage ich mich insgeheim, wie es eigentlich kommt, dass Mehrdad so gut Englisch spricht und mir so viel hilft? Ist er ein Agent des Regimes, woher soll ich das wissen? Schlagartig wird mir bewusst, dass ich wirklich nicht besonders viel über ihn weiß.

Ich lege meine Arme auf Baby Blues Lenkstange, während ich Buchstaben ins Telefon eintippe.

> Ich verspreche dir, dass ich deine Ratschläge befolgen werde, so gut ich kann, ich werde mir einiges von dem, was du sagst, zu Herzen nehmen.

Das Wort »einiges« ist mir wichtig, es trennt das, was ich ihm schreibe, von einer glatten Lüge. Ich werde nur das befolgen, was mir passt. Ich habe nicht die Absicht, mich darauf zu beschränken, mit anderen nur zu Mittag oder zu Abend zu essen. Wenn ich an einem Tag nur eine kurze Strecke laufe, möchte ich beides tun können. Ich werde nicht alle, denen ich begegne, über Mehrdad informieren, denn das käme mir vor, als würde ich von jemandem überwacht, und ich möchte größere Freiheit haben. Dagegen setze ich gern Grenzen dafür, wie weit Menschen mit mir gehen oder laufen dürfen. Ich habe keine Lust, tagelang Begleiter zu haben.

Offiziell folge ich seinem Regelwerk, stillschweigend tue ich, was ich will. Ich glaube, dass Mehrdad das versteht. Jedem von uns liegt viel daran, unsere Freundschaft zu erhalten.

Um mich herum wächst und gedeiht alles. Palmen stehen neben flachen, blühenden Sträuchern und gut gepflegten Beeten. Trauerweiden hängen schwer über einem kleinen Wasserlauf, und schlichte weiße Rosenstöcke bilden kleine Bäume. Die Ortschaften gehen ineinander über, wo die eine endet, beginnt die nächste. Ich komme an einer reich mit weißen und blauen Ornamenten verzierten Moschee vorbei, an der ein Mann, der neben dem Gebäude gräbt, aufschaut und mir zuwinkt, als ich vorbeifliege. Ich laufe nicht, ich schwebe über der Erde. Mehrdad ist zurück!

Ein Brautpaar hat in seinem Auto am Straßenrand angehalten, ein Herz aus roten Rosen schmückt die Motorhaube. Ich schaue in den Wagen hinein, lächele, zeige auf meine Kamera und frage »ax?«. Jetzt bin ich es, die fotografieren will. Die Braut trägt ein weißes, von hellen, glitzernden Pailletten übersätes Kleid, und all das Weiße und Schöne kommt mir zwischen den Abgasen am Straßenrand und mir in meinem klatschnassen Trainingsanzug ein wenig deplatziert vor.

Nicht nur die Vegetation ist am Kaspischen Meer anders. Ich sehe junge Männer, die in Shorts baden, und Frauen, die über den Strand gehen und denen es egal ist, dass ihr Kopftuch auf die Schultern herabgeweht wird. Die küstennahe Kultur ist gelassener und entspannter als die auf der anderen Seite der Gebirgskette.

Je weiter man ins Landesinnere kommt, desto strenger ist der Lebenswandel. Ich habe das Gefühl, dass weitaus mehr Menschen von mir wissen als zuvor. Vielleicht liegt es daran, dass ich in iranischen Medien zu sehen gewesen bin, vielleicht auch daran, dass an den Ufern des Kaspischen Meers wesentlich mehr Menschen leben als zwischen der Türkei und dem Kaspischen Meer. Je weiter ich am Ufer entlang nach Osten komme, desto dichter ist das Land besiedelt.

Die Leute, die am Kaspischen Meer leben, sind offenbar schon immer dafür bekannt gewesen, Frauen zu respektieren und eine liberalere Einstellung zu Musik, Tanz und Andersdenkenden zu haben. Als ich Amir frage, warum es so große Unterschiede zwischen den verschiedenen Landesteilen des Irans gibt, antwortet er, dass die Frauen am Kaspischen Meer seit jeher Seite an Seite mit Männern, Brüdern und Söhnen in der Landwirtschaft, vor allem auf den Reisfeldern gearbeitet haben. Außerdem fahren viele Iraner ans Meer, um sich dort zu entspannen. Es ist ein beliebtes Urlaubsziel. Das Leben ist hier kühler, leichter.

Bis nach Rāmsar ist es heute ein Marathonlauf. Es ist heiß, und nach zwei Stunden lösen sich die morgendlichen Wolken auf, die Landschaft wird flacher und das Grün spärlicher. Ich mache eine Pause an einem Bach und gehe ans Wasser, um mich abzukühlen, ziehe die Schuhe aus und wate hinein. Es reicht mir etwa bis zu den Fußknöcheln. Ich tauche den Kopf in den Bach und hoffe auf Abkühlung, aber das Wasser ist so warm, dass es nicht erfrischt. Trotzdem ist es schön zu spüren, wie es über meinen Kopf fließt. Ich laufe an einem Obststand vorbei, an dem ich kiloweise Früchte bekomme, und an einer Baustelle, wo die Arbeiter mich anfeuern. Ich bin nass geschwitzt und sehne mich danach, die feuchten Kleider auszuziehen und den Wind auf meinem Körper zu spüren, aber noch mehr danach, mich hinsetzen und meine Ruhe haben zu dürfen.

Es ist fast fünf Uhr, als die Häuser endlich immer dichter stehen und sich das Gefühl von Großstadt einstellt. Noch ist es nicht dunkel, aber viel Zeit bleibt mir nicht mehr. Als ich mich einem Kreisverkehr nähere, lasse ich den Blick umherschweifen und suche nach einem wartenden Mann, da ich fast immer von Männern in Empfang genommen werde. Der Frau in der Familie begegne ich häufig erst, wenn wir zu ihr nach Hause kommen. Umso erstaunter bin ich, als hinter mir eine Frauenstimme »Hello, Kristina!« ruft.

Aus einem weißen PKW, der hinter mir gehalten hat, steigen mehrere lächelnde Frauen. Eine von ihnen stellt sich als Mrs Alipoor vor. Sie ist sechsunddreißig, elegant gekleidet in einem blauen Hidschab, und hat sechs ihrer Freundinnen mitgebracht, um mich willkommen zu heißen. Ein weiteres Auto steht etwas weiter entfernt. Ich merke sofort, dass ich mich mit Mrs Alipoor gut unterhalten kann, und sie erzählt, dass sie Englischlehrerin ist. Das erklärt es.

Die anderen Frauen begrüßen mich höflich und erzählen, dass sie mit mir zu Mrs Alipoor gehen wollen. Die Frauen sind so schön und rein. Kühl. Gut geschminkt. Mrs Alipoors neunzehnjährige Tochter ist auf zurückhaltende Weise rebellisch. Und nun wollen sie also mit mir gehen, obwohl ich so durchgeschwitzt bin, dass die Kleider tropfen.

Das Englisch der anderen ist weniger gut, und so entwickelt sich nur zögerlich ein Gespräch, bei dem unsere Körpersprache die fehlenden Worte ersetzen muss. Mir werden fast immer die gleichen Fragen gestellt, und da ich beginne, bestimmte persische Worte zu lernen, kann ich manchmal sogar antworten.

»Schouhar?«, fragt eine der Frauen. Ich weiß, dass dies Ehemann bedeutet.

»Bale«, antworte ich. Ja, ich bin verheiratet.

Eine der anderen Frauen sagt etwas auf Persisch, und ich verstehe, dass sie wissen will, wo mein Mann ist.

»Suede«, sage ich. Mein Mann ist in Schweden.

»Dochtare?«, fragt eine andere. Hast du eine Tochter? Oder ein Kind? Ich seufze ein wenig müde und überlege, ob ich die lange oder die kurze Version erzählen soll. Entscheide mich für die kurze, schüttele den Kopf und zeige auf den Bauch.

»Na, problem!«, antworte ich und lächele.

»Aaaaah«, sagen die Frauen und verstehen genau, was ich ihnen sagen will.

Wir marschieren weiter die Straße hinab. Die beiden Begleitautos folgen uns langsam. In dem einen sitzt Soroush, das andere wird von einer Freundin Mrs Alipoors gelenkt. Bis zu Mrs Alipoors Haus sind es noch zehn Kilometer, weshalb ich ein recht hohes Tempo halte. Nach ein paar Hundert Metern hecheln die Frauen ein wenig, sodass ich langsamer laufe. Eine von ihnen ist Aerobictrainerin und sollte eigentlich genügend Kondition haben, aber auch sie scheint bereits außer Atem zu sein.

Ich frage mich, ob »khasteh-nabashi« ein Ausdruck für eine Kultur ist, in der die Menschen sich nicht sonderlich viel bewegen. Wenn ich vorbeijogge, höre ich die Worte von Leuten in Autos, am Straßenrand und aus Menschenansammlungen heraus. Familien, bei denen ich übernachtet habe, sagen es oft. Frage ich Englisch sprechende Iraner, was sie bedeuten, sagen sie »don't be tired«, aber als ich Amir um eine Übersetzung ins Schwedische bat, meinte er: »Gut gemacht!«

Es dämmert und nach einem Spaziergang von einem knappen Kilometer sehen wir alle ein, dass wir nicht die Zeit haben, den ganzen Weg gemeinsam zu gehen. Die Frauen sind müde, und es ist etwas zu weit, um die ganze Strecke hinter den Autos herlaufen zu können. Deshalb beschließen wir, alle mit dem Auto zu Mrs Alipoor zu fahren, auch ich. Widerwillig hole ich alle Packbeutel heraus und baue Baby Blue auseinander.

Bevor wir in die Autos steigen, teile ich Mrs Alipoor und Soroush mit, dass ich am nächsten Morgen zurückmuss. Ich will durch den Iran laufen und dabei keinen Meter auslassen, da gibt es nichts zu diskutieren. Soroush erklärt es den anderen, und alle nicken, und dann fahren wir die verbleibenden zehn Kilometer zu Mrs Alipoor.

Bei ihr daheim wird gefeiert. Große, weiche Sofas aus weißem Leder stehen an den Wänden. Schöne, dichte Teppiche liegen auf dem Fußboden, und an den Wänden hängen teure Tapeten. Über einer Couch hängt ein Gemälde, das Kyros den Großen zeigt. Große Mengen Gebäck stehen ebenso auf dem Tisch wie Obst und Tee. Ich dusche kurz, und Mrs Alipoor wirft meine Kleider in die Waschmaschine. Das ist schön, ihnen eine Maschinenwäsche zu gönnen, kann sicher nicht schaden. Ich ziehe meine Abendkleider an und nehme auf der Couch Platz, wo die anderen Frauen bereits sitzen und plaudern. Die Muskeln dürfen sich entspannen, und ich sitze einfach da und nehme alles um mich herum wahr.

Mrs Alipoors Töchter haben ihre Kopftücher abgenommen, wie viele Frauen es in den eigenen vier Wänden tun. In der Öffentlichkeit sollen Frauen Haare und Haut bedecken. Das Gesetz gilt auch für Männer, die keine Shorts anziehen dürfen und immer mindestens ein kurzärmeliges Hemd tragen müssen. Meine Mütze darf ich bei meinem Lauf nicht einmal abnehmen, wenn ich ein Restaurant betrete. Klatschnass und schweißtriefend muss ich sie anbehalten. Aufgrund der Bekleidungsvorschriften leiden im Iran viele Männer und Frauen an Vitamin D-Mangel, und für Frauen ist es nicht einfach, Sport zu treiben.

Ich habe einmal eine Frau in einem öffentlichen Park trainieren sehen. Sie trug eine Jacke, die bis zu den Knien ging, eine lange Hose und einen schwarzen eng sitzenden Hidschab. Außerdem hatte sie eine Handtasche dabei. Das alles hinderte sie jedoch nicht daran, im Park mehrere Runden zu laufen, aber die Voraussetzungen für Puls beschleunigende Aktivitäten hätten definitiv besser sein können. Wer gegen die Bekleidungsvorschriften verstößt, kann von der Sittenpolizei verhaftet und eingesperrt werden, bis die Eltern oder der Ehemann kommen und einen abholen. Außerdem muss man eine Erklärung unterschreiben, in der man gelobt, sich in Zukunft vorschriftsmäßig zu kleiden.

Die korrekte Kleidung steckt natürlich auch mentale Grenzen ab. Gehört mein Körper wirklich mir? Oder meinem Mann? Oder dem Staat?

Umgeben von so vielen Frauen fällt mir auf, dass alle ihr Kopftuch unterschiedlich tragen. Mrs Alipoor hat ein blaues eng sitzendes Tuch an. Es passt zu ihrer blauen Jacke, die sittsam kurz über dem Knie endet. Die Aerobictrainerin hat ein Kopftuch auf, das unter dem Kinn dicht abschließt und mit dem fußlangen Kleid verschmilzt. Mrs Alipoors Tochter Mahshad kleidet sich dagegen in einem ganz anderen Stil. Ihr aprikosenfarbiger Hidschab sitzt so weit hinten auf dem Kopf, dass er fast herunterfällt. Alle können ihre rosa Haare sehen, und sie trägt enge Jeans, die ihr bis zur Taille reichen. Genau wie in Schweden nutzen einige ihre Kleider, um eine bestimmte Haltung zu demonstrieren. Ich fasse es so auf, dass viele durch ihre Kleidung stillschweigend gegen das Regime protestieren. Während meiner Wochen im Iran beklagen sich manche Frauen darüber, dass sie nicht anziehen dürfen, was sie wollen. Es gibt aber auch andere, die gern ein Kopftuch tragen und nie darauf verzichten würden.

Manche Eltern lassen ihre Kinder, vielleicht aus Respekt vor ihnen, freier mit dem Kopftuch umgehen, während sie selbst sich strikt vorschriftsmäßig kleiden. Andere sind strenger mit ihren Kindern.

Später veröffentliche ich in meinem Blog ein Bild von den Frauen. Babak kommentiert:

Ein Bild sagt mehr als tausend Worte, die Frauen im Iran kleiden sich, wie sie wollen!

Normalerweise kommentiere ich die Beiträge nicht, aber in diesem Fall kann ich es einfach nicht lassen, lade ein Bild von mir hoch, auf dem ich in einem Sport-BH und Shorts laufe und schreibe:

> Na ja, da bin ich nicht ganz deiner Meinung. Würde ich mich anziehen, wie ich will, sähe ich so aus. Aber ich bin nicht im Iran, um gegen die Gesetze des Landes zu verstoßen.

Darauf erwidert Babak nichts.

Mrs Alipoor kommt mit einer großen Schale voller Obst herein und füllt meinen Teller. Eine große Rispe Trauben, zwei Mandarinen, drei Pflaumen, eine ganze Gurke sowie ein Salzstreuer. Und ein Obstmesser. Alles für mich. Sie reicht mir auch eine Tasse Tee und danach mehrere unterschiedliche Gebäckstücke. Ich esse, so viel ich kann, da ich nicht unhöflich erscheinen möchte, aber nach anderthalb Gebäckstücken ist Schluss. Schließlich wollen wir ja noch zu Abend essen!

Mittlerweile weiß ich, wenn ich in einer wohlhabenden Familie zu Gast bin, kommen Früchte, Tee und üppige Teilchen auf den Tisch. In weniger gut gestellten Familien gibt es lediglich Obst und Tee, in manchen auch nur Tee. Und danach, etwas später, gibt es Abendessen.

Mit dem Marathonlauf dieses Tages in den Beinen und dem Bauch voller Gurke, Trauben und cremigem Gebäck spüre ich, dass meine Lider immer schwerer werden. Das Stimmengewirr in melodiösem Persisch ist das reinste Wiegenlied. Es ist erst neun, wie soll ich mich beim Essen wach halten? Wie soll ich noch etwas herunterbekommen?

Ich bin von so vielen freundlichen Menschen umgeben und wünsche mir nichts sehnlicher, als meine Ruhe zu haben. Meinen Gedanken freien Lauf lassen zu dürfen. Ich finde nie die Gelegenheit, all meine Erlebnisse zu verarbeiten, alles fließt ineinander, und das ermüdet mich.

In der nordschwedischen Provinz Norrbotten leben durchschnittlich drei Menschen auf einem Quadratkilometer. Es gibt Raum und Luft. Es ist nicht schwer, einen Platz für sich allein zu finden. Am Kaspischen Meer bemerke ich es kaum, wenn ich die eine Stadt verlasse und wann ich in die nächste laufe. Hundert Menschen leben hier auf einem Quadratkilometer, alle Gebäude stehen eng zusammen, und es gibt sehr viele freundliche, fordernde Menschen. Erstickende. Und ich will nur Stille. Ich weiß nicht, wie ich dieses Dilemma lösen soll, aber ich brauche mehr Raum für mich. Wie soll ich ihre Bemühungen um mich ablehnen und mich zurückziehen, ohne sie zu verletzen? Ohne dem Zweck meiner Reise zuwiderzuhandeln? Brücken zu bauen heißt, anderen Menschen zu begegnen und herauszufinden, wer sie sind. Aber ich bin müde.

Plötzlich stellt sich Mrs Alipoor mitten ins Zimmer und fordert mich auf, mich neben sie zu stellen. Ich stehe auf und sehe, dass sie ein Bild in der Hand hält, dann setzt sie auf Englisch zu einer kleinen Rede an:

»Liebe Kristina«, beginnt sie. »Ich möchte dir dafür danken, dass du zu uns gekommen bist, dass du in den Iran gereist bist und der ganzen Welt die iranische Gastfreundschaft zeigst. Ich bin sehr stolz, weil du dich für den Iran als Ziel deiner Reise entschieden hast. Wir haben dieses Bild für dich gemacht. Es zeigt dich als Frau und einen Berg, der ein Symbol für deine Ausdauer ist. Auf dem Gipfel des Bergs wächst als ein Symbol für deine Eleganz eine Blume. Auch die Sonne ist zu sehen und symbolisiert die Güte Gottes, die dir Ausdauer und Grazie geschenkt hat. Mit diesem Bild möchten wir dir dafür danken, dass du zeigst, welche Kraft wir Frauen besitzen. Von uns, den Frauen in Rāmsar, für dich.«

Ihre Rede geht mir direkt zu Herzen. Sie ist reine Liebe und Schwesterlichkeit von einer Frau, der ich nie zuvor begegnet bin, die mich in ihrem Heim aufgenommen und aus diesem Anlass ihre Freundinnen zu einem Fest eingeladen hat. Ich werde von

Gefühlen überwältigt und fange an zu weinen. Wie auf Knopfdruck. Als ich das Bild entgegennehme, laufen mir Tränen über die Wangen. Ich bin so müde, und diese Frauen sind so fantastisch; ich kann gar nicht mehr aufhören zu schluchzen.

Gerührt und erhitzt lasse ich mich wieder auf der Couch nieder und betrachte mein Bild. Als gegen zehn das Abendessen serviert wird, bin ich völlig erschöpft. Gleich nach dem Essen entschuldige ich mich. Ich bekomme das einzige Schlafzimmer, in dem mich

das Ehebett Mrs Alipoors mit einer lila geblümten Tagesdecke erwartet. Ich bedanke mich für einen wunderbaren Abend und schließe die Tür.

In dem Schlafzimmer sind es vierzig Grad, und die Luft ist stickig. Ich wälze mich hin und her, finde aber keine Ruhe. Ich denke daran, dass ein kleiner Teil des Zwecks meines Laufs darin besteht, einen bescheidenen Beitrag zu größerer Freiheit zu leisten, zum Beispiel, indem ich andere zum Laufen ermuntere und Stärke zeige. Ich weiß, dass das Laufen zu mentaler Stärke beiträgt, und mentale Stärke hilft mir, meine Träume zu verwirklichen und meinen Willen durchzusetzen. Gleichzeitig ist mir bewusst, dass mein Wunsch, zu mentaler Stärke beizutragen, zum Teil auch eine Folge meines Vorurteils ist, dass die Frauen im Iran klein und nachgiebig sind, von ihren Männern unterdrückt werden und unfähig sind, ihren Willen auszudrücken. Im Iran bin ich aber auch starken, selbstsicheren Frauen begegnet, die Ärztinnen, Betriebswirtinnen, Universitätsdozentinnen, Lehrerinnen, Künstlerinnen, Ingenieurinnen, Hausfrauen, Erzieherinnen, oder, wie Mrs Alipoor, die eine Sprachschule gegründet hat, Unternehmerinnen sind. Ich bin auch Männern begegnet, für die es selbstverständlich ist, dass Frauen gleichberechtigt sind, sowie Männern, die sich offen dafür einsetzen, dass Frauen die gleichen Rechte bekommen wie sie. Ich denke nicht zuletzt an das Video eines Musikers, der eine Gefängnisstrafe riskierte, als er klagend davon sang, dass die Frauen im Iran in ihrem Alltag letztlich in einem Gefängnis sitzen. Es wäre idiotisch, wenn ich herablassend sagen würde, »du brauchst mentale Stärke, kleine Frau, und ich werde sie dir geben«.

Ich bin auch Frauen begegnet, die sich danach sehnen, die Beziehung zu ihrem Freund offen zu zeigen, die Fahrrad fahren wollen, es aber nicht dürfen, die selbst bestimmen möchten, was sie in ihrer Freizeit tun, ohne dass die Eltern ständig anrufen, um sie zu kontrollieren, und Frauen, die zu einer strengen, traditionellen Rolle als Hausfrau und Mutter erzogen wurden. Ich will all diesen Frauen im Iran so begegnen, wie ich den Menschen in Schweden begegne – ich leiste gern meinen Beitrag dazu, ihnen mehr über mentale Stärke beizubringen, aber nur, wenn sie es wollen und das Gefühl haben, es zu brauchen. Hier habe ich eine Gruppe von Frauen getroffen, die mir dankt, weil ich zeige, welche Kraft Frauen haben. Es berührt mich sehr, dass ich ihnen, die mir so viel Kraft geben, etwas zurückgeben durfte.

Wunde Stellen und Trolle

29.–31. Tag, Rāmsar – Abbasabad – Namak Ābrud – Molkār, 123 km

Am nächsten Tage erwache ich voller Demut vor dem Leben. Mrs Alipoor fährt mich zu dem Kreisverkehr zurück, vorbei am alten Palast des Schahs, der auf einem grünen Hügel mit Aussicht auf den Casino Boulevard thront, der im Volksmund noch immer so heißt. Nach der Revolution 1979 wurde er zum Boulevard der Lehrer umbenannt, aber der Name hat sich niemals durchgesetzt.

Wir verabschieden uns fröhlich, aber nur eine halbe Stunde später ist sie wieder da, diesmal in Begleitung eines Mullahs, der darauf bestanden hat, meine Reise zu segnen. Er steht vor mir auf der Straße und spricht darüber, dass ich Brücken zwischen Menschen, Ländern und Religionen baue. Wieder bin ich zu Tränen gerührt. Was er sagt, ist groß. Außerdem habe ich mir einen Mullah immer als einen mürrischen älteren Mann vorgestellt, der mit erhobener Faust droht und gefährlich aussieht. Der Mann mit Bart vor mir ist eine Vaterfigur, genau wie der Pfarrer daheim.

Ich setze meinen Weg durch die grüne Lunge des Irans fort und laufe an hohen Bäumen, Reisfeldern und dampfenden Wäldchen vorbei. Durch die Hitze bin ich wie üblich nass geschwitzt. Jeden Tag sehe ich aus wie eine ertränkte Katze, aber an diesem Tag regt sich ein neues Gefühl – zwischen meinen Schenkeln ist eine wunde Stelle aufgetaucht. Es brennt. Außerdem habe ich Schmerzen in den Fersen.

Soroush begleitet mich an diesem Tag und dokumentiert meinen Lauf. Wir machen eine Mittagspause, um etwas zu essen, und hinterher gehe ich auf die Toilette, und mein Verdacht bestätigt sich – die Innenseiten der Oberschenkel leuchten dunkelrot.

Ich hatte angenommen, dass es dazu früher und an mehr Stellen kommen würde, sodass ich trotz allem froh bin, so lange verschont geblieben zu sein. Aber warum ausgerechnet heute? Es ist genauso feucht wie an allen anderen Tagen zuvor.

Ich gehe zu Baby Blue hinaus, wo Soroush mit seiner Kamera wartet. Er beginnt zu filmen, weil er glaubt, dass ich weiterlaufen werde, aber stattdessen hole ich eine Tube Sportslick heraus und drücke einen großen Klecks der dicken Vaseline in die Handfläche. Anschließend stecke ich die Hand in die Hose. Soroush wendet sich blitzschnell ab, stößt ein »ahhhhh!« aus und lacht gleichzeitig auf. Ich zwinkere ihm zu.

»Ich habe mir die Oberschenkel wundgelaufen, ich muss die Beine eincremen«, erkläre ich ihm und lächele.

Auch die beiden Fersen sind wundgelaufen. Ich tape die Füße mit braunem Leukoplast. Das Tape darf ein paar Tage lang nicht gewechselt werden. Nichts schützt meine Füße besser.

Soroush steigt ins Auto, und ich nehme Baby Blue und laufe weiter. Die Hitze setzt mir zu, und die Vaseline fühlt sich unter den Kleidern klebrig an. Durch das Pflaster spüre ich die wunden Stellen an den Füßen nicht, aber die Innenseiten der Schenkel brennen ziemlich stark. Je länger die Schenkel aneinander reiben, desto mehr verschwindet von der Vaseline, weshalb ich noch einmal Salbe auftragen muss. Wirklich qualvoll ist es nicht, aber es tut schon weh.

Soroush ist eifrig bei der Sache. Er mag Schweden und die Schweden. Er hat an einer Dokumentation über Eric Hermelin mitgearbeitet, einen Schweden, der mehrere persische Dichter übersetzt hat. Viele Iraner beschreiben Schweden als ein Land mit »starker Wirtschaft, großer Freiheit und guter Qualität – aber ein bisschen kalt«. Die Qualität kennen sie von den Lastwagen der Marken Volvo und Scania, die auf den Straßen des Irans unterwegs sind.

Ein Mann, der aus einem Auto sprang, um mich zu begrüßen, erzählte mir eine lange Geschichte über Sven Hedin und seine Vermessung des Irans. Außerdem erklärte er, Hedin sei überhaupt kein Nazi gewesen, sondern nur falsch interpretiert worden. Ich hatte keine Ahnung, dass Sven Hedin im Iran gewesen war, und von Eric Hermelin hatte ich auch noch nie gehört.

Kurze Zeit später verabschiedet Soroush sich von mir. Er kehrt heim, zu anderen Aufträgen, und ich laufe in meine Richtung weiter.

Froh darüber, eine Weile allein zu sein, setze ich mich am Stadtrand von Rāmsar auf eine Parkbank, um etwas zu verschnaufen und meine Ruhe zu haben. Kaum habe ich die Videokamera aufgestellt, um mein Videotagebuch zu filmen, als auch schon der erste Mensch näher kommt. Dann folgt der nächste und der nächste. Kurze Zeit später ist es ein kleiner Menschenauflauf.

»Woher kommst du?«

»Wie alt bist du?«

»Bist du verheiratet?«

Ein süßes Mädchen kommt entschlossen zu mir. Unter dem Kopftuch sehe ich lockige Haare.

»Which is better? Iran? Suede?«

Beide Länder sind auf ihre Art wunderbar, antworte ich.

Als Nächstes fragt sie, auf Englisch, wie ich mich ernähre, und ich antworte, dass ich in Restaurants und bei netten Menschen esse, die mich einladen.

Als man mir den Film hinterher übersetzt, erfahre ich, dass das kleine Mädchen meine Antwort stolz so übersetzt: »Sie hat ihr Essen aus Schweden mitgebracht.«

Ich stehe auf und laufe weiter. Es hat keinen Sinn, an dieser Stelle seine Ruhe haben zu wollen. Ich sehne mich nach meinem Date, aber bis dahin sind es noch gut zehn Tage. Dann werde ich mich endlich mit Menschen unterhalten dürfen, die ich verstehe und die mich verstehen.

Ein Mann nähert sich auf einem Fahrrad. Er winkt, springt vom Rad und stellt sich als Rostam vor. Gemeinsam biegen wir von der großen Straße ab und gehen durch schmale Gassen, um zu seiner Wohnung zu gelangen.

Rostam ist Mitglied einer Couchsurfing-Gruppe und hat mir für die Nacht einen Schlafplatz angeboten. In der Wohnung wartet Mozhgan. Sie schenkt mir als Willkommensgruß eine Rose. Ich stelle mich unter eine herrliche Dusche, anschließend fahren wir zu Mozhgans Mutter, um bei ihr zu essen. Wir sitzen auf dem Teppich um die Plastikdecke herum, und Mozhgans und Rostams kleiner Sohn läuft umher und spielt mit dem Großvater.

»Wir werden nach Schweden ziehen«, erzählt Rostam mir.

»Ach, wirklich? Das ist ja schön, und warum?«, sage ich.

»Ich habe einen Studienplatz an der Universität in Örebro bekommen. Wir sind gerade dabei, unseren Umzug zu planen, es ist wirklich toll, dich kennenzulernen!«

Wir reden über Kartoffeln und darüber, ob die Schweden auf dem Fußboden sitzen oder nicht. Im Iran freuen sich viele zu sehen, dass ich den Schneidersitz beherrsche, nicht alle im Westen fühlen sich wohl dabei. Wir sprechen über Brot und wie unterschiedlich wir es verwenden. Im Iran ist Brot wesentlich mehr ein Bestandteil der Mahlzeit.

»Was sollen wir aus dem Iran mitnehmen, was gibt es in Schweden nicht?«, erkundigt sich Mozhgan.

Ich überlege.

»Kissen«, antworte ich schließlich. »Natürlich gibt es auch bei uns Kissen, aber sie sind überhaupt nicht wie hier. Im Iran sind sie viel härter und runder. Und einen Samowar, es könnte schwierig werden, so einen in Schweden aufzutreiben.«

Mozhgan ist Englischlehrerin, und so gerät unser Gespräch nie ins Stocken. Sie erzählt von den Mullahs und wie sie die Leute mit ihren Fragen quälen. »Warum warst du nicht in der Moschee?«,

»Warum trägst du deinen Hidschab so?« Sie und Rostam erzählen mir auch vom Rauschgift.

Als wir wieder zu Hause sind, zeigt Rostam mir eine Tasche mit verschiedenen Drogen. Seine Arbeit besteht darin, in den Schulen über die Gefahren des Rauschgifts aufzuklären. Manchmal wird er von Fahndern des Regimes verfolgt, die ihm etwas anhängen wollen. Rostam versucht, etwas gegen den Drogenkonsum zu unternehmen, und das passt dem Regime nicht. Dass so viele we-

gen Rauschgiftdelikten verurteilt werden, liegt laut Rostam und Mozhgan daran, dass die in die Drogengeschäfte verwickelten Leute in Wahrheit Vertreter des Regimes sind. Sie wollen ein Monopol für dieses Geschäft haben. Die Nachrichtenagentur Reuters hat berichtet, dass etwa vierzig Prozent des Absatzes im Iran in einer inoffiziellen Parallelwirtschaft stattfinden, die von Ayatollah Khamenei kontrolliert wird. Ich habe Gerüchte gehört, laut denen die Kinder der Mullahs die besten Autos fahren und die rauschendsten Feste mit Alkohol und Drogen feiern.

»Ich will, dass mein Sohn in einem freien Land aufwächst, und ich will selbst frei sein«, erklärt Mozhgan mit Nachdruck. Ich kann sie verstehen.

Damit ich die Möglichkeit habe, am nächsten Morgen auszuschlafen, fährt Rostam mit seinem Sohn zur Großmutter zurück und übernachtet dort. Mozhgan schneidet ein Blatt Aloe vera ab und zeigt mir, wie ich die wundgelaufenen Stellen mit dem Saft einreiben soll, der sämig aus der Schnittfläche rinnt. Ich reibe meine Fersen und die Innenseite der Oberschenkel ein, ziehe die Hose aus und laufe im Slip herum, damit Luft an die wunden Stellen kommt. Es tut gut, mit einer Frau allein zu sein.

Am nächsten Tag schlafe ich, bis ich von allein aufwache. Die Tür zum Balkon steht offen, und die Temperatur ist angenehm. Mozhgan macht Frühstück, und wir reden über Zeit. Viele Menschen im Iran scheinen unendlich viel Zeit zu haben. Mozhgan unterhält sich in aller Ruhe mit mir, obwohl sie eine eigene Firma betreibt und eigentlich dorthin muss.

In Schweden sind wir frei, uns stehen unendlich viele Möglichkeiten offen, und wir haben Rechtssicherheit. Wenn es etwas gibt, was die Menschen bei uns dagegen nicht haben, dann ist es Zeit, was vor allem für Stockholm zutrifft. Wir rennen die Rolltreppe hinunter, um vielleicht doch noch eine U-Bahn zu erwischen, die zwei Minuten früher fährt. Hier im Iran nehmen die Leute sich Zeit, einander zuzuhören. Das gefällt mir. Werde ich das auf mein Leben in Schweden übertragen können?

Heute laufe ich nach Molkār, wo ich mich mit Jalal und Sepideh treffen werde. Sie sind beide Ingenieure und recht wohlhabend. Schon vor meiner Reise in den Iran hatte ich Kontakt zu ihnen. Sie wohnen wie Mehrdad in Karadsch, nordwestlich von Teheran. Dort haben wir uns vor dem Lauf getroffen, und jetzt werden wir uns wiedersehen. Darauf freue ich mich. Sie haben eine Ferienwohnung in Molkār am Kaspischen Meer. Nun sind sie mitten in der Woche hier, damit ich bei ihnen übernachten kann.

Als ich durch den Urlaubsort Tschalus auf halber Strecke nach Molkār laufe, sehe ich einen Menschenauflauf an der Straße. Als ich auf einer Höhe mit ihm bin, erkenne ich, dass ein Mann mit grauen Strümpfen auf dem Asphalt liegt, als schliefe er. Um seinen Kopf hat sich eine Blutlache ausgebreitet, direkt neben ihm steht ein Auto mit zersplitterter Windschutzscheibe. Unmittelbar darauf trifft ein Krankenwagen mit Blaulicht ein, und ich sehe noch, dass er lebt.

Die Szene nimmt mich mit, weil ich erkenne, wie schnell sich alles verändern kann. Dennoch beschließe ich, mich davon nicht herunterziehen zu lassen, auch wenn meine Gedanken bei dem Mann sind. Ich liege nicht auf dem Asphalt. Ich kann laufen, bin gesund und habe Freunde. Ich darf bei unterschiedlichen Familien übernachten, ich habe genug zu essen, ich darf schöne Natur sehen und jeden Tag Menschen begegnen, die mein Bestes wollen.

Den Rest des Tages laufe ich voller Dankbarkeit und genieße in vollen Zügen alles, was ich habe, und dass ich lebe.

Als ich ankomme, erwartet Jalal mich bereits an der Straße. Er winkt, und ich erwidere seinen Gruß. Dreiundvierzig Kilometer haben meine Füße mich an diesem Tag getragen, weil sie so hart gearbeitet haben, sind sie in ihren Wollsocken heiß und feucht.

Wir gehen ein kurzes Stück zu einem Tor. Jalals und Sepidehs Ferienwohnung liegt in einem eleganten geschlossenen und gesi-

cherten Wohnkomplex. Das Gelände wird von einer Mauer umschlossen, die bis zum Meeresstrand hinabführt. Am Tor befindet sich ein rund um die Uhr bemanntes Wachhäuschen.

Auf dem Weg zu ihrer Wohnung unterhalten wir uns über den Tag. Jemanden zu treffen, dem ich schon einmal begegnet bin, fühlt sich fast so an, als käme ich nach Hause. Jalal spricht fließend Englisch, und wir plaudern über alles Mögliche.

Auf dem gepflegten Areal stehen etwa fünfzig weiße Häuser und Wohnungen mit roten Dächern. Die Gärten sind schattig, stehen voller Palmen, Lotusblumen und blühender Büsche und gehen ineinander über. Ihre Wohnung liegt in der zweiten Etage, und Sepideh führt mich herum. Küche, Schlaf- und Wohnzimmer sowie ein eigenes Gästezimmer für mich. Wir setzen uns auf den Balkon, die Aussicht auf das Meer ist einmalig schön. Die dunkelblaue Linie am Horizont trennt Himmel und leichte Wolken vom Meer. Der Duft dichter Laubbäume und blühender Sträucher steigt zu unserem Balkon hoch, auf dem wir Tee trinken und alles genießen. Der Puls beruhigt sich. Ich fühle mich wirklich wie zu Hause.

Dann ruft Sepideh nach mir.

»Ich habe etwas für dich«, sagt sie, geht ins Schlafzimmer und kommt mit einem Badeanzug und Shorts zurück.

»Jetzt kannst du endlich im Kaspischen Meer schwimmen gehen!«

Der Körper kribbelt, ist das wahr? Ich gehe in mein Schlafzimmer und ziehe mich um, und als ich herauskomme, stehen Sepideh im Badeanzug und Jalal in Shorts vor mir, beide mit einem Badehandtuch über den Schultern. Es kommt mir ungezogen, ja, verboten vor, die Treppen mit nackten Beinen hinunterzusteigen. Als wir den Pfad zum Meer hinabgehen, streichelt der Wind meine Haut. Der private Strand, etwa zweihundert Meter breit, wird zu beiden Seiten von niedrigen Mauern abgeschirmt. Wir sind allein. In den Augen der örtlichen Bevölkerung ist es Herbst und zu kalt, um schwimmen zu gehen. Ich streife meine Crocs ab, strecke die Arme aus und laufe über den Sand in die Arme des Meers. Werfe mich in die warmen, salzigen Wellen, die heranrollen und ans Ufer schäumen. Ich bade! Ich bade tatsächlich! Das Wasser schlägt gegen meinen Körper, und ich habe das Gefühl, vollkommen frei zu sein! Jalal filmt mich, an diesen Moment will ich mich wirklich erinnern!

Sepideh und Jalal folgen mir, und gemeinsamen hüpfen wir zwischen den Wellen, und die Freude in ihren Gesichtern ist unübersehbar. Ich tue, was ich will! Ich bin gekleidet, wie ich will! Ich werde leicht, schwebe im Wasser und im Leben. Hinterher sitzen wir eine Weile am Ufer und reden.

Ich frage nach den Säulen, die ich in einiger Entfernung am Strand gesehen habe. Es sind große Betonpfeiler, und Sepideh erzählt, dass sic im Sommer benutzt werden, um den Badestrand der Frauen von dem der Männer zu trennen. Zwischen den Säulen werden große Stoffbahnen gespannt und dienen als Trennwände. Wenn Iraner und andere Besucher nach Geschlechtern getrennt schwimmen gehen, dürfen die Frauen einen Badeanzug tragen. Baden die Geschlechter zusammen, müssen die Frauen wie üblich Körper und Haare bedecken. Ich habe junge Mädchen in Ganzkörperbadeanzügen gesehen und mir ein Schmunzeln nicht verkneifen können. Die Kleider dürfen nicht am Körper anliegen, aber es ist schwierig, nassen Stoff lose flattern zu lassen.

In der Wohnung dusche ich, und anschließend setzen wir uns

wieder auf den Balkon. Jalal fragt, ob ich etwas trinken möchte. Er holt verschiedene gekühlte Getränke.

»Unser Wachmann versorgt uns mit allem, was wir haben wollen«, erklärt Jalal lächelnd.

»Aber ist das denn erlaubt?«, frage ich.

»Nein, aber auf diesem Gelände gelten besondere Regeln. Weil es bewacht wird, dürfen wir uns hier kleiden, wie wir wollen. Es ist ein Privileg reicher Leute.«

Jalal möchte wissen, wie ich meine Reise bis jetzt einschätze.

»Wenn du dich morgen verletzen würdest und nicht weitermachen könntest, wie würdest du dich dann fühlen?«

Daraufhin erkenne ich, dass ich durchaus zufrieden bin, denn das Ziel der Reise ist bereits erreicht. Ich bin überwältigend warmherzig und herzlich aufgenommen worden und habe mir selbst bewiesen, dass es keinen Grund gibt, sich vor Menschen zu fürchten, nur weil sie Muslime sind. So gesehen könnte mein Lauf an diesem Tag enden, ich will aber natürlich weiterlaufen, denn je länger ich weitermache, desto mehr gute Geschichten werde ich erleben. Außerdem ist es immer schön, ein selbst gestecktes Ziel zu erreichen. Er lächelt und nickt.

Jalal und Sepideh sind beide politisch aktiv gewesen. Lachend erzählen sie von ihrer Zeit als junge Kommunisten, vor der Revolution, als sie beide studierten, um Ingenieure zu werden.

Wir bleiben noch eine Weile auf dem Balkon. Dann wird es für mich Zeit zu bloggen, aber ich scheue mich davor, auf meine Seite zu gehen. Ich freue mich, die vielen positiven Kommentare zu lesen, die mir Kraft geben, aber die negativen empfinde ich weiter wie Nadelstiche. Sie tun mir weh. Ich wende mich der Freude zu, kann dem Böswilligen jedoch nicht entgehen. An diesem Tag sehe ich, dass jemand eine Diskussion auf Persisch begonnen hat. Die schnörkelige Schrift zieht sich durch viele Kommentare. Ich verstehe kein Wort und bitte Jalal, mir die Einträge zu übersetzen.

Seine Augen springen von Zeile zu Zeile. Er wirkt bekümmert.

»Was steht da?«, sage ich.

»Jemand namens Valle schreibt: ›Weiße Europäer halten nichts von dir. Du bist so fasziniert von ihnen, weil sie dich dazu bringen wollen, dich wichtig zu fühlen, obwohl du eigentlich unterlegen bist. Wenn Kristina nicht eine weiße Frau aus dem Westen, sondern eine afghanische Frau wäre, hättest du sie nicht kennenlernen wollen. Aber Osten und Westen werden sich in der näheren Zukunft niemals begegnen.‹«

Valle schreibt auf Persisch! Bisher sind seine Einträge auf Schwedisch und Englisch gewesen. Amir hat die Theorie, dass er ein nach Schweden emigrierter Iraner ist, der es dort nicht geschafft hat, sich ein gutes Leben aufzubauen. Viele Iraner träumen von einem besseren Leben außerhalb des Irans, wo sie sich eine Existenz aufbauen und frei ihre Meinung sagen wollen, erzählt er. Dieser Traum erfüllt sich nicht für jeden von ihnen, und bei manchen verwandelt sich die Enttäuschung daraufhin in einen großen Patriotismus für das Land, aus dem sie geflohen sind, und verkehrt sich zu Verachtung für das neue Land, in dem ihre Träume nicht wahr geworden sind.

Die Worte richten sich nicht gegen mich. Der Troll hat mit ihnen Amir und Mehrdad angegriffen. Ein gewisser Taraneh schreibt:

> Amir und Mehrdad, es ist traurig zu sehen, dass ihr Sklaven seid, die Kristina dienen. Diese Frau will nur Aufmerksamkeit. Ihr seid Huren des Westens.

Während die Sonne untergeht, sprechen Sepideh, Jalal und ich lange über Demokratie, Freiheit und einzelne Irre, die andere Menschen daran hindern wollen, ihr Leben zu leben.

Es ist magisch, auf diesem Balkon zu sitzen, frei im Denken, frei in der Kleidung, und zu trinken, was wir wollen.

Vier Paar Ohrringe

33. Tag, Nur – Amol, 43 km

Von Bazargan bis zum Kaspischen Meer habe ich es selten erlebt, da ich so wenigen Menschen begegnet bin, aber als ich mich den östlichen Teilen der Küste nähere, verändert sich etwas. Immer mehr Menschen wollen mich willkommen heißen. Vielleicht hängt es damit zusammen, dass ich in Bandar Anzali, einer kleinen Stadt zwischen Astara und Lahidschan, vom staatlichen Fernsehen interviewt wurde. Der Journalist suchte auf Google Translate nach Worten und um sprachliche Fehlinterpretationen auszuschließen, sagte ich nicht, dass ich lief, um unserer westlichen Angst vor Muslimen etwas zu entgegnen. Stattdessen hielt ich mich an »das Essen schmeckt gut«, »die Gastfreundschaft ist fantastisch«, und ähnliche positive Urteile. Nach der Ausstrahlung des Interviews scheinen deutlich mehr Menschen zu wissen, wer ich bin, was die Aufmerksamkeit, vor allem in den sozialen Medien, noch zusätzlich erhöht. Immer mehr machen Fotos von mir, und ich lande auf allen möglichen aktualisierten Seiten auf Facebook, Telegram und Instagram. Die Zahl der Leute, die mich treffen wollen, wächst. Sie wollen reden, mir unzählige historische Orte zeigen und bis spätabends mit mir essen. So freundlich und gastfreundlich. Liebevoll!

Aber ich will vor sieben Uhr morgens aufbrechen. Ich muss mich gut ernähren und früh schlafen gehen. Abend für Abend nach zehn Uhr zu essen und nach zwölf einzuschlafen, wird mich irgendwann fertigmachen, erst recht, wenn Hitze und Feuchtigkeit während des täglichen Laufpensums zu einer echten Belastung werden. Wenn ich nicht früh genug aus dem Bett kommen und die kühlen Morgenstunden ausnutzen kann, raubt mir die Hitze jegliche Energie, und ich muss über weite Strecken gehen.

Ich bin auf dem Weg nach Amol, das etwas abseits der Küste des Kaspischen Meers liegt, und werde von Soroush begleitet, der mich filmt. Ich habe die Route ein wenig geändert und versuche, ins Landesinnere zu gelangen, um der schlimmsten Feuchtigkeit zu entgehen, aber die Kleider sind trotzdem schon klamm, obwohl ich erst seit einer Viertelstunde unterwegs bin.

Das Luxushotel, in dem ich in Nur übernachtet habe, servierte erst ab acht Uhr Frühstück, und da dreiundvierzig Kilometer vor mir liegen, wollte ich vor sieben aufbrechen. Statt eines Büfetts mit Pfannkuchen und Rührei musste ich mich deshalb mit einem kleinen Kuchen, ein paar Keksen und einem Trinkjoghurt zufriedengeben.

Mehrdad hat mir mitgeteilt, dass eventuell einige Läufer aus Amol mit mir laufen werden, sobald ich mich der Stadt nähere. Einer aus der Gruppe hat allerdings beschlossen, auf Nummer sicher zu gehen, will sagen, eine Genehmigung für den Lauf zu beantragen. Ich begreife nicht, warum. Der Marand Running Club hatte auch keine Genehmigung. Aber ein Antrag ist gestellt worden, damit keiner Schwierigkeiten bekommt. Beunruhigend ist, dass bisher noch keine Antwort gekommen ist.

Ich laufe zwischen grünen Feldern. Es gibt kaum Häuser und Bäume, und die Feuchtigkeit ist nach wie vor eine Belastung. Zur Rechten sieht man das Elburs-Gebirge im Dunst mit blaugrauen Farbtönen, die ins Weiß ragen. Die ganze Zeit höre ich Soroushs Auto hinter mir, dessen Motor einen speziellen Laut erzeugt. Tick-tick-tick-tick. Manchmal drehe ich mich um und sehe, wie er sich aus dem Fenster lehnt. Von Zeit zu Zeit fährt er vor und hält auf einer Anhöhe, um mich von dort aus aufzunehmen, wenn ich an ihm vorbeilaufe. Aber das Geräusch ist ununterbrochen zu hören.

Menschen halten mich an und wollen reden. Ein Obstverkäufer schenkt mir Walnüsse, ein anderer Granatäpfel, zahlreiche Männer wollen mich zu einem Tee einladen. Ich lächele und laufe vorbei. Ich habe keine Zeit. Vor mir liegt noch ein weiter Weg.

Plötzlich fällt mir auf, dass das Geräusch des Autos aufgehört hat. Ich drehe mich um. Wo ist Soroush? Ich bleibe stehen und halte Ausschau nach ihm. Nichts.

Musste er tanken?

Ich laufe weiter, und nach einer Weile höre ich seinen Wagen von hinten näher kommen. Soroush fährt neben mich und erzählt, er sei gerade von einem Polizisten angehalten worden, der überprüfen wollte, ob er eine Dreherlaubnis hat. So, so, sie überprüfen also tatsächlich, dass er eine Genehmigung hat, wenn sie ihn mit einer Kamera sehen?

Soroush findet, dass ich die Dreherlaubnis fotografieren sollte. Wenn ich beim Filmen Probleme bekomme, kann ich immer auf seine Genehmigung verweisen, die beweist, dass wir an öffentlichen Plätzen filmen dürfen.

Je näher wir Amol kommen, desto deutlicher wird, dass an diesem Tag niemand mit mir laufen wird. Keiner kommt mir auf der Straße entgegen, und Mehrdad hat auch nichts mehr gehört. Die Sache verläuft im Sand. Mehrdad meint, die Läufer trauten sich nicht, so einfach sei das. Aber warum sollte jemand etwas dagegen haben, dass eine Gruppe von Läufern einen Fuß vor den anderen setzt und sich dabei unterhält? Wie kann irgendwer es schlecht oder falsch finden, dass Menschen gemeinsam laufen? Die Situation wühlt mich auf.

Während ich mich Amol nähere, denke ich viel an die Angst der Iraner und die große Beschneidung ihrer Freiheit durch diese Angst. Keiner hat Nein gesagt, aber es hat eben auch niemand Ja gesagt, und ohne ein klares Ja könnte der Lauf eine Art Verbrechen sein. Das ist doch Wahnsinn!

Wir essen in einem Restaurant zu Mittag, und Soroush übersetzt, was der Besitzer sagt.

»Ich will nicht zwischen Arabern und Persern unterscheiden,

aber es gibt einen Unterschied. Unsere Zivilisation blickt auf eine fünftausendjährige Geschichte zurück. Wir sind Muslime, aber wichtiger ist für uns, dass wir Perser sind. Wenn du dich in unserem Land aufhältst, gehörst du zu unserer Familie und bist uns immer herzlich willkommen.«

Anschließend weigert er sich, Geld für das Essen anzunehmen.

Als ich weiterlaufe, denke ich darüber nach, wie es kommt, dass die Einwohner in einem Land, das so extrem stolz auf seine Geschichte und seine Gastfreundschaft ist, gleichzeitig vor mir stehen und »na terrorist« sagen, wenn sie mir begegnen. In ihren Worten höre ich ein Bitten und ein Flehen. »Sieh in mir bitte einen Menschen und nicht den Terroristen, für den deine Kultur mich hält.«

Ich denke an den Stolz auf die persische Geschichte und Kultur, dem ich überall begegne, und in welchem Kontrast dies zu dem Flehen steht, das ich zu hören meine. Ich frage mich, was ein so stolzes Land veranlassen kann, sich derart zu verändern? Ich weiß, dass einige sich von den USA und Großbritannien verraten fühlten, als der CIA und der MI6 Mohammad Reza Pahlavi, dem Schah des Irans, halfen, 1953 den gewählten Premierminister Mohammad Mossadegh zu stürzen, der die iranischen Ölquellen verstaatlicht hatte und so den britischen und amerikanischen Ölinteressen schadete. Außerdem sind viele enttäuscht, weil die USA Saddam Hussein Informationen über Ziele im Iran gaben, sodass dieser seine Raketen im Irak-Iran-Krieg auf den Iran richten konnte. Gerade an diesen Verrat erinnert das iranische Regime gern, um bei jungen Menschen eine Identität zu formen, zum Beispiel dadurch, dass man in der letzten Woche der Sommerferien die Märtyrer des Irans feiert.

Ich habe gehört, dass manche Iraner sich im Zweiten Weltkrieg von Großbritannien und der Sowjetunion im Stich gelassen fühlten, weil sie das Gefühl hatten, nur noch eine Figur auf einem Schachbrett in den Händen der Großmächte zu sein und zynisch ausgenutzt zu werden.

Mir wird bewusst, dass dieses Land eine lange Geschichte hat, die ich nicht verstehe. So wusste ich nicht einmal, dass der Iran in den Zweiten Weltkrieg verwickelt war, und verstehe daraufhin endlich den Satz, »wer seine Geschichte nicht kennt, kann seine Gegenwart nicht verstehen«. Außerdem gibt es immer verschiedene Sichtweisen auf die Geschichte.

Als wir in die Stadt kommen, taucht neben uns ein großer schwarzer BMW auf. Ein Mann Anfang zwanzig lässt die Scheibe

herunter und lächelt breit. Seine Augen leuchten über den markanten Wangenknochen, und es zeigen sich Lachgrübchen. Ein attraktiver Mann mit großem Selbstvertrauen.

»Hallo, Kristina! Ich bin Kian!«

Mein Gastgeber für diese Nacht spricht sehr gut Englisch, die Worte strömen nur so aus seinem Mund, und ich bin ganz kribbelig. Wir werden uns unterhalten können!

»Wow, was für ein Auto! Kristina, er ist reich!«, flüstert Soroush, den offenbar eher das Auto beeindruckt. Begeistert sieht er, dass es ein Schiebedach besitzt. Er bittet darum, das letzte Stück bis zu dem Haus, in dem ich übernachten werde, mitfahren und mich durch das Schiebedach filmen zu dürfen.

Amol ist eine schöne Stadt. Die Straße, auf der ich laufe, wird von Bäumen und blühenden roten Hibiskussträuchern gesäumt. Soroush ist sehr zufrieden. Er ist lange Auto gefahren und hat sich gleichzeitig mit der Kamera auf der Beifahrerseite aus dem Fenster gehängt, weil ich dort laufe. Dass es ihm überhaupt gelungen ist, zu lenken und gleichzeitig zu filmen, grenzt an ein Wunder. Sein Handgelenk schmerzt. Jetzt kann er aufrecht im Auto stehen und die Kamera eng am Körper halten, wie es sich gehört. Die Bilder werden gut.

Wir erreichen das Haus und fahren durch das schmiedeeiserne Tor. Kian parkt den Wagen in einem gigantischen Carport mit Platz für drei Autos. Eine Weinranke schlingt sich in das Dach, und die Weintrauben hängen in Rispen herab.

Kian führt mich ins Haus. Ich bekomme ein eigenes Schlafzimmer, und direkt daneben ist das Bad. Ich dusche und wasche meine Kleider. In der Zwischenzeit fährt Kian noch einmal los, um uns etwas zu essen zu holen.

Er serviert die Mahlzeit auf der Veranda. Es ist herrlich. Der Garten ist üppig und groß, und in seiner Mitte steht eine gigantische Trauerweide mit hängenden Ästen, die zwischen Silber und Grün changiert. Ein gelber Hibiskusstrauch breitet sich in alle Richtungen aus. Das Ganze wirkt verwildert, und die Pflanzen kriechen fast auf die Terrasse, aber durch den gesamten Garten führen geharkte Kieswege. Efeu bedeckt große Teile der Steinmauer, die das alles einrahmt, und bezauberndes Vogelgezwitscher schafft Atmosphäre. Der Glastisch auf der Veranda ist groß, und die Stühle sind elegant, aber bequem.

Kian hat Koobideh gekauft, Hackfleischspieße mit gegrillter Tomate und Reis. Dazu wird stets ein großes Stück Butter gereicht. Ich lächele und atme durch. Wunderbar, dass ich es hier so gut habe!

Bei unserem verspäteten Mittagessen stößt Keyvan zu uns, der Hausherr und Kians Vater. Er ist Arzt, genau wie seine Frau, die derzeit im Himalaja unterwegs ist, wo sie einen 6700 Meter hohen Gipfel besteigt.

Keyvan ist ein ruhiger und sympathischer Mann von etwa fünfzig Jahren, der mir viele Fragen zu meinem Lauf stellt und aufmerksam meinen Antworten lauscht. Er spricht fließend Englisch, und es ist schön und befreiend, sich mühelos verständigen zu können. Keyvan erzählt, dass die Familie regelmäßig zu einem Yoga Retreat in Indien fährt. Kian und er sprechen eine Weile darüber, welche Yogaarten sie bevorzugen. Der Nachmittag geht in einen lauen Abend über, und die Stimmung ist ausgelassen. Meine Beine dürfen sich nach dreiundvierzig Kilometern auf der Straße ausruhen, und die Menschen, mit denen ich zusammensitze, sprechen genauso gut Englisch wie ich. Mehr brauche ich an diesem Tag nicht. Mehr will ich nicht. Ich möchte nur hier sitzen, reden und lachen. Mich später in mein Zimmer zurückziehen. Bloggen, mich ausruhen, ruhig und still sein.

Im nächsten Moment klingelt das Telefon.

»Hallo, ich bin's, Fariba! Ebrahim und ich möchten dich gern treffen!«

»Hallo, Fariba! Aha, ja, wie nett!«, sage ich, obwohl ich nicht die geringste Lust habe, die Veranda, das Haus oder den Garten zu verlassen. Außerdem habe ich keine Ahnung, wer sie ist.

»Wir sind Mitglieder im Leichtathletikverein von Amol und konnten heute leider nicht mit dir laufen, würden uns aber gern mit dir treffen und dir ein Geschenk überreichen. Wir stehen gerade im Antiquitätengeschäft von Amol und warten hier.«

Ich möchte nicht hinfahren, kann aber nicht Nein sagen. Wie sagt man Nein zu Menschen, die so gern tun wollen, was ich tue, frei durch die Landschaft laufen, sich aber aus Angst vor Repressalien nicht trauen, und die mich nun trotzdem sehen und mir etwas schenken wollen?

Ich stehe auf, und wir räumen den Tisch ab und steigen alle in den eleganten BMW.

Zehn Minuten später haben wir das Geschäft erreicht. Als wir eintreten und uns begrüßen, erzählt Fariba, dass sie Rugby auf höchstem Niveau spielt, und Ebrahim berichtet, dass er Hochspringer ist. Haben die beiden mit mir laufen wollen? Sie sind keine Läufer. Aber sie sind Sportler. Ich bin zu müde, um danach zu fragen, wo die Leute waren, die mich begleiten wollten, und warum sie dann doch nicht gekommen sind.

Dann sagen sie: »Nimm dir, was du willst!«

Meine Augen wandern über hübsche Gemälde und wertvolles Porzellan, alte Münzen und funkelnde Schmuckstücke. Ich habe einen Kloß im Bauch. Was ist, wenn sie richtig wertvoll sind? Faribas goldbestickte Tunika und Ebrahims Markenhemd deuten auf einen gewissen Wohlstand hin, aber ich will ihnen auf keinen Fall das Geld aus der Tasche ziehen.

Mir fällt ein Paar Ohrringe ins Auge, für das ich mich entscheide. Aber nur eins auszuwählen, reicht ihnen nicht, sie sorgen dafür, dass ich vier Paar bekomme. Meine neuen Freunde wollen mich außerdem zum Abendessen einladen, und ich nehme die Einladung an, denn ich will essen, auch wenn ich weiß, dass ich so wahrscheinlich nicht vor Mitternacht ins Bett kommen werde.

In dem Restaurant, das sehr elegant und teuer ist, tritt ein Musiker auf, der auf einer Sitar traditionelle iranische Melodien spielt. Die Musik ist schön, und ich genieße sie, auch wenn ich müde und ein wenig gestresst bin, weil ich ins Bett möchte. Am Nebentisch sitzen einige Spieler der Volleyballnationalmannschaft, und so wendet sich die Unterhaltung rasch unseren verschiedenen Sportarten zu.

Drei Stunden später ist das Essen vorbei, und Keyvan erklärt, es sei ein netter Abend gewesen.

»Du sorgst dafür, dass wir viele neue, nette Menschen kennenlernen«, bemerkt er.

Als wir das kurze Stück zum Haus zurückfahren, sind meine Lider schwer. Bevor ich mich hinlege, möchte Soroush mich noch interviewen. Ich lehne mich an die Arbeitsfläche in der Küche und kann kaum noch die Augen aufhalten.

»Erzähl mir von deinem Tag.«

»Ich bin gelaufen, und es war heiß.«

»Ein bisschen mehr?«

Daraufhin erzähle ich von dem netten Abendessen, dem Schmuck, den ich geschenkt bekommen habe, und von allen, die Fotos von mir machen und mir freundlich zuwinken. Dagegen sage ich nichts über die Läufer, die nicht gekommen sind, weil es dabei um Politik und darum geht, wie willkürlich das Land regiert wird, ich sage auch nichts über Bestechungen, Status und Beziehungen. Und ich sage nichts darüber, dass ich es hasse, wenn Menschen nicht gemeinsam laufen dürfen oder sich nicht trauen, es zu tun, weil sie Angst vor Repressalien haben.

Der Zuspruch wächst

34.–35. Tag, Amol – Bābol – Qaem – Schahr – Sāri, 86 km

Als es nur noch ein paar Kilometer bis zur nächsten Stadt sind, Babol, treffe ich eine Gruppe, die mich auf dem Fahrrad begleiten will. Sie haben mit Mehrdad abgesprochen, wo wir uns treffen. Wie kommt es, dass sie mich begleiten können? Haben sie etwa eine Genehmigung? Oder haben sie erst gar nicht gefragt? Ich verstehe dieses Land nicht, manche scheinen tun zu können, was sie wollen, die Handlungsmöglichkeiten anderer sind dagegen offenbar sehr eingeschränkt. Der Mann, der die Gruppe anführt, gibt mir die Hand und sagt, es sei ihm eine Ehre, mich zu treffen. Es handelt sich um fünf, sechs Männer und eine Frau. In dieser freundlichen Atmosphäre mag ich sie nicht fragen, ob sie eine Genehmigung haben. Vielleicht wollen sie mit mir, einer Fremden, lieber nicht über Politik sprechen.

Gemeinsam machen wir uns auf den Weg ins Stadtzentrum und unterhalten uns tastend. Entlang der Straße tauchen immer wieder Leute auf. Wir kommen an winkenden und fotografierenden Menschen vorbei. Schließlich erreichen wir einen Park, in dem mich vierzig, fünfzig Personen erwarten. Es ist wie auf einem Fest, und als ich auf den Platz komme, applaudieren alle und rufen Hurra.

Oh, wow! Und gleichzeitig: Oh, nein!

Eine Frau führt mich in ein kleines Turmzimmer, in dem ich mich umziehen kann. Ich ziehe den Trainingsanzug aus und wringe ihn mitten im Raum aus, wo sich eine große Pfütze bildet. Dann ziehe ich den trockenen an.

Zurück im Menschengewimmel reicht jemand mir eine große Flasche eiskaltes Wasser, die ich sorgsam festhalte. Alle wollen Selfies mit mir machen.

Eine Frau geht mit einem großen Karton Gebäck umher, das sie allen anbietet. Dariush, der die Radfahrer angeführt hat, hält eine sehr schöne Rede, in der er Schweden und der schwedischen Bevölkerung dafür dankt, dass während des Iran-Irak-Kriegs so viele Iraner in ihr Land kommen durften, wo sie freundlich empfangen und fürsorglich behandelt wurden. Er dankt auch mir dafür, dass ich es wage, in den Iran zu kommen, obwohl er weiß, dass im Westen viele das Land als einen Terrorstaat betrachten. Nun wollen sie mir mit der gleichen warmen Gastfreundschaft begegnen, wie sie die Schweden seinem Volk entgegengebracht haben.

Ich bin gerührt und kurz davor, in Tränen auszubrechen.

Irgendwann verlassen Dariush, einige andere und ich den Park, und sie zeigen mir den Weg zu einem Restaurant, in dem wir zu Mittag essen. Ich soll unbedingt die Spezialität der Stadt kosten – Pommes frites mit einer aus neun verschiedenen Kräutern zubereiteten Sauce. Der Besitzer ist sehr stolz auf seine Sauce, und die Zubereitung des Gerichts beansprucht eineinhalb Stunden. Es wird mit Sicherheit köstlich schmecken, aber ich bin vierunddreißig Kilometer gelaufen, ich brauche etwas mehr als Pommes frites! Schließlich traue ich mich, Dariush dies wissen zu lassen, und bekomme auf der Stelle ein gigantisches Hähnchenbaguette.

Während wir auf die Delikatesse warten, kommen Leute aus dem Park herein und wollen reden und noch mehr Fotos machen. Sie stellen die üblichen Fragen, zum Beispiel, wie alt ich bin. »Schouhar? Dochtare? Pesar?« Ich lächele steif und frage mich, warum sich ein Anflug von Panik in mir regt, schließlich ist es diese Art fantastischer Begegnungen, die ich erleben und von denen ich anderen erzählen wollte.

Im Moment möchten mich sehr viele kennenlernen. Mehrdad hat mich gefragt, ob das okay sei, und ich habe Ja gesagt. Mein

Traum geht in Erfüllung. Ich hoffte, von friedlichen, freundlichen Menschen berichten zu können, und nun begegne ich ihnen Tag für Tag. Trotzdem bekomme ich fast keine Luft.

Ich erfahre, dass sie mich in einem Atelier einquartieren wollen. Super, denke ich, ich werde allein schlafen! Aber weit gefehlt, Dariush' ganze Familie begleitet mich, sie wollen alle gemeinsam mit mir schlafen, damit ich nicht allein bin, und weil sie mich bewirten möchten.

Sie kochen eine Ewigkeit, und irgendwann kommen Dariush' Sohn und sein Freund vorbei. Die beiden geben auf Sitar und Tombak ein Minikonzert für mich allein. Zum Klang der Instrumente werden verschiedene Getränke auf den Tisch gestellt. Der Künstler, dem das Atelier gehört, schaut vorbei, und möchte mir Bilder mit schöner Kalligrafie schenken. Das Ganze ist laut und fröhlich. Ich freue mich und weine. Gleichzeitig. Die Stimmung ist großartig.

Dann gießt es dermaßen, dass Wasser innen an den Wänden herabläuft, und mir fällt ein, dass ich keine Ahnung habe, wo Baby Blue steht. Und wo meine Kleider sind. Ich gehe suchend umher und finde Baby Blue unter einem Dach auf der Vorderseite des Hauses und meine Kleider unter einem Dach auf der Rückseite. Irgendjemand hat mitgedacht.

Schließlich kann ich nicht mehr. Mein ganzes Wesen braucht – verlangt – ein Bett, und ich muss allein sein.

Es gibt ein Schlafzimmer, das man mir überlässt. Alle anderen schlafen im Atelier auf dem Fußboden. Mit Augen, die vor Schlafmangel brennen, blogge ich ein wenig, um Familie und Lesern zu zeigen, dass ich lebe. Am Ende schlafe ich schon, noch ehe mein Kopf auf das harte Kissen trifft.

Am nächsten Tag breche ich später auf als gedacht, und schon nach acht Kilometern geht es wieder los.

Ein Mann läuft mir hinterher.

»Kristina, du hast uns verpasst!«

Direkt hinter ihm folgt ein Auto.

»Wir wollen dir das Museum zeigen!«

Ich weiß nicht, wie sie mich alle finden, aber ich bin oft im Fernsehen und Internet zu sehen, sie können mich also überall entdeckt haben. Viele haben sich mit Mehrdad in Verbindung gesetzt, und er hat mir erzählt, dass sie sich mit mir treffen wollen. Es ist unmöglich, Nein zu sagen, das kann und will ich auch gar nicht. Ich habe immer gehofft, dass es so kommen würde, gleichzeitig wünsche ich mir nichts sehnlicher, als endlich einmal meine Ruhe zu haben.

Dennoch parke ich Baby Blue am Straßenrand und steige in den Wagen, in dem mehrere Menschen sitzen. Gemeinsam fahren wir zu dem Museum, in dem eine Künstlerin gelebt hat. Sie führen mich herum und erzählen von ihr und ihrem Leben. Ich bekomme ein Buch und ein Bild und trage mich in das Gästebuch ein. Als ich hinausgehe, nehmen mich Männer in Anzügen in Empfang, die mir weitere Bücher schenken, die sie signieren, und wir machen Fotos, und überall sind unglaublich viele Menschen. Es fällt mir schwer, mich zu wehren.

Schließlich wird es Zeit, zu Baby Blue zurückzufahren. Drei Radfahrer eskortieren mich bis zur nächsten Stadt, die Qaem-Schahr heißt und für mich eine Durchgangsstadt ist. An einem Kreisverkehr stehen jedoch zahlreiche Menschen, die mir Schokolade, Rosen, Bonbons und Orangensaft geben. Alle machen Fotos. Ich werde in einem großen Restaurant zum Essen eingeladen und darf mit Repräsentanten der Stadt und dem Projektleiter für Tourismus speisen. Musiker spielen Flöte und Trommel, aber ich denke die ganze Zeit nur daran, dass ich an diesem Tag fünfzig Kilometer laufen muss, von denen noch zwanzig ausstehen. Ich habe keine Zeit für ein dreistündiges Mittagskonzert. Irgendwann stehe ich auf, lächele, nicke und gehe, so höflich ich kann.

Es ist fünfundvierzig Grad heiß, und auf halber Strecke zur nächsten Stadt finde ich einen Laden, in dem ich Wasser und Limonade kaufe. Wie üblich darf ich nicht bezahlen. Als ich aus dem Geschäft komme, setze ich mich unter einen Baum, wo ich einfach nur sitzen, mich langweilen und meine Ruhe haben, Wasser trinken und mit niemandem reden will. Dann hält ein Auto, und der Fahrer gibt mit zweihunderttausend Rial. Der Mann spricht mit mir, aber ich verstehe kein Wort. Dann fährt er weiter. Alles kommt mir seltsam und schwierig vor, und plötzlich breche ich in Tränen aus, ich sitze unter diesem Baum und weine. Die Tränen kullern herab, und ich ziehe die Nase hoch und schluchze. Ich bin verblüfft über meinen Gefühlsausbruch und versuche zu verstehen, wie es dazu gekommen ist. Ich sehne mich nach meinem Date, die Verabredung hält mich bei der Stange. Mittlerweile sind es nur noch sieben Tage bis dahin.

Erst nach Abschluss meines Laufs erfahre ich, dass es einen persischen Brauch namens Ebne Sabil gibt, Reisenden Geld zu schenken.

Am Nachmittag stoßen ein paar Kinder zu mir, Mädchen und Jungen. Sie sind ungefähr fünfzehn und manche von ihnen laufen fast zehn Kilometer mit mir. Es ist schön, mit Kindern zu laufen, und meine Beklemmung legt sich ein wenig. Ich bin vor Freude ganz zappelig, so will ich es haben. Ungezwungene Begegnungen, nichts als die Spontaneität des Laufens. Kinder sind so dankbar, neugierig, wissbegierig, freimütig. Die Mädchen kichern. Sie fragen, woher ich die Kraft nehme. Dann verliert eine von ihnen ihr Kopftuch, danach auch die andere, und die beiden lachen und setzen sie wieder auf. Einer der Jungen übernimmt eine Zeit lang Baby Blue, und die anderen Kinder wollen mir auch helfen. Wir lassen uns ein eigenes High five einfallen und sind eine richtige kleine Läufergang.

Als wir uns verabschieden, fängt es gleichzeitig an zu regnen. Große, schwere Tropfen fallen vom Himmel. Anfangs tropft es nur vereinzelt, aber dann regnet es immer intensiver. Binnen einer Minute gießt es in Strömen.

Der Regen erfrischt mich. Die Luft wird klarer und angenehmer, die Hitze gemildert. Ich bin wieder allein, und die Straße gehört mir. Ich benutze den Riemen an Baby Blue, um den Wagen neben mir herzuziehen, weil ich so dem Spritzwasser der Räder entgehe, und hüpfe zwischen den Pfützen wie bei einem Regentanz. Das Wasser läuft den Rücken herab und auf einmal lächele ich in den Himmel, während der Regen in meinem Gesicht landet.

Ich bin schachmatt, ein Stadium, in dem ich so kaputt bin, dass ich nicht mehr denken, mir keine Sorgen mehr machen kann. Die Dinge passieren einfach. In diesem Stadium bin ich ganz im Augenblick und in den Gefühlen, die mich überkommen. Währenddessen macht mein Körper automatisch weiter. Ich laufe, schreibe und tue all das, was ich mir vorgenommen habe, gleichzeitig bin ich ganz in meiner eigenen Blase.

Schahrasad ist eine Prinzessin

35.–36. Tag, Sāri

Wasser rinnt von meinem Pferdeschwanz in den Nacken. Der Regen hat nachgelassen, und je weniger Tropfen fallen, desto schlechter wird meine Laune.

Mich nerven die Rillen im Asphalt. Sie sollen eindösende Autofahrer wecken, wenn sie von der Fahrbahn abkommen, aber die Standspur ist etwas zu schmal für Baby Blue. Jede Rille, über die wir rollen, lässt den Wagen holpern. Was für eine idiotische Idee! Ich laufe entweder ohne Holpern mitten auf der Straße und riskiere, von hinten angefahren zu werden, oder ich laufe sicherer, aber hoppelnd, näher am Straßenrand.

Die Standspur ist überall von Glassplittern übersät, weshalb ich mich frage, wie viele Menschen im Iran angefahren werden? Überall glitzert es Unheil verkündend. Ich bin gereizt, weiß aber nicht, woran es liegt.

Aber laufen ist wie Tee – es hilft gegen alles –, sodass ich das Tempo erhöhe und die Füße schneller arbeiten lasse als sonst. Schwarzer Asphalt verschwindet hinter mir, mein Körper wird von einer flüssigen Haut aus Schweiß bedeckt.

Etwas später werde ich langsamer, wische mir die Tropfen aus der Stirn. Puh! Jetzt fühle ich mich besser. Ich kehre zu meinem normalen Trott zurück und verschwende keinen Gedanken mehr an das Laufen. Die Beine bewegen sich automatisch, und ich konzentriere mich stattdessen auf die bestellten Felder und die in Reihen gepflanzten Obstbäume. Alles wogt sanft auf Hügeln. Im Hintergrund sehe ich wie gewohnt das Elburs-Gebirge.

Auf einmal fährt vor mir ein Auto rechts heran und hält. Ein Mann steigt aus, der Mehrdad so ähnlich sieht, dass ich mehrmals blinzeln muss.

Es *ist* Mehrdad! Das letzte Mal habe ich ihn vor Wochen in Bazargan gesehen! Ich werfe mich ihm um den Hals, schreie vor Freude und lache.

Es stellt sich heraus, dass Pouran, Parsa und er die dreihundert Kilometer von Karadsch hierhergefahren sind, um mich zu treffen. Ich werde bei Pourans Cousine in Sāri schlafen, der Hauptstadt der Provinz Masanderan mit etwa dreihunderttauend Einwohnern, und sie fanden, dies sei eine gute Gelegenheit, sowohl sie als auch mich zu sehen. Ich lächele nur.

Wir machen uns auf den Weg zu Pourans Cousine Hoora, sie fahren vor, und ich laufe hinterher. Sie wohnt in einem großen Haus am Stadtrand von Sāri, was mich freut, denn so bleibt mir das Menschengewimmel und der dichte Verkehr in der Stadt erspart, die im Übrigen mit ihren flachen Häusern und dem bunten Treiben auf den Straßen einen netten Eindruck macht.

Als ich das Haus betrete, fühle ich mich sofort heimisch. Seltsamerweise kommt es mir so vor, als würde ich Hoora kennen, obwohl ich ihr nie zuvor begegnet bin. Pouran und Mehrdad sind für mich wie alte Freunde, obwohl wir uns so wenig gesehen haben. Ausnahmsweise werde ich nicht unter Fremden schlafen.

Ich dusche und wasche meinen Trainingsanzug, den ich im Garten zum Trocknen aufhänge. Das Salz fasziniert mich. An den ersten 10 Tagen hatte ich weiße Salzflecken auf den Kleidern, wenn sie schließlich trockneten. Mittlerweile habe ich mich daran gewöhnt, dass der Schweiß an den Armen und durch die Ärmelöffnungen herabläuft und die Kleider am Körper kleben, aber wenn sie trocknen, entstehen keine Flecken mehr. Schwitze ich jetzt weniger Salz aus? Oder sind Schlackenstoffe ausgeschieden worden? Hat der Körper einen Reinigungsprozess durchlaufen?

Jeden Abend fülle ich den Boden eines Glases mit gewöhnlichem Kochsalz, vermische es mit Wasser und trinke die Mischung, um einem eventuellen Salzmangel vorzubeugen. Eigentlich neige ich nicht dazu, selbst hier im Iran nicht, es ist eher eine Vorsichtsmaßnahme. Jedenfalls habe ich den Eindruck, dass ich inzwischen weniger rieche. Vielleicht hat meine Nase sich an meinen Geruch gewöhnt oder frischer Schweiß riecht weniger intensiv.

Hoora kocht Abguscht. Fettiges und leckeres Essen. Mehrdad

hat getratscht und ihr erzählt, dass es mein Lieblingsgericht ist. Eines meiner anderen Leib- und Magengerichte ist Fesundschan mit Hähnchenfleisch, das auch Mehrdad liebt und das wir am nächsten Tag essen werden. Fesundschan ist Fleisch in einer Sauce aus Granatapfelsirup, gemahlenen Walnüssen und Gewürzen. Viele Frauen im Iran sind Hausfrauen und haben Zeit, lange zu kochen. Bevor ich hierherkam, wusste ich nicht viel über den Iran, aber ich lerne jeden Tag dazu.

In den Jahren nach dem Tod des Propheten Mohammed nahmen seine Nachfolger, die ersten vier Kalifen, Persien ein. Die Perser versuchten, sich gegen die Angreifer von der Arabischen Halbinsel, die rasch die Macht ergriffen hatten, zu erheben, scheiterten aber. Schrittweise führten die Araber gegen heftigen Widerstand der Perser, die an den Zoroastrismus glaubten, den Islam ein. Priester wurden hingerichtet und zoroastrische Schriften verbrannt. Der Islam breitete sich relativ schnell aus und ist heute die vorherrschende Religion. Anfang des sechzehnten Jahrhunderts zwang König Ismail das sunnitische Persien und Aserbaidschan, zum Schiismus überzutreten, aber die persische Identität ist durch Sprache und Kultur nach wie vor sehr lebendig.

Ein Iraner, dem ich begegnete, regte sich sehr darüber auf, wie die Außenwelt sein Land wahrnimmt. »Sie glauben, wir sind Araber«, platzte er beleidigt heraus. Eine Frau meinte: »Das Gesetz folgt im Iran den Regeln der islamischen Religion, aber die iranische Kultur ist seit mehreren Tausend Jahren von vielen verschiedenen Kulturen, Sprachen und Religionen geprägt worden. Die iranische Kultur und die islamischen Gesetze stimmen nicht überein. Deshalb kämpfen die Frauen im Iran für ihre Rechte und gleichzeitig gegen Ungerechtigkeiten in der Gesellschaft.«

Ein anderer Mann sagte: »Wenn die Araber aus unserem Land verschwänden, würde alles gut werden.« Ich überlegte, ob er damit die Ayatollahs und die Staatsform meinte, traute mich aber nicht, ihn zu fragen.

Bei Hoora schreibe ich Artikel. Vor dem Frühstück schaffe ich zwei über meinen Lauf, danach blogge ich. Ich gehe ins WLAN der Familie und lade eine Menge Bilder hoch. Ich genieße die Kommentare. Babak hat sich erneut zu Wort gemeldet und schreibt:

> Du bist genau wie eine Elfe, wie die Märchengestalt Schahrasad, du erzählst jeden Tag von deinen Abenteuern. Es bereitet uns Freude, dich zu begleiten. Im Märchen wird Schahrasad am Ende eine Prinzessin, aber du wirst schon jetzt wie eine behandelt.

Meine liebe Carina wärmt mich mit diesen Worten:

> Du veränderst die Welt. Wirklich!

Es ist aufregend, ergreifend, groß!

Eine iranische Fernsehjournalistin meldet sich bei mir und möchte mich interviewen, was gut passt an diesem ersten Tag in Sāri, da ich sowieso nirgendwohin will.

Die Frau ist untadelig gekleidet. Sie trägt ein langes Tuch um das Gesicht, einen Tschador vom Kopf bis zu den Füßen. Unter ihrem Tschador trägt sie ein Kleid, Hose und Laufschuhe. Meine Kleider sind für das Interview untauglich. Statt der Mütze muss ich meinen Laufhidschab anziehen und um meine weiblichen Formen zu verbergen, versucht Pouran zunächst, meinen blauen Alltagshidschab um den Po zu schlingen, aber das reicht nicht. Sie steht ohne Kopftuch auf der Veranda, vor dem gesamten staatlichen Fernsehteam, das außer der Journalistin ausschließlich aus Männern besteht. Ich meine, einen Anflug von Stolz in Mehrdads Augen zu sehen, als er seine Frau betrachtet. Schließlich geht die Reporterin in Hooras Haus, zieht ihr eigenes Kleid aus und leiht es mir.

Das scheint in Ordnung zu sein. Wir kehren auf den Hof zurück, und sie wollen, dass ich ein paar Meter laufe. Im Kleid einer anderen und in einem Laufhidschab habe ich das Gefühl, einem Teletubby zu ähneln, als ich vor der Kamera auf und ab laufe. Danach folgt das eigentliche Interview.

Mehrdad ist als Übersetzer dabei. Das ist gut, weil ich so frei von meinen Gedanken erzählen kann, ohne mir den Kopf zerbrechen zu müssen, ob sie mich versteht oder nicht. Die Reporterin will wissen, warum ich durch den Iran laufe, und weil Mehrdad jedes einzelne Wort übersetzt, kann ich ausnahmsweise ganz direkt sagen: Weil es so viele Vorurteile und Angst in der Welt gibt und ich mich für Vertrauen einsetzen möchte. Sie fragt mich auch, wie so viele andere vor ihr, ob ich freundlich aufgenommen werde. Ich antworte, dass alle unglaublich gastfreundlich sind und erzähle, dass ich das Essen liebe und wie schön das Land ist.

Dagegen sage ich wie üblich nichts dazu, dass ich mit bedeckten Haaren laufen muss und der Meinung bin, dass die mir aufgezwungene Kleidung gesundheitsschädlich ist. Zu solchen Themen schweige ich, solange ich mich im Iran aufhalte. Ich werde vom staatlichen Fernsehen interviewt, soweit ich weiß, gibt es im Iran kein Privatfernsehen. Doch selbst wenn es das gäbe, würde ich niemals etwas sagen, was mich in Schwierigkeiten bringen könnte.

Ehrlich gesagt staune ich über die Aufmerksamkeit, die man mir im Iran schenkt. Es ist mein Ziel gewesen, Schweden und die westliche Welt zu beeinflussen. Ich habe keinen Gedanken daran verschwendet, welche Botschaft es für den Iran haben könnte, abgesehen davon, dass Frauen laufen können und stark sind.

Das Interview endet damit, dass die Reporterin versucht, mir ein paar Worte auf Masanderanisch beizubringen, der Sprache, die in der Provinz Masanderan gesprochen wird, in der ich mich befinde. Diese Sprache ist näher mit Gilaki verwandt, jener Sprache, über die Mahdi promoviert, als mit dem Persischen. Ich stolpere über die ungewohnte Aussprache, und alle lachen. Nach dem Interview gehen wir zu Hooras Haus, und ich gebe das Kleid zurück. Die Journalistin wirkt zufrieden, und das Filmteam begibt sich zu seinem grauen Peugeot, der eindeutig schon viele Kilometer gelaufen ist. Wenn die Reportage ausgestrahlt wird, verlinkt Mehrdad den Beitrag mit meiner Facebookseite.

Ich bin froh, dass ich Gelegenheit hatte, darüber zu sprechen, wie ich aufgenommen werde, denn alle, denen ich begegne, sind rührend bemüht, dafür zu sorgen, dass ich mich wohlfühle. Viele sind wirklich unglücklich darüber, dass der Iran sich den Ruf erworben hat, eine Brutstätte für Terrorismus und religiöse Gewalt zu sein. Die Einwohner des Irans haben etwas Besseres verdient.

Dagegen sage ich nichts darüber, was ich vom Regime halte, von der politischen Unterdrückung, der Diskriminierung von Frauen durch das Gesetz oder der fehlenden Rechtssicherheit. Meine Selbstzensur ist lückenlos. In Schweden denke ich nie darüber nach, welche Ansichten ich äußere. Ich weiß, dass ich praktisch alles sagen kann, auch wenn ich damit rechnen muss, kritisiert zu werden. Schon als ich vor meiner Reise bloggte, zensierte ich mich selbst. Ich schrieb nicht, dass man wegen Gotteslästerung oder Beleidung des Obersten Führers zum Tode verurteilt werden kann, ich sprach weder die Menschenrechtssituation noch die Themen Sexualität oder Freiheit der Frauen an. Manche sind der Meinung, dass man in Schweden über gewisse Themen nicht spricht, was wahrscheinlich zutrifft. Einige Ansichten sind eben politisch korrekter als andere. Aber das steht in keinem Gesetz. Ich werde nicht ausgepeitscht, inhaftiert oder hingerichtet, wenn ich gegen die politische Korrektheit verstoße.

Wenn ich wieder heimfahren möchte, ohne von der Polizei verhaftet zu werden, weil ich den Obersten Führer beleidigt habe, achte ich lieber sorgfältig auf meine Worte.

Mehrdad und ich fahren zu einem Kulturinstitut, das uns eingeladen hat. Ein lauter, schwerer Mann empfängt uns in der Tür und verkündet, »hier bei uns tun wir, was wir wollen, nehmen Sie das Kopftuch ruhig ab«.

Verwirrt sehe ich Mehrdad an, darf ich das wirklich tun? In dem Raum befinden sich fünf unbekannte Männer, die darauf erpicht sind, über ihre Sammlungen zu sprechen. Mehrdad nickt. Es ist ein komisches Gefühl, und es kommt mir fast verboten vor, in der Gesellschaft von ausschließlich Männern keine Kopfbedeckung zu tragen. Habe ich mich in nur einem Monat so indoktrinieren lassen? Dann besichtigen wir mehrere Stunden die Bibliothek, die diese Männer aufgebaut haben. Sie erzählen mir von Firdausi, dem iranischen Nationaldichter, dessen Epos für Persisch sprechende Menschen – Perser, Afghanen und Tadschiken – der Kern ihrer Identität ist, von Hafis, dem Mystiker und Dichter, der von Sven Hedin der »Bellman des Morgenlandes« genannt wurde, und von Rumi, dem Dichter und sufischen Mystiker, der Gott als den Liebenden beschreibt und sagt, dass alle Religionen die gleiche göttliche Quelle haben. Schließlich geht es anhand des iranischen Universalgelehrten Avicenna auch um Wissenschaft, Medizin, Philosophie und Poesie. Auch wenn ich den Besuch und alles, was die Männer mich lehren, zu schätzen weiß, frage ich mich, wie Kronprinzessin Victoria es nur aushält, die ganze Zeit zu lächeln, höflich, interessiert und gut vorbereitet zu sein.

Als wir das Institut verlassen, sagt Mehrdad:

»Es wundert mich, dass es noch existieren darf, solche Einrichtungen werden eigentlich geschlossen.«

»Warum denn das? Bewahren sie nicht die Kultur des Landes?«

»Vielleicht dürfen sie ja bleiben, weil sie auch islamische Literatur sammeln.«

Mehrdad scheint in eigene Gedanken versunken zu sein, und ich will keine Fragen mehr stellen.

Mehrdad, Pouran, Hoora, ihr Mann und ich verbringen noch einen Abend zusammen. Und ich darf eine weitere Nacht in einem Zuhause schlafen, das mir seltsamerweise nicht fremd vorkommt. Damals wusste ich es nicht, aber Hoora hat allen, die mich treffen wollen, nachdrücklich und unmissverständlich abgesagt. Sie weiß, dass ich müde bin und Ruhe brauche. Trotzdem klingelt eine ihrer Freundinnen an der Tür, und ich bin einige Zeit freundlich und nett.

Am nächsten Tag habe ich keine Lust, meine geschützte Burg zu verlassen. Ich will mich nicht von Mehrdad verabschieden. Aber es liegen noch gut drei Wochen vor mir, und wenn ich den Lauf jetzt nicht abbrechen will – und das will ich nicht –, heißt es packen und weiterlaufen.

Ich wechsele die Schuhe so selten wie möglich, und das Schuhmodell so gut wie nie. Ich habe die meisten Marken getestet: New Balance, Asics, Nike. Dennoch teste ich immer neue, denn den Schuhen, die ich kaufe, gelingt es nie, meinen Ansprüchen zu genügen.

Langläufer haben andere Bedürfnisse als Sprinter. Die Nimbus, in denen ich jetzt laufe, haben keine Fersenkappen. Gerade die Fersenkappe kann einem große Probleme bereiten. Sie darf nicht zu hoch oder zu hart sein, manchmal schneide ich sie sogar heraus. Erst trenne ich die Naht auf, danach muss ich die Kappe vom Stoff losreißen, an dem sie festgeklebt ist, und sie von der Sohle trennen, mit der sie vernäht ist. Die Fersenkappe sitzt häufig felsenfest. Zwei Stunden dauert es in der Regel, einen frisch gekauften Schuh so vorzubereiten, dass er sich für das Laufen langer Strecken eignet. Idiotisch. Ich bin nach wie vor auf der Suche nach einem Schuh, der für lange Distanzen gedacht ist und wirklich funktioniert.

Zum Abschied bekomme ich eine iranische Flagge geschenkt,

die ich mit meiner schwedischen an der Wimpelstange befestigen kann.

Mehrdad und Hooras Mann fahren vor mir, um mich aus der Stadt zu begleiten. In Baby Blue liegt eine Portion Fesundschan als Mittagessen. Ich stähle mich, denn es tut weh, meine neue Familie zu verlassen und mich ein weiteres Mal ins Unbekannte zu bewegen. Entschlossen winke ich ihnen zum Abschied zu. Wir werden uns bald wiedersehen.

Um meine Ruhe zu haben, wähle ich kleine Straßen. Hoora und Mehrdad haben mir eine gute Straße in östliche Richtung empfohlen, die parallel zur Hauptstraße verläuft. Sie ist nicht asphaltiert und kaum befahren. Nach einer Stunde bin ich nur einer Handvoll Autos und drei Bauern begegnet. So abgeschieden, so frei.

Ich mache eine Pause und setze mich in den Schatten eines Baums. Dort sitze ich und starre zehn Minuten vor mich hin. Einmal hebe ich den Blick zum Himmel und der Laubkrone über mir. Die Blätter werden von dem grellen Licht hellgrün gefärbt, und auf dem Erdboden bildet sich ein kompliziertes Muster. Das ist schön, und ich atme ein und anschließend aus und bin erleichtert, für einige Minuten meine Ruhe zu haben.

Dann kommt ein Auto. Ein Streifenwagen.

Wie ist das möglich? Wie hat er mich hier gefunden?

Der Polizist steigt aus, lächelt und fragt, was ich tue. Es ist ein gewöhnlicher Streifenpolizist in einem hellgrünen Hemd. Er ist nett, aber ich finde es trotzdem unangenehm, weil mir klar wird, dass sie mich jederzeit im Auge behalten. Es kann einfach kein Zufall sein, dass er ausgerechnet jetzt diese vergessene Schotterpiste nimmt. Oder die Behörden überschwemmen das ganze Land mit Polizisten.

Die iranische Regierung weiß offensichtlich haargenau, wo ich bin und was ich tue. Fragt sich nur, welche Bedeutung das für mich hat. Ist es gut? Oder schlecht?

Die Geheimpolizei

39.–40. Tag, Behschahr – Galugah – Kordkuy, 56 km

Ich denke daran, dass ich bis an die Grenze zu Turkmenistan laufen, das Land selbst aber nicht besuchen werde. Das finde ich schade. Auf einer Liste über die am wenigsten von Touristen besuchten Länder der Welt liegt Turkmenistan auf dem ersten Platz. Es wäre sicher spannend gewesen, sich dort umzuschauen, schon weil es so ungewöhnlich ist. Und weil ich kaum wusste, dass Turkmenistan überhaupt existiert, bis ich meine Reise plante, geschweige denn, wo es liegt.

Hier im Iran komme ich an hübschen Dörfern, lauten Märkten und arbeitenden Bauern vorbei. Nach etwa einer Stunde nähere ich mich einer Gruppe von Männern, die am Straßenrand steht. Einer von ihnen raucht. Ich will Baby Blue um die Gruppe herumlenken, aber als ich auf gleicher Höhe bin, sagt der rauchende Mann plötzlich: »Passport!« Er sieht mich an, und ich bleibe stehen.

Er trägt keine Polizeiuniform, weder das gewöhnliche hellgrüne Hemd noch die graubeige tarnfarbene Uniform der Sittenpolizei oder das weiße Hemd der Verkehrspolizei. Nichts zeigt an, dass er das Recht hat, meinen Ausweis sehen zu wollen. Warum sollte ich ihn also zeigen?

Ich weiß, dass schwedische Pässe begehrtes Diebesgut sind, und gebe ihn deshalb nicht heraus. Stattdessen bitte ich ihn, sich auszuweisen. Er erwidert nichts. Ich warte einige Sekunden, laufe dann weiter und lasse die Gruppe hinter mir. Ich verschwende keinen Gedanken mehr an den Vorfall, da ich glaube, dass er ein normaler, neugieriger Mann war, der auf eine etwas ungewöhnliche Art herausfinden wollte, woher ich komme.

Zehn Minuten später begegne ich dem Mann wieder. Diesmal ist er jedoch in Begleitung eines weiteren Mannes in Zivil und eines Militärs in dunkelgrüner Uniform. Glaube ich. Viel später erfahre ich, dass auch die Sittenpolizei dunkelgrüne Uniformen trägt.

Oh je, was geschieht jetzt?

Sie stoppen mich, indem sie die Hand heben wie Verkehrspolizisten. Der zweite Mann in Zivil hält mir einen Dienstausweis hin, aber ich habe keine Ahnung, wofür er steht. Jedenfalls habe ich keine Lust, mich zu streiten, wenn ein Mann in Militäruniform danebensteht.

Ich zeige ihnen meinen Pass, und sie wollen eine Kopie davon haben. Die können sie bekommen. Ich habe mehrere Kopien.

Während wir zusammenstehen und sie meinen Pass mit der Kopie vergleichen, rufe ich Mehrdad an und frage ihn, ob es Polizisten ohne Uniform gebe. Er klingt unsicher, versteht es auch nicht. Statt zu spekulieren, ruft er Hilfe.

Drei Minuten später ist Omid zur Stelle, der Mann, der in der vorherigen Nacht mein Gastgeber gewesen ist. Gestern nahm Omid mich zu einem Park mit, in dem Tee serviert wurde, zu einem Feriendorf, in dem es noch mehr Tee gab und wir uns eine Höhle ansahen, und zu zwei alten Palästen, die heute Ruinen sind. Am Abend aßen wir gegen zehn, danach bloggte ich und lag gegen Mitternacht im Bett, am Morgen gab ich dem Morgenprogramm des schwedischen Rundfunks ein Interview und als ich schon dachte, ich würde aufbrechen, fragte Omid mich, ob ich nicht eine archäologische Ausgrabungsstelle besichtigen wolle. Mein ganzer Körper schrie »NEIN!«, aber aus meinem Mund kam: »Das klingt interessant.«

Jetzt steht er hier und ruft die örtliche Polizei an, die ihm mitteilt, dass der Beamte in Zivil zur Geheimpolizei gehört.

Das beruhigt mich. Mein natürlicher schwedischer Reflex besagt, dass Polizei etwas Verlässliches ist, und solange die Polizei meinen Pass kontrollieren möchte und nicht irgendwer, der meinen Pass stehlen will, bin ich zufrieden. Vielleicht gehört es zu ihrem Job, meinen Pass zu kontrollieren, und ist nicht Teil eines Komplotts, um mich in Schwierigkeiten zu bringen. Später am Tag wird mir über Omid eine Entschuldigung übermittelt, die Polizei habe nicht vorgehabt, mir Angst einzujagen. Ich habe keine Ahnung, ob die Geheimpolizei ein Teil der gewöhnlichen Polizei ist oder nicht, bisher hatte ich keinen Grund, mir darüber Gedanken zu machen. In Schweden haben wir den Staatsschutz.

Mehrdad ruft auch Samira an, bei der ich übernachten werde, damit sie weiß, was vorgefallen ist.

Bei Samira in Galugah und ihrer Mutter fühle ich mich sofort wohl, die beiden sind sympathisch, und ich werde herzlich aufgenommen. Kurz nach dem Essen füllt sich das Haus jedoch mit Menschen. Alle wollen Fotos machen und reden.

Dann machen wir ein Bild, auf dem Samira und ihre Freunde ein Transparent mit einem Text hochhalten, dessen Inhalt ich nicht kenne. Ich frage mich, auf was für Aufnahmen ich eigentlich lande und ob darauf etwas Regimekritisches steht, aber es stellt sich heraus, dass es der Name eines Klettervereins ist.

Am nächsten Morgen begleiten sie mich ins Sportamt der Gemeinde. Dort hat sich eine große Gruppe von Menschen versammelt, und erneut wird ein Foto mit einem Transparent gemacht. Ich will danach fragen, weil es ein bisschen unangenehm ist, nicht zu wissen, was darauf steht, fühle mich aber nicht wohl dabei, die Frage im Beisein von dreißig Leuten zu stellen, die mir gerade ein großes, gerahmtes Gemälde geschenkt haben. Stattdessen beschließe ich, ihnen zu vertrauen.

Die Menschen in der Gemeindeverwaltung und Samira marschieren mit mir durch die Stadt und winken mir zum Abschied zu. Ich verlasse Samira, ihre Mutter und die Stadt, in der sie wohnen, und bin ein wenig traurig. Wieder unterwegs. So kurze, intensive Begegnungen. Manchmal ergeben sich tolle Gespräche, manchmal ist alles völlig unverständlich. Den Menschen, die ich kennenlerne, fühle ich mich trotzdem schnell nahe, und nach jedem Abschied bin ich ein wenig bedrückt.

Als ich weiter aus der Stadt herauskomme, wird die Straße breiter, und die kleinen Häuser weichen Laubbäumen. Am Straßenrand löst ein Obststand den anderen ab. Grüne Maisfelder und

Bäume, die Espen sein könnten, säumen die Fahrbahn. Männer, die große Fische auf ihre Angelleine gefädelt haben, verkaufen ihren Fang.

Links von mir liegt nach wie vor das Kaspische Meer, aber ich befinde mich jetzt weiter im Landesinneren, wo die Frauen strenger gekleidet sind als an der Küste. Das Kopftuch sitzt, wie es sein soll, und die Gewänder sind lang. Vielleicht liegt es auch daran, dass ich mich der Stadt Maschhad nähere, bis zu der es zwar noch etwa sechshundert Kilometer sind, aber viele Autofahrer, die mich grüßen, fragen lächelnd, ob ich dorthin unterwegs sei. Imam Reza liegt dort begraben, es ist ein Wallfahrtsort. Er ist der Einzige der zwölf Imame, der im Iran beerdigt liegt. Außerdem ist bald Muharram.

Muharram ist ein heiliger Monat im islamischen Kalender und am zehnten Tag des Monats, Aschura, wird des Todes von Imam Hussein auf dem Schlachtfeld von Kerbala im Jahr 680 gedacht. Für die Schiiten ist es ein besonders wichtiger Tag. Die Schlacht symbolisiert die Spaltung des Islams in Sunniten und Schiiten, bei der es um die Frage ging, wer Nachfolger des Propheten Mohammed werden sollte.

Während des Muharram kleiden sich viele schwarz und tragen Trauerflor. Manche weinen. Genau wie in Schweden gibt es aber auch viele, die sich nicht im Geringsten für religiöse Feiertage interessieren. Für sie ist es eher eine Gelegenheit, sich zu treffen und gemeinsam zu essen. Ich hoffe, Muharram-Zeremonien zu erleben.

In einem der Dörfer, durch die ich laufe, hängen schwarze Fahnen an den Straßen, und mitten auf dem Weg steht eine Gruppe von Männern. Um sie herum hängt weißer Rauch in der Luft, und es duftet nach gekochten Nudeln. In den ersten zehn Tagen des Muharram soll niemand Hunger leiden und wer vorbeikommt, erhält eine Plastikschale mit Essen. Auch mir wird eine Portion in die Hand gedrückt. Danke!

Als ich das Dorf hinter mir lasse, fängt es an zu regnen, aber bei einer Temperatur von zwanzig Grad ist es dennoch angenehm. Ich gehe und singe vor mich hin. Die heutige Etappe ist nur achtundzwanzig Kilometer lang. Ich habe es also nicht eilig.

Neben einem Auto auf der rechten Straßenseite stehen zwei Männer. Ich sehe schon von fern, dass einer von ihnen eine finstere Miene macht und mich anstarrt, als ich näher komme.

»Police«, sagt der mürrische Mann und hält eine Hand hoch.

Keiner der beiden trägt Uniform, und das Auto ist kein Streifenwagen.

»Passport!«

Ich bitte wie üblich darum, ihre Dienstausweise zu sehen. Der wütende Mann zieht etwas aus seiner Brusttasche und wedelt damit, aber ich habe keine Chance zu sehen, was er da eigentlich in der Hand hält.

Ich frage den anderen Mann nach seinem Ausweis. Seine Antwort besteht darin, die Hände demonstrativ auf alle Taschen zu legen. Erst auf die Hosen-, dann die Jacken- und schließlich die Hemdtaschen. Gleichzeitig geht er zum Auto.

Der wütende Mann erhebt die Stimme und ruft:

»Hidschab! Hidschab!«

Er wiederholt das Wort mehrmals.

Ich überlege, die Mütze vor seinen Augen abzuziehen und stattdessen meinen blauen Abendhidschab aufzusetzen, wickele aber stattdessen den blauen mit Mütze und allem um meinen Kopf.

Danach betrachtet der Mann mein Gepäck und nimmt meine Kamera.

»Journalist?«, fragt er.

»No.«

Er geht meine Bilder durch. Will er sich jetzt sämtliche Fotos anschauen? Ich sage ihm, dass ich über tausend Bilder gespeichert habe.

»Passport?!«, sagen sie wieder, und ich bestehe meinerseits darauf, einen Ausweis zu sehen.

Daraufhin gibt der wütende Polizist seinem Kollegen ein Zeichen. Er greift nach seinem eigenen Handgelenk, erst dem einen, dann dem anderen, und zeigt anschließend auf das Auto. Ich deute die Gesten so, dass er seinen Kollegen auffordert, Handschellen aus dem Wagen zu holen und sie mir anzulegen.

Mit Handschellen in diesem scheinbar privaten Auto zu sitzen, erscheint mir wenig verlockend, sodass ich schließlich meinen Pass herausziehe. Der wütende Polizist legt ihn auf die Motorhaube und schreibt alle Informationen ab. Ich gebe ihm keine Kopie, er soll ruhig alles selbst abschreiben.

Ich lasse den Pass nicht eine Sekunde aus den Augen. Ich habe keine Ahnung, wer diese Männer sind, vielleicht handelt es sich um simple Diebe, schließlich ist es ihnen nicht gelungen, sich als Polizisten auszuweisen. Gleichzeitig hole ich mein Telefon heraus und rufe Samira an. Meine Hände zittern, weshalb ich kaum in der Lage bin, ihre Nummer herauszusuchen. Sie meldet sich, und ich reiche das Handy an einen der Männer weiter. Sie erzählt ihm, wer ich bin.

Endlich gibt mir der wütende Mann mit einem hitzigen Zeigefinger auf mein Kopftuch ein Zeichen, dass ich weiterdarf.

Wieder unterwegs rufe ich Mehrdad an, um ihm von dem Zwischenfall zu erzählen. Noch während ich telefoniere, fährt erneut ein ziviles Fahrzeug neben mich. Während ich rede, fährt es langsam, und der Fahrer winkt mir zu. Ich zeige ihm an, dass ich telefoniere, weil ich die Insassen für ganz normale Leute halte, die mich begrüßen und Bilder von mir machen wollen, und ich möchte nicht mit ihnen reden. Dann zieht der Mann jedoch einen Dienstausweis der Polizei heraus und lächelt mich an. Noch einer?

Dieser Beamte wirkt immerhin sympathisch. Wie üblich kann ich mich mit den Männern nicht verständigen, sodass ich gar nicht erst versuche zu erzählen, dass ich gerade erst ihren Kollegen begegnet bin. Ich bleibe einfach stehen und reiche den Polizisten eine Kopie meines Passes. Sie sind zufrieden und verabschieden sich hocherfreut, dass sie nichts abschreiben mussten. Ich sehe dem Wagen hinterher, als er davonfährt.

Was ist hier eigentlich los? Innerhalb von vierundzwanzig Stunden haben mich drei Polizisten in Zivil angehalten. So etwas ist bisher noch nie passiert. Kann das ein Zufall sein? Oder lande ich bald im Gefängnis? Ich setze mich an den Straßenrand und weine. Meine Beine tragen mich nicht mehr, sie sind wie weich gekochte Spargelstangen. Ich schluchze und tröste mich damit, dass mein Date mir vielleicht eine Antwort geben kann.

Sämtliche Polizisten, die mich vorher angehalten haben, trugen Uniform, fuhren Streifenwagen, lächelten und schenkten mir Wasser und Äpfel.

Warum werde ich ausgerechnet jetzt von so vielen zivilen Beamten kontrolliert, ich verstehe es nicht.

Mehrdad vertritt die Theorie, dass sie versuchen, mich vor Konservativen zu schützen, die mir schaden wollen, wodurch der Iran im Westen in einem schlechten Licht dastehen würde, ein Auftrag, der dem wütenden Polizisten jedoch missfällt und gegen den er auf seine Weise protestiert hat.

Während ich weitergehe, spekulieren Amir, Mehrdad und ich auf *3 of Us* über mögliche Gründe: Gehört der wütende Polizist zu den Konservativen und hat mich nur deshalb schikaniert, weil ich den Westen repräsentiere und zufällig seinen Weg gekreuzt habe? Es gibt Iraner, Polizisten und andere, die der Ansicht sind, dass das Regime die iranische Kultur vor Einflüssen aus dem Westen schützen sollte.

Ich habe selbst die Zensur des Internets zu spüren bekommen. Bei meinem Besuch in Sāri war ich zur gleichen Zeit in der Stadt wie Präsident Rohani. Es wurde geflaggt und gefeiert, und das Internet war unglaublich langsam. Es ist allgemein bekannt, dass die Regierung die Geschwindigkeit des Internets bei offiziellen Besuchen drosselt, was auch der Bericht der Vereinten Nationen zum Iran bestätigt. Man will unter anderem den Inhalt des Informationsflusses kontrollieren und die Verbreitung unerwünschten Materials verhindern. Einmal hielt sich Ayatollah Khamenei in der gleichen Gegend auf wie ich. Das Internet war extrem langsam. Ich kam nicht einmal auf meine Homepage. Damals mailte ich meinen Text Carina zu, die ihn anschließend hochlud. Einen Text zu mailen ist wesentlich einfacher, als mich auf meiner Homepage einzuloggen, die viele Bilder enthält, weil so der Seitenaufbau lange dauert.

Facebook und Twitter sind verboten, aber fast alle benutzen sie trotzdem. Mithilfe einer App, die einen VPN-Zugang generiert, kann ich die verbotenen sozialen Medien benutzen. Die Geschwindigkeit verringert sich, aber es funktioniert.

Ich erinnere mich, dass ich in Schweden auf Facebook einen Aufruf mit Bildern von iranischen Frauen ohne Kopftuch gesehen habe. Die Bilder waren immer sehr schön, und ich dachte, dass professionelle Fotografen sie gemacht haben mussten. Ich weiß noch, dass ich die Frauen für ihren Mut bewunderte, sich in Gefahr zu bringen, indem sie sich an der Kampagne beteiligten. Auf Facebook, Twitter, Telegram und Instagram sehe ich nun Frauen in alltäglichen Situationen, auf ihren Profilbildern und manchmal auch im Bilderstrom ohne Kopftuch. Das scheint bei Weitem nicht so ungewöhnlich zu sein, wie ich dachte, als ich noch in Schweden war.

Die offizielle Haltung des Regimes zu sozialen Medien lautet, die Menschen müssten vor der »giftigen Natur« des Internets beschützt werden, aber sowohl Präsident Rohani als auch Ayatollah

Khamenei benutzen Twitter, Facebook und Youtube, die in ihrem Land eigentlich verboten sind. Trotzdem heißt es offiziell, es sei falsch, diese Medien zu benutzen, damit sie sich weiter als würdige rigorose Hüter der Bevölkerung präsentieren können. Telegram und Instagram sind erlaubt, obwohl sie so stark verschlüsselt sind, dass das Regime sie nicht filtern und damit auch nicht kontrollieren kann. Die Regierung weiß, sie muss eine gewisse Nutzung zulassen, weil es sonst einen Aufstand gäbe. Die Macht, das Internet abzustellen, liegt jedoch allein in der Hand des Regimes, das wissen alle. Die Menschen nutzen die sozialen Medien ganz offen, es interessiert keinen, dass sie verboten sind.

Regime und Polizei lassen sich nicht als eine stets gleich denkende und handelnde Einheit betrachten, das ist mir bewusst. Es gibt Konservative und Reformkräfte, und sie scheinen gemeinsam in einer Art Gleichgewicht zu existieren, bei dem die Konservativen die Einschränkungen der Freiheit nicht aufheben wollen und die Anhänger von Reformen wissen, dass sie die Grenzen des Machbaren nicht zu sehr strapazieren dürfen. Welche Rolle kommt mir in diesem Spiel zu? Kann ich die Grenzen stärker strapazieren und häufiger Kritik üben, als ich es bisher getan habe? Ich weiß es nicht, beabsichtige aber nicht, dieses Risiko einzugehen, außerdem habe ich oft den Eindruck, dass es besser ist, das Positive zu stärken, statt das Negative zu kritisieren. Mein Lauf scheint einen Beitrag zur Freiheit der Frauen zu leisten und etwas für reformfreundlicheres Denken sowie dafür zu tun, dass die Iraner ein positiveres Bild von sich selbst haben. Damit bin ich mehr als zufrieden.

Dann nähert sich von hinten ein Auto und hält neben mir. Der Fahrer kurbelt die Scheibe herunter und lächelt. Anschließend streckt er meine beige Abendhose zum Fenster hinaus und gibt sie mir.

»Oh, danke! Das ist aber nett!«, platze ich heraus und freue mich.

Der Mann fährt in seinem Transporter weiter und von einer Sekunde auf die andere wird mir innerlich ganz kalt.

Warum. Hatte. Er. Meine. Hose?

Hatte ich sie verloren? Aber selbst wenn, woher hat er gewusst, dass es meine Hose ist?

Ich zerre den Packbeutel heraus, in dem sie hätte liegen sollen, und er steht offen. Wie zum Teufel ist das passiert? Nie zuvor habe ich vergessen, den Beutel zu schließen. Hat jemand etwas in meiner Hose oder in der Tasche versteckt? Wer? Die Sittenpolizei? Irgendein konservativer Abgesandter des Regimes? Liegt jetzt ein Sender zwischen meinen Sachen? Versucht jemand, mich ans Messer zu liefern, indem er Rauschgift in meiner Tasche deponiert? In der Hose?

Ich durchsuche die Hose, die ich zurückbekommen habe, und den ganzen Kleiderbeutel. Kippe alles auf die Erde und schüttele nacheinander jedes Kleidungsstück aus. Ich weiß nicht, wonach ich eigentlich suche. Nach einem Peilsender? Einem Tütchen mit weißem Pulver?

Anschließend durchsuche ich auch den Wagen. Es wäre ja ein Leichtes, etwas hineinzustopfen.

Zum vierten Mal innerhalb von vierundzwanzig Stunden rufe ich Mehrdad an und erzähle ihm von den seltsamen Dingen, die mir passieren. Er hört zu und ruft anschließend die örtliche Polizei an, um sie darüber zu informieren, dass ich auf dieser Straße unterwegs bin, damit die Beamten im Bilde sind, sich um mich kümmern und für mich verantwortlich fühlen. Damit sie bereitstehen, mich erwarten und beschützen.

Ich laufe weiter und mir schwirrt der Kopf.

Mehrdad ruft außerdem Zahra und Sattar an, bei denen ich übernachten werde, und erzählt ihnen, was mit den Polizisten und der Hose passiert ist, und dass ich besorgt bin.

Sie kommen mir im Auto entgegen, und Zahra geht mit mir die acht Kilometer zu ihrem Haus in Kordkuy, während Sattar uns im Schritttempo folgt.

Babak

40.–41. Tag, Kordkuy – Gorgan, 28 km

Sattar und Zahra schotten mich von der Außenwelt ab, und ich habe nichts dagegen. Mehrdad hat den beiden von meinen Erlebnissen mit der Polizei erzählt, und sie sorgen dafür, dass ich mich bei ihnen geborgen fühle. Innerhalb dieser Wände und in ihrem Garten bleiben mir eine Menge Menschen erspart, die mich treffen wollen, genau wie neugierige Polizisten. Die Polizei weiß mit Sicherheit genau, wo ich bin, aber ich muss sie nicht sehen. Ich bin froh, bei den beiden sein zu dürfen.

Wir essen und unterhalten uns, und am Abend kommen ihre Kinder und Enkelkinder. Gemeinsam sitzen wir auf dem dicken Teppich. Sattar wiegt den kleinen, einen Monat alten Benjamin in den Schlaf. Ich flirte mit Matissa, einem kleinen Mädchen von etwa zwei Jahren. Mit Kindern ist alles ganz einfach, obwohl ich die Sprache nicht beherrsche. Zahra legt ein Laken um Matissa und hält es unter dem Kinn zusammen. Sie lächelt liebevoll, als es aussieht, als trüge das kleine Mädchen einen Tschador.

Ich gewinne den Eindruck, dass Zahra gläubig ist. Ihren Hidschab nimmt sie niemals ab, und wenn wir außer Haus unterwegs sind, ist sie mit einem Tschador bekleidet. Zahra gibt mir Gelee und Marmelade, die sie aus Orangen und Kirschen aus dem eigenen Garten gekocht hat. Die Gläser sind nicht für mich – sie sind für meine Mutter.

Auf meiner Homepage grassieren böswillige Kommentare. Viele sind auf Persisch, und ich weiß nicht, worum es in ihnen geht. Amir hat mir erzählt, bei einem gehe es um einen Gesetzesvorschlag in Schweden, nach dem es verboten sein solle, ein Kopftuch zu tragen. In einem anderen Beitrag fragt Mahmood, ob ich für oder gegen die sogenannten Rondellhunde bin, Kunstwerke, die manchmal auch als Karikaturen des Propheten Mohammed gedeutet werden.

Ich spüre, dass sich in mir Gewitterwolken zusammenbrauen. Es ist eine Frage, die ich nicht beantworten möchte, erst recht nicht hier im Iran. Was immer ich antworte, es wird falsch sein. Ich habe keinen sonderlich guten Internetempfang und kann und will keine aufgeheizte Internetdebatte mit negativ denkenden Menschen führen. Während meiner wunderbaren Reise möchte ich ihnen keine Aufmerksamkeit schenken.

Amir und Mehrdad kümmern sich um Mahmood. Es folgt eine lange Diskussion auf Persisch, auf die ich nicht eingehen kann. Ich frage Amir, was Mahmood schreibt, und er antwortet mir vage, es sei unzusammenhängendes Gerede und dass Mahmood die Ansicht vertrete, alle, die mich unterstützten, seien Verräter, während er selbst ein wahrer Soldat der Revolution sei und deren Feinde bekämpfe. Ich habe wirklich keine Lust, mich mit so etwas zu beschäftigen, ein verbaler Schlagabtausch im Internet ist meiner Meinung nach vergebliche Liebesmühe, aber die böswilligen Kommentare haben die Seite in einen stacheligen Kaktus verwandelt. Diese Art von Kommentaren höre ich, abgesehen von dem wütenden Polizisten, niemals von den Menschen, denen ich im wahren Leben begegne, warum gibt es sie nur im Internet? Das Ziel meiner Reise ist, Liebe und Verständnis zu verbreiten, nicht Bosheit. Wie viele treue Leser werden von meinen Verleumdern verscheucht? Wie viele neue verliere ich wieder?

Als ich mich bei Zahra und Sattar gerade rundum wohlfühle, schickt mir Amir eine SMS, die mich aus der Fassung bringt. Er schreibt auf *3 of Us*.

Ich habe gerade mit Hamid von der iranischen Botschaft gesprochen. Ihm machen diese Idioten Sorgen, die auf deiner Homepage wüten. Wir haben den Verdacht, dass Valle, Amir-Arsalan und die anderen identisch sind mit Babak.

Valle … identisch mit Babak? Und Amir-Arsalan?

»Hamid findet, dass du ihn von deiner Seite blocken solltest, weil seine Kommentare die nette Stimmung in deinem Blog zerstören«, fährt Amir fort.

»Aber ich kann ihn nicht blocken, so ist meine Seite nicht aufgebaut. Außerdem will ich ihn auch gar nicht blocken. Ich stehe für Meinungsfreiheit, nicht dafür, Leute zu blocken«, antworte ich.

Ich bin in meinem Blog von Menschen mit iranischen Namen auf Englisch und Schwedisch kritisiert worden. »Warum zeigst du Bilder von Dörfern, wenn es moderne Städte gibt?«

Ich habe das Gefühl, dass viele Iraner ein Bild des Landes hochhalten wollen, das nur die Fassade, das Schöne zeigt. Dazu trage ich durch meine Weigerung bei, die Konservativen zu kritisieren, solange ich im Land bin, aber soll ich wirklich kritische Kommentare entfernen, nur um die »nette« Stimmung zu bewahren? Nein.

Ich zögere, das klingt alles so merkwürdig. Babak und Valle sollen ein und dieselbe Person sein? Der sympathische Mann, mit dem ich mich vertrauensvoll und angenehm austausche, der freundliche, liebevolle Kommentare auf meiner Homepage schreibt, soll mit den übelsten Trollen identisch sein, auf die ich gestoßen bin?

»Aber, Amir, glaubst du wirklich, dass Babak Valle ist?«, frage ich.

Mehrdad antwortet an seiner Stelle.

»Amir ist sich nicht sicher, ich selbst glaube eher, dass er unschuldig ist, aber irgendetwas stimmt nicht«, schreibt er.

Ich denke nach. Amir ist sonst nicht misstrauisch, das ist eigentlich eher Mehrdads Rolle. Es muss schon viel passieren, damit Amir Verschwörungstheorien entwickelt.

»Wenn Babak schuldig ist, dann ist er ein Psycho mit einer gespaltenen Persönlichkeit. Das ist doch irre!«, schreibt Mehrdad.

Schließlich kommt eine Antwort von Amir. Er zählt alles auf, was in seinen Augen darauf hindeutet, dass eine einzige Person hinter mehreren Namen steht.

»Bedenke Folgendes:

1. Beide verwenden unterschiedliche Namen. Babak schreibt manchmal als Babak-Schweden und manchmal nur als Babak. Valle schreibt auch als Valle und Valle-Schweden.

2. Beide beherrschen sehr gut Schwedisch, Englisch und Persisch.

3. Beide wissen viel über Militär, Gesetze und Kultur.

4. Beide haben großen Respekt vor Imam Hussein.

5. Beide verweisen oft auf Musik.«

Seine Argumente sind stichhaltig. Die Männer schreiben auf Schwedisch, Englisch und Persisch und wissen sich in allen drei Sprachen gut auszudrücken. Die persischen Beiträge kann ich nicht lesen, das können dafür aber Amir und Mehrdad. Sie kennen sich in Militär- und Sicherheitsfragen aus und verstehen etwas von Computern. Babak hat sich genau wie Mahdi vor meiner Abreise in den Iran mit mir in Verbindung gesetzt. Ist er ein Agent, der alleine die »good cop – bad cop«-Strategie verfolgt, um in der einen Rolle mein Vertrauen zu gewinnen und mich dahin zu bringen, ihm Dinge zu erzählen, die er gegen mich verwenden kann? Er ist freundlich und kommt mir nahe, genau wie Mahdi.

Ich schreibe meiner Schwester und schildere ihr meine Sorge. Sie geht auf Babaks Facebookseite und meldet sich wenige Minuten später wieder bei mir.

»Kristina, auf seiner Facebookseite gibt es nur Informationen über dich. Nichts über sein Leben, seine Familie oder Arbeit, nur Kristina, Kristina, Kristina.«

Ich schaudere, was ist das für ein Irrer? Ich gehe auf seine Seite. Sie ist voller Stolz auf sein Heimatland und meinen Lauf.

In meinem Kopf taucht eine Erinnerung auf. Valle schrieb einmal, er habe mich im Verdacht, mithilfe meines GPS Militäranlagen zu dokumentieren. Als ich das las, zuckte ich zusammen. Dass ich einen Spot hatte, der meine Route dokumentierte, wussten nur Carina, Amir und ein paar andere. Woher wusste Valle davon? Damals tat ich mein Unbehagen damit ab, dass er vermutlich nur geraten hatte. Es ist nicht weiter ungewöhnlich, dass Läufer ein GPS benutzen.

Ich lese mir meine privaten Nachrichten durch. Babak hat mich unter anderem darüber informiert, dass es ein System gibt, mit dem man mein Smartphone orten kann, und wollte, dass ich es installiere. Außerdem hat er dort für mich in seinem Namen ein Konto eingerichtet, zu dem er somit Zugang hat. Ich habe das Programm nie installiert, sah keinen Grund dafür. Ich fühlte mich auf der Straße sicher, es bestand keine Veranlassung, etwas zu befürchten. Aber warum wollte er, dass ich so etwas installiere? Wollte er mich im Auge behalten? Ich gehe in unserem Chat noch weiter zurück. Mir stehen die Haare zu Berge, als ich es sehe. Tatsächlich, ich habe Babak erzählt, dass ich einen Spot dabeihabe, der meine Route dokumentiert.

Der Puls rast, und um mich zu beruhigen, atme ich mehrmals tief durch. Bloß nicht in Panik geraten. Wie mache ich jetzt weiter? Eins nach dem anderen.

Wenn Babak und Valle identisch sind, scheint er sich in Schweden aufzuhalten, was mich ein wenig tröstet. Was im Netz geschieht, das geschieht im Netz und nicht hier, im wahren Leben.

Ich beschließe, meinen Chat mit ihm fortzusetzen. Wenn er psychisch krank ist, könnte es ihn provozieren, wenn ich ihm nicht mehr antworte. Hat er nicht das Geringste mit Valle zu tun, wäre es extrem unhöflich, einem so freundlichen Mann auf einmal nicht mehr zu schreiben.

Akute Gefahr besteht nicht, und ich beschließe, das Ganze zu vergessen. Er wird mir das Ende meiner Reise nicht vermiesen.

Ich tue mein Bestes, um die Gedanken an ihn zu verdrängen

und die Gesellschaft meiner Gastgeber zu genießen. Zahra, Sattar und ich gehen hinaus und schauen uns die Pflanzen in ihrem überbordenden Garten an. Sattar hält eine Blume hoch, die wie eine gigantische rote Kammmuschel aussieht, und eine andere, an der die einzelnen Blüten unterschiedliche Farben haben. Eine Blüte ist sogar halb weiß, halb gelb.

Bevor ich Zahra und Sattar verlasse, muss Baby Blue gewartet werden. Ein kleines Metallstück ist im Mantel stecken geblieben und hat für einen platten Reifen gesorgt, sodass wir zu einem Fahrradgeschäft gehen. Es regnet stark, und nachdem der Mann in dem Laden den Schlauch geflickt hat, hüllt er Baby Blue zum Schutz vor dem strömenden Regen in schwarze Müllsäcke. Daraufhin lehnt Zahra sich zu mir hin und flüstert »Muharram«, woraufhin wir lachen, dass uns beiden die Tränen kommen. Ich lache, weil man über den Muharram eigentlich keine Witze machen darf, und wenn Zahra, die tief religiös ist, es doch tut, wird es noch komischer. Zahra und Sattar begleiten mich im Regen aus der Stadt hinaus, Sattars Hemd wird nass und durchsichtig. Es tut mir leid, dass sie nass werden, gleichzeitig will ich sie auch nicht loslassen. Ich habe es bei ihnen gut angetroffen, möchte nicht schon wieder Adieu sagen.

Schließlich bleiben sie stehen, und ich drehe mich immer wieder zu ihnen um und winke, bis ich sie nicht mehr sehe.

In Gorgan werde ich mich ausruhen dürfen. Mehrdad hat mir dort für zwei Nächte ein Zimmer in einem Hotel gebucht, obwohl viele Menschen wollen, dass ich bei ihnen übernachte. Ich brauche meine Ruhe. Deshalb habe ich Mehrdad gebeten, für mich zu lügen und zu sagen, mein Körper sei wundgelaufen und ich müsse nackt herumlaufen, damit die Wunden heilen. Ich muss nichts weiter tun, als auf dem Bett liegen und Musik hören und meine Gedanken schweifen lassen; darf essen, wann ich will, und schlafen, wann ich will.

Es ist für Mehrdad schwierig, den Leuten klarzumachen, dass ich allein sein möchte, es ist ein hartes Stück Arbeit. In Gorgan werde ich endlich den schwedischen Botschafter kennenlernen dürfen. Ich habe mich lange darauf gefreut, die Tage heruntergezählt. Endlich werde ich Schwedisch sprechen und mit jemandem Zeit verbringen können, wie ich es gewohnt bin. Endlich bekomme ich ein bisschen von dem, was Heimat und bekannt ist!

Der Zusammenbruch in Gorgan

41.–42. Tag, die letzten zehn Kilometer bis Gorgan

Als es noch zehn Kilometer bis zu meinem Hotel in Gorgan sind, taucht ein schlanker, grauhaariger Mann an meiner Seite auf. Er kommt gemeinsam mit dem Bürgermeister der Stadt sowie einem Mann und einer Frau, die in Gorgan für den Bereich Sport verantwortlich sind, und weiteren neun Personen. Ihre Autos halten neben mir, und dann werden wie üblich Fotos mit Transparenten gemacht, Reden gehalten und Geschenke übergeben. Ich bekomme iranische Laufkleidung geschenkt. Der Mann heißt Ali und ist, wenn ich es richtig verstehe, irgendein Meister im Marathonlauf. Er trägt Laufkleidung und will mich begleiten.

Ein Herausforderer – warum nicht!

Wir laufen los, und er überrascht mich sofort mit seinem Tempo. Er läuft so flink wie ein Hase. Es ist lange her, dass ich schnell gelaufen bin. Jetzt wird mein Wettbewerbsinstinkt geweckt. Keiner taucht hier einfach so auf und ist schneller als ich!

Ich erhöhe das Tempo, aber ich muss zugeben – ich schummele. Ali darf Baby Blue übernehmen. Er grinst und versucht, etwas zu sagen. Lächelnd überspiele ich, dass ich schneller atme, und bin fest entschlossen, sein Tempo zu gehen. Ich habe nicht vor, den Anschluss zu verlieren. Normalerweise ist die Geschwindigkeit mir egal, bei dieser Art von Lauf spielt sie keine Rolle. Glücklicherweise taucht ein langer, sanft abfallender Streckenabschnitt auf, an dessen Ende uns zwei Frauen erwarten. Ali begrüßt sie herzlich, sie scheinen sich zu kennen. Es sind Leute, die auf Karina's News aktiv gewesen sind. Ali und ich sehen uns in

Schweiß gebadet an, lachen und machen High five! Was für ein herrlicher Lauf!

Die Frauen helfen mir, das Viersternehotel zu finden, das Mehrdad für mich in dieser kühlen und grünen Stadt gebucht hat, und ich checke ein. Ich fühle, wie sich meine Lunge mit Luft füllt, der Puls sich beruhigt. Endlich werde ich meine Ruhe haben! Keiner, der mich etwas fragt, oder Bilder machen oder mir etwas schenken möchte. Nur ich, meine Gedanken und mein Körper, der daliegen und einfach nur sein will.

Sobald ich auf meinem Zimmer bin, ruft jedoch Mehrdad an.

»Hast du die letzten Kommentare gesehen?«, erkundigt er sich.

»Nein, warte mal kurz, ich hole mein Tablet.«

Ich lege das Telefon hin und suche es heraus. Mehrdad wartet.

»Die Leute, die du heute getroffen hast, sind Vertreter der örtlichen Behörden. Sie möchten den Namen deiner Homepage erfahren, damit sie deine Reise verfolgen können. Ich habe ihnen den Link nicht gegeben, aber sie haken dauernd nach.«

»Warum hast du ihnen denn den Link nicht gegeben?«

»Ich will nicht, dass sie die Kommentare auf deiner Homepage sehen. Das könnte dir schaden.«

»Aber ich will mich für Meinungsfreiheit einsetzen …«

»Darum geht es hier nicht. Es geht um deine Sicherheit.«

»Aber ich möchte das nicht! Bei mir darf jeder sagen, was er denkt.«

»Kristina, du bist im Iran. Ich weiß, wie dieses Land tickt. Ich weiß, wie die Behörden Menschen behandeln, die ihnen verdächtig sind. Du kannst dir überhaupt nicht vorstellen, wie grausam sie sein können.«

Ich sträube mich. Ist es für mich wirklich so gefährlich? Ich mustere die schnörkeligen persischen Buchstaben. Ich habe keine Ahnung, was sie bedeuten. Zeile folgt auf Zeile, die ganze Seite ist voller Kommentare, die ich nicht verstehe. Und ich verstehe dieses Land nicht, weiß nur, dass es anders funktioniert als Schweden.

Rechtssicherheit scheint es hier nicht zu geben. Wer reich, bekannt, beliebt, mit dem Imam oder dem Polizeipräsidenten verwandt ist, scheint mit so ziemlich allem durchzukommen. Wer einer Minderheit angehört, arm ist und nicht die richtigen Leute kennt, hat dagegen schlechte Karten. In einem Land zu leben, in dem ich willkürlich beurteilt werde, in dem richtig oder falsch mit jedem neuen Polizisten und dessen Ansichten variieren, ist man weder sicher noch frei.

Wahrscheinlich kann ich wirklich nicht beurteilen, was gefährlich für mich ist und welche Konsequenzen die Kommentare auf meiner Homepage möglicherweise haben. Die Müdigkeit nach über einem Monat Unsicherheit in der Frage, was sicher und was nicht sicher ist, stürzt auf mich ein und überwältigt mich. Ich habe nicht die Kraft, noch länger für das zu kämpfen, woran ich glaube. Mehrdad hat mir immer geholfen, und ich beschließe seufzend, seinen Rat zu befolgen.

»Okay. Ich lösche sie. Welche?«

»Den vierten Kommentar von heute. Und den sechsten, siebten und achten.«

Ich folge Mehrdads Anweisungen und entferne Kommentar für Kommentar. Nicht nur die Einträge an diesem Tag, sondern auch an vielen anderen Tagen. Gibt es neue Spionagevorwürfe? Gibt es etwas Relevantes in ihnen? Nur einer ist auf Englisch. Iran-doosht ist wütend, weil ich die iranische Flagge unter die schwedische gehängt habe. Dass die iranische vier Mal so groß ist, interessiert ihn nicht. Es schmerzt, die Einträge zu löschen, weil es allem widerspricht, wofür ich stehe und mich einsetze. Mit dieser Reise und in meinem Leben.

Ich wünschte, ich könnte sie wenigstens speichern! Aber ich habe keine Ahnung, wie ich das auf dem Tablet anstelle. Und so verschwinden sie, einer nach dem anderen, diese Dokumente darüber, wie ein Mensch auf meinen Lauf reagiert hat. Ich habe keine Sicherheitskopie, und sie sind unwiderruflich verloren. Es bricht mir das Herz.

Ich wollte Meinungsfreiheit, koste es, was es wolle. Trotzdem verschwinden jetzt all diese Worte. Ich verstehe den Iran nicht, weiß nicht, welche Bedeutung solche Kommentare für mich haben könnten. Gar keine? Oder Gefängnis? Ich muss mich auf Mehrdad verlassen. Er kennt das Land, kennt die Risiken. Ich bin eine Novizin, eine blauäugige Idealistin. Was weiß ich?

Ich habe große Lust zu schreien. Hätte Valle vor mir gestanden, ich hätte ihn aus dem Fenster geworfen. Valle, der davon lebt, negative Energie zu verströmen. Ich will nicht, dass er meine Reise noch mehr zerstört, er hat schon genug kaputt gemacht. Er weiß, dass ich im Iran bin, er weiß, dass seine Kommentare mir schaden können, und setzt mich ganz bewusst dieser Gefahr aus. Er betreibt eine gehässige Hetzkampagne.

Gleichzeitig will ich ihn sagen lassen, was er denkt, aber vielleicht nicht gerade hier und gerade jetzt.

Mit Mühe formuliere ich meinen täglichen Eintrag. Ich bin freundlich und sachlich und lege jedes Wort auf die Goldwaage.

In letzter Zeit gab es auf dieser Homepage Kommentare einer Person, die offensichtlich eine negative Einstellung zu dem hat, was ich tue. Das finde ich völlig in Ordnung, ich weiß, dass auf dieser Welt nicht jeder jeden liebt. Ich betrachte die Kommentare als eine interessante Dokumentation darüber, wie mein Lauf von anderen wahrgenommen wird. Trotzdem habe ich beschlossen, einige Äußerungen zu löschen. Da ich die Freiheit schätze, solche Gedanken auszudrücken, egal, wie sie aussehen, tue ich das nur ungern. Dem Autor der Kommentare sage ich, wenn Sie möchten, sind Sie herzlich willkommen, Ihre Meinung an meine E-Mail-Adresse zu schicken, die Sie unten auf der Seite finden. Wenn Sie wirklich glauben, dass ich durch mein Handeln Schaden anrichte, wenden Sie sich bitte an die zuständigen Behörden und bitten sie, mich zu kontrollieren. Ich denke, das ist effektiver, als Kommentare auf meiner Homepage zu verfassen.

Mir ist klar, dass er sich niemals bei mir melden wird. Er lebt von Anonymität und negativer Energie. Einer direkten Kommunikation wird er sich niemals stellen.

Danach breche ich in Tränen aus. Ich bin müde. Ich will nach Hause. Und wenn ich nie mehr heimkomme? Polizisten, die mich verfolgen, und Spionagevorwürfe – ist das der Anfang vom Ende? Hat sich die Machtbalance zugunsten der Konservativen verschoben, die jetzt hinter mir her sind? Hat irgendein politisches Ereignis, ähnlich wie das Volleyballspiel, nach dem meine Genehmigung zurückgezogen wurde, meine Lage beeinflusst? Ich bin eine leichte Beute. Die Geheimpolizei weiß genau, wo ich bin, man braucht mich bloß abzuholen. Ich habe nichts zu verbergen, aber selbst wenn ich meine Reise hier beende und ein Ticket nach Schweden kaufe – tja, dann können sie mich immer noch am Flughafen verhaften. Werde ich jemals den Hof meiner Großmutter wiedersehen?

Ich merke, dass es mir schwerfällt, mich von meiner Angst zu distanzieren. Ich betrachte sie nicht von außen, ich BIN die Angst. Der Schrecken geht mir unter die Haut und übermannt mich. Mir ist klar, dass ich müde bin, viel müder, als ich mir selbst eingestehen wollte. Ermüdet davon, fast immer mit Menschen zusammen und bereit zu sein, mich mit allen zu treffen, ermüdet davon, mitten in einem Wirbel aus Unsicherheit, Angst und negativen Kommentaren zu stehen. Die Müdigkeit zerrt mich in einen schwarzen Sumpf aus Zweifeln. Wenn negative Gefühle die Oberhand gewinnen, zwischen mir und meinem Ziel stehen und ich sie nicht abschütteln kann, gibt es nur einen Ausweg:

Es wird Zeit für eine Kotzpause.

Der Begriff Kotzpause entstand, als ich meinen Weltrekord im 48-Stunden-Lauf auf dem Laufband aufstellte. Anfangs war alles ganz leicht, ich fühlte mich gut und konzentrierte mich auf alles, was positiv war und mir Energie gab. Mit der Zeit wurde ich jedoch müde und musste mehr an meinen Gedanken arbeiten, um sie in heitere und positive Bahnen zu lenken. Es sind diese Gedanken, die mich ins Ziel tragen. Wichtig ist, sich auf das Positive zu fokussieren, aber auch, Schwierigkeiten so in Angriff zu nehmen, dass man sie hinter sich lassen kann.

Als ich siebenundzwanzig Stunden meines Rekordversuchs hinter mir hatte, ging es mir gar nicht gut. Der Magen rebellierte, mein Gesicht war grau, und die Psyche verstand nicht, was ich da machte. Ich beschloss, eine BCAA-Kapsel zu nehmen. Es ist eine Kapsel von der Größe eines kleinen Tampons, mit der die Muskelbelastung verringert werden soll. Ausgerechnet diese Kapsel blieb mir jedoch im Hals stecken, woraufhin ich mich fünf Mal übergeben musste. Ich füllte einen ganzen Papierkorb. Hinterher lautete mein erster Gedanke: »Mist, jetzt ist die ganze Energie weg. Das wird hart.« Der zweite Gedanke war: »Manche sagen, sich zu übergeben ist, als würde man auf Reset drücken. Jetzt kann ich wieder fitter werden!«

Ich beschloss, auf den zweiten Gedanken zu hören und ihn mir immer wieder zu vergegenwärtigen. Hasse, ein Ultraläufer und Experte darin, sich bei langen Läufen und Wettbewerben zu übergeben, wusste genau, was zu tun war. Er fütterte mich langsam, zunächst mit einem Schluck Wasser, dann mit einem Schluck Salzlösung und danach mit einem Butterkeks. So machte er weiter, bis die Energiebalance wiederhergestellt war. Seltsamerweise lief ich in den Stunden nach der Kotzpause genauso schnell und leicht wie zu Beginn.

Kotzpause ist danach für mich zu einem Synonym dafür geworden, zunächst alle Gefühle herauszulassen und danach aufzugeben, um zu schauen, was passiert, wenn ich mich ganz auf den Gedanken einlasse, aufzuhören. Es einfach sein zu lassen und nach Hause zu fahren. Es ist eine bewusste Strategie, um mich selbst zum Weitermachen zu motivieren, indem ich mir vollkommen ehrlich die Möglichkeit zubillige, das Handtuch zu werfen. Der Prozess muss absolut ehrlich sein. Wenn ich dabei immer im Hinterkopf hätte weiterzumachen, würde es nicht funktionieren.

Ich begreife, dass jetzt der Moment gekommen ist. Will ich wirklich weiterlaufen? Bis Bājgirān, der Grenzstadt zu Turkmenistan sind es noch etwa zwei Wochen. Das ist eine gefühlte Ewigkeit. Ich weine und weine, lasse allen Ängsten freien Lauf. Was passiert mit meiner Mutter, wenn ich im Gefängnis lande und sie vor ihrem Tod niemals erfährt, was mit ihrer Tochter passiert ist? Wie viel Schmerz und Trauer würde ihr das aufbürden? Würde es sie umbringen? Sie, die politisch aktiv wurde, als sie meine Schwester und mich bekommen hatte, weil sie erkannte, dass sie zu einer guten Gesellschaft für ihre Kinder beitragen wollte, und die so viel Freude daran hatte, den Frauenverein in Hortlax zu leiten? Sie ist achtundsiebzig und hat Herzprobleme. Und die Marmelade, die ich ihr mitbringen soll – wird sie in einem unbekannten Land in Baby Blue liegen bleiben?

Wie würde Vater reagieren? Der pflichtbewusste Arbeiter, der sich in seiner Freizeit politisch engagiert hat, um im Bereich Sport in der Kommune gerechte Bedingungen für alle zu schaffen, nicht zuletzt für Behinderte, und der immer nach der Maxime gehandelt hat, »man kann nicht nur an sich denken, man muss auch an andere denken«, und immer davon ausgegangen ist, dass alle Menschen den gleichen Wert haben. Würde er sich in einen verbitterten und desillusionierten alten Mann verwandeln?

Und meine Schwester, die dagegen war, dass ich fahre – würde sie ihr Leben lang ein schlechtes Gewissen haben, weil sie mich nicht zurückgehalten hatte? Würde sie für den Rest ihres Lebens einen Schmerz empfinden?

Ich weine mir die Augen aus dem Kopf, bis es Zeit ist, schlafen zu gehen. Ich bin müde und allein in meinem Hotelzimmer, und als die Dunkelheit sich herabsenkt, ist es schön, zu schlafen und eine Pause von all den Gedanken zu bekommen, die mich quälen.

Mitten in der Nacht wache ich auf und maile Anders, dem Psychologen, der meine Ängste untersucht. Ich schreie meine Sorge und Trauer heraus.

Seine Antwort kommt am nächsten Morgen.

»Hört sich an, als würde die Reise belastender. Wie groß ist die Müdigkeit? Benötigst du eine längere Erholungspause, um deine Eindrücke zu sortieren und zu verarbeiten? Kann der Teufelskreis zwischen dem Bedürfnis, allein zu sein, und der Schwierigkeit, allein sein zu können, überwunden werden, indem du Grenzen setzt? Gut, dass du dich an diesem Abend in dein Hotelzimmer zurückgezogen hast. Horche in dich hinein, ob du das vielleicht öfter tun solltest.

Was du beschreibst, sind ja durchaus reale Gefahren. Dinge, die wirklich passieren könnten. Es kann nicht schaden, dir in Erinnerung zu rufen, dass sie bis jetzt nicht eingetroffen sind. Im Moment bist du nicht gefangen. Im Moment bist du nicht drei Mal am selben Tag angehalten worden. Im Moment bist du, wo du bist. In diesem Moment im Hotelzimmer oder im Moment auf dieser Laufstrecke. Sich gegen die Zukunft und das Beunruhigende in ihr zu wehren, wird allerdings schwieriger, wenn deine Schwäche und Müdigkeit körperlich und mental größer sind.

Ich hoffe, dass du in diesem Augenblick wohlbehalten weiter unterwegs bist.

Bis bald.«

Es tut gut, jemanden zu haben, dem ich meine Sorgen anvertrauen kann und der mir außerdem konkret rät, wie ich mit ihnen umgehen soll. Im Moment bin ich sicher. Im Moment bin ich hier. Seine Worte trösten mich.

Ich wache auf, und vor mir liegt ein freier Tag. Ich esse. Mit allen Sorgen vor Augen und allen Tränen, die ich geweint habe, ausgeruht und satt, kann ich mich endlich fragen – will ich wirklich weitermachen? Die Antwort lautet Ja. »Es passiert so leicht, dass fünf Prozent Mist fünfundneunzig Prozent von dem kaputt machen, woran man Spaß hat«, meinte Carina einmal. Das werde ich nicht zulassen.

Ich versuche, rational zu denken. Von den drei Gruppen Polizisten in Zivil, insgesamt sechs Personen, die mich innerhalb von vierundzwanzig Stunden angehalten haben, hat sich eigentlich nur eine unfreundlich verhalten. Es gibt keinen Grund, an Proteste gegen mich zu glauben.

Und die Hose, die der Mann in dem Transporter mir wiedergegeben hat – hatte ich einfach nur meinen Packbeutel offen gelassen? Sie fiel heraus, eine freundliche Seele begriff, dass sie vermutlich mir gehörte, und wollte sie mir lediglich zurückgeben?

Was bedeutet eigentlich Meinungsfreiheit? Dass man wirklich alles sagen darf? In Schweden kann man wegen Volksverhetzung verurteilt werden, es gibt also durchaus Grenzen. Und darf auf meiner Homepage jeder sagen, was er will? Besitze ich die Seite in dem Sinne, dass ich entscheide, was auf ihr gesagt werden darf? Ich habe mir keine Gedanken darüber gemacht, wo die Grenzen der Meinungsfreiheit verlaufen, doch nun, da es mir wieder besser geht, beschließe ich, dass meine Homepage vor allem mir gehört, und Menschen, die sich im Ton vergreifen oder sie benutzen, um Meinungen zu verbreiten, hinter denen ich nicht stehe, dort nichts zu suchen haben.

Als ich die Angst Stück für Stück, so rational wie möglich, geordnet habe, wird deutlich, dass sie zu einem großen Teil auf meiner Begegnung mit einem einzigen Mann sowie der Unsicherheit, die ich angesichts der iranischen Rechtsordnung empfinde, basiert. Das Gefühl, dass Vertreter des Regimes mich jederzeit festnehmen können, wenn sie es wollen, verschwindet trotzdem nicht. Sie wissen genau, wo ich bin, müssen mich lediglich in einen Streifenwagen setzen und zu denen fahren, die für Läufer aus dem Westen zuständig sind, wer immer das sein mag. Wenn sie das tun wollen, dann tun sie es. Dem stehe ich machtlos gegenüber. Ich kapituliere. Wenn das so ist, kann ich genauso gut weiterlaufen, vielleicht lassen sie mich ja bis ans Ziel kommen. Vielleicht ist meine Angst unbegründet.

Die Amerikaner Joshua Fattal, Sarah Shourd und Shane Bauer, alle um die dreißig, wurden 2009 nach einer Wanderung zu einem schönen Wasserfall nahe der iranischen Grenze zum irakischen Kurdistan wegen Spionage verhaftet. Sarah Shourd wurde nach vierzehn Monaten freigelassen. Die Männer wurden wegen illegaler Grenzüberschreitung und Spionage zu acht Jahren Gefängnis verurteilt, nach zwei Jahren jedoch gegen Zahlung eines Lösegelds in Höhe von fünf Milliarden Rial für jeden freigelassen.

Es gibt weitere Beispiele: Clotilde Reiss, eine französische Studentin, die in Isfahan unterrichtete, wurde wegen des Verdachts der Spionage auf dem Flughafen verhaftet, als sie Bilder von Protesten gegen die Wahl 2009 machte und einem Freund schickte.

Welchen Grund kann das Regime sich dafür einfallen lassen, mich zu ergreifen?

Ich habe erkannt, wie unglaublich wertvoll Rechtssicherheit und Meinungsfreiheit sind. Wie kann ein Land eine Demokratie sein, wenn die Einwohner sich nicht trauen zu sagen, was sie denken? Das ist doch absurd. Ich kann nicht mitbestimmen, wenn ich es nicht wage, das Wort zu ergreifen, oder wenn ich es nicht darf. Die Meinungsfreiheit liegt mir sehr am Herzen. Die Kommentare anderer zu löschen, ist Zensur, und ich wollte mich eigentlich nicht zu der Gruppe von Leuten gesellen, die das tun. Ich wollte besser sein, bin es aber nicht. Ich habe der Angst nachgegeben, selbst zu Schaden zu kommen, und deshalb eingegrenzt, was andere Menschen schreiben dürfen.

Als ich in meinem Blog Unterstützung bekomme, ist das Balsam für meine Seele.

Hallo Kristina. Danke, dass du die negativen Kommentare gelöscht hast. Freiheit ist gut, aber sie waren so negativ, und das hat uns sehr enttäuscht.

Es ist, wie es ist. Ich bin jetzt hier, und wenn das Regime mich verhaften will, dann soll es das tun. Es liegt nicht in meiner Hand. Das Gefühl ist befreiend. Ich bin Rotkäppchen, das über eine sonnige Sommerwiese hüpft. Vielleicht ist diese Sommerwiese im Maul des Wolfs. Vielleicht beißen die Zähne zu. Dagegen kann ich nichts tun. Bisher sehe ich nur eine Sommerwiese. Ich besitze die Freiheit, sicher im Unsicheren zu sein. Ich vertraue mich Gott an. Dem Schicksal. Der Idiotie, würden manche vielleicht sagen. Aber es spielt keine Rolle, was andere denken.

Ich fühle mich wieder stark und beschließe weiterzumachen. Ich habe sogar die Kraft, mich mit einer Gruppe zu treffen, die einmal in der Woche meditiert, um positive Energie und Liebe zu verbreiten. Wir sitzen im Garten des Hotels auf Matten. Sie haben einen frisch gebackenen Sandkuchen mitgebracht, der noch ofenwarm ist. Ich schließe die Augen, die Meditation beginnt.

Anfangs nehme ich den Schmerz wahr, der in diesem Land existiert, jeder Mensch vermisst jemanden, der getötet oder verletzt wurde. In allen Dörfern und Städten, durch die ich laufe, hängen Bilder von Menschen, die im Krieg gegen den Irak getötet worden sind. Dann weicht der Schmerz einem ruhigen Lächeln. Ich bin erstaunt. Wie kann ein Volk, das so viel Leiden erlebt hat, gleichzeitig so freundlich sein? Vielleicht gerade deshalb. Die Menschen haben das Bedürfnis, an das Schöne zu glauben. Wie sollen sie sonst leben können?

Die Begegnung mit den Frauen schenkt mir Frieden, und ich sehe meinem weiteren Lauf gelassen entgegen. Außerdem liegen nun fast zweihundert menschenleere Kilometer vor mir. Der Nationalpark Golestan ist verlockend und zugleich beängstigend.

Der Botschafter

43. Tag, Gorgan

Peter Tejler ist auf dem Weg nach Gorgan, und bevor ich die
nächste Etappe in Angriff nehme, werden wir gemeinsam essen gehen. Mein Date ist der schwedische Botschafter im Iran. Auch Sidal, meine Ansprechpartnerin an der Botschaft, ist dabei. Sie war gerade in Schweden und hatte mich vorher gefragt, ob ich mich nach etwas sehne. Sie hat mir zwei große Tafeln Nussschokolade mitgebracht.

Peter Tejler erweist sich als ein äußerst energischer Mann von sechsundsechzig Jahren, der vorher unter anderem in Pakistan und Afghanistan Botschafter gewesen ist. Derzeit bekleidet er diesen Posten in Teheran.

»Das ist schließlich der Teil der Welt, in dem wirklich etwas passiert«, sagt er, und seine Augen leuchten.

Wir unterhalten uns stundenlang. Es ist herrlich, Schwedisch sprechen zu können. Zu verstehen und verstanden zu werden. Bis zu diesem Abend habe ich nie ganz verstanden, was es bedeutet, eine gemeinsame Sprache zu haben.

Der Botschafter erzählt, dass Botschaftsangehörige aus Schweden in der Regel einen Zweijahresvertrag bekommen.

»Es ist so«, sagt er, »am Anfang sind sie enthusiastisch und finden alles fantastisch. Dann sind sie es langsam leid und finden den Alltag schwierig. Wegen des vielen Verkehrs ist es anstrengend, auf den Straßen unterwegs zu sein, außerdem wissen sie, dass sie möglicherweise überwacht werden, ein Großteil ihrer Arbeit besteht darin, Kontakte mit Menschen zu knüpfen, und es gibt hier vieles, was einem Schweden fremd vorkommt. Nach ungefähr sechs Monaten haben sie die Talsohle erreicht, danach geht es wieder aufwärts, und sie fühlen sich immer wohler. Sie halten sich jetzt seit zweieinhalb Monaten im Iran auf. Ich habe mir überlegt, dass Sie wahrscheinlich eine ähnliche Kurve durchlaufen müssen und zurzeit ungefähr ganz unten angekommen sein dürften. Daraufhin habe ich gedacht, dass es gut passt, wenn ich hier vorbeischaue und Sie besuche. Außerdem kommen nicht viele in den Iran und laufen durch das ganze Land.«

Ich bin von seinen Worten gerührt. Nie zuvor habe ich mir Gedanken darüber gemacht, was ein Botschafter eigentlich macht. Zu seinen Aufgaben gehört es offensichtlich, sich um die Bürger seines Landes zu kümmern – und wie er das tut! Mir wird ganz warm bei dem Gedanken. Wie fürsorglich von ihm!

»Sagen Sie, diese Polizisten in Zivil, die mich nach dem Pass gefragt haben, denken Sie, das waren wirklich Polizisten?«, frage ich, die Gelegenheit nutzend. Schließlich könnte er etwas darüber wissen.

»Sie können sicher sein, dass man Sie jederzeit im Auge behält. Darüber sollten Sie allerdings auch froh sein, denn keiner darf Ihnen ein Haar krümmen. Wegen des Atomabkommens würde es der Regierung momentan überhaupt nicht gefallen, wenn im Iran jemandem aus dem Westen etwas zustößt.«

Ich werde also zu meiner eigenen Sicherheit überwacht. Stimmt das wirklich? Mir ist nicht wohl dabei. Ich habe den Verdacht gehabt, dass ich überwacht werde, aber warum? Wollen sie kontrollieren, was ich tue, weil sie glauben, es könnte etwas sein, das dem Regime missfällt? Oder bin ich nur eine Figur in einem Spiel, bei dem es mir gut gehen soll, damit der Iran anderen Nationen gegenüber als ein tolles Land dasteht? Wollen sie meinen Lauf zu einer geglückten PR-Aktion für das Regime ummünzen? Bei dem Gedanken koche ich vor Wut. Aber wie hätte der Mann in dem weißen Hemd mich dann angreifen können? Und der wütende Polizist? Behalten sie mich in letzter Zeit, seit ich bekannter geworden bin, genauer im Auge?

Es ist mir egal. Ich bin sicher, jedenfalls im Moment. Das reicht mir.

»Wissen Sie, der neunte und zehnte Tag im Muharram, das sind hier die höchsten Feiertage. Ich finde, Sie sollten mit Mehrdad, Amir und Ihren Gastgebern besprechen, ob Sie an den Tagen wirklich laufen sollen. Das könnte als Provokation aufgefasst werden. Seien Sie vorsichtig.«

Wie bitte, zwei Tage lang nicht laufen? Das würde meine Planung über den Haufen werfen. Hoffentlich befinde ich mich dann auf den zweihundert menschenleeren Kilometern im Nationalpark Golestan, wo mich nur wenige sehen werden. Wenn ich andererseits auf dem Wallfahrtsweg nach Maschhad unterwegs bin, der Stadt, in der Imam Reza begraben liegt, könnte es als ein größeres »Verbrechen« betrachtet werden, wenn ich an den heiligen Tagen ausgerechnet dort laufe. Jedenfalls ist es gut zu wissen, damit ich nicht unversehens in eine unangenehme Situation gerate.

Wir reden und lachen viele Stunden. Als wir aufbrechen, frage ich den Botschafter, ob er einen Teil meiner Sachen nach Teheran mitnehmen kann. Das Gewicht meines Gepäcks in Baby Blue ist von fünfundzwanzig auf vierzig Kilo gestiegen. Es kostet Kraft, den Wagen zu schieben. Das überflüssige Gewicht besteht nicht nur aus Geschenken für mich, sondern auch aus Ausrüstungsgegenständen, die seit meiner Ankunft im Iran kein einziges Mal verwendet wurden. Zum Beispiel dem Gaskocher. Unbenutzt.

Peter Tejler ist einverstanden, und wir laden zwei Bilder, meine gesamte Kochausrüstung, unzählige Bücher, Tücher, Zettel mit Telefonnummern, einen iranischen Trainingsanzug, ein Laufshirt, Schmuck, Stofftiere und schöne Karten mit Zitaten aus dem Koran in seinen Wagen. Von ihm unbemerkt lege ich außerdem die vollen Speicherkarten mit Bildern und Filmen dazu. So sind sie in

Sicherheit, falls ich angehalten und durchsucht werden sollte, und kein wütender Polizist kann sie löschen.

Nach unserem Essen berichte ich im Blog von unserer Begegnung, wie nett es war und wie fürsorglich ich es fand, dass er mich besucht hat.

Meine Mutter schreibt:

Schön, dass du Gelegenheit hattest, ein bisschen Schwedisch zu sprechen, und nicht mit irgendwem! Bist du auch mit dem schwedischen König verabredet?

Mir kommt ein Gedanke. Ich verstehe die offizielle Haltung des Regimes, nach der es die eigene Kultur bewahren will. Deshalb wendet es sich gegen die Kultur der westlichen Welt. Vielleicht will das Regime mich ja überwachen, um sicherzugehen, dass ich die Bevölkerung nicht in Richtung einer westlichen Weltsicht beeinflusse.

Da ich gerade WLAN habe, nutze ich die Gelegenheit, um die Politik der rechtspopulistischen Schwedendemokraten zu googeln. Sie sind der Ansicht, dass »die Einwanderung auf einem Niveau gehalten werden und so beschaffen sein muss, dass sie keine Bedrohung für unsere nationale Identität bildet«. Sie wollen die eigene Kultur bewahren und vor morgenländischer und islamischer Beeinflussung schützen.

Trotzdem gibt es zwei große Unterschiede. Im Iran sitzen die Leute, die Angst vor dem Einfluss des Westens haben, in der Regierung, während die Partei, die in Schweden Angst vor einem Einfluss des Islams hat, in der Opposition ist. Außerdem ist Schweden eine Demokratie, in der je nach Wahlergebnis ein Machtwechsel möglich ist. Der Iran hat eine Staatsform, die einen Machtwechsel unter allen Umständen verhindern möchte.

Ein platter Reifen

46. Tag, Azadshahr – Galikesh, 35 km

So langsam zähle ich die Tage herunter. Nur noch vierzehn. Gerade einmal zwei Wochen bis zum Ziel. Wenn nichts Unvorhergesehenes passiert, werde ich es schaffen. Ich fühle mich wieder stark und bereit für die Etappen, die vor mir liegen. Fraglich erscheint allerdings, ob Baby Blue bereit ist. Oder besser gesagt, seine Reifen.

Sie waren schon zu Beginn abgefahren, und obwohl Baby Blue jetzt leichter ist, müssen sie einiges aushalten. Der trockene und rissige Gummi ist immer poröser geworden. Was mache ich, wenn ich irgendwo im Niemandsland einen Platten habe? Ich bin wirklich schlecht darin, Reifen zu flicken.

Ich muss nicht bis zu den einsamen Kilometern im Nationalpark warten, ich bekomme schon deutlich früher Probleme, obwohl ich dem Botschafter viele Kilo Gepäck mitgegeben habe.

Ich mache halt bei Zahra und Alireza in Gonbad-e Qabus, was abseits meiner Route liegt, aber sie folgen dem Beispiel anderer, holen mich mit dem Auto ab, fahren mich zu ihrem Haus und bringen mich am nächsten Tag zur selben Stelle zurück.

Zahra und Alireza sind ein junges Paar, das kulturell vielfältig interessiert ist. Bei ihnen daheim zeigt Alireza mir etwas im Bücherregal. Dort stehen alle Filme Ingmar Bergmans auf DVD. Alireza liebt Filme, besonders Bergmans. *Das siebente Siegel* ist sein absoluter Lieblingsfilm. Ich lächele breit, unglaublich, dass Bergman es bis hierher geschafft hat.

Alireza und Zahra wollen mir noch etwas zeigen – einen Turm, der, wie sie sagen, das größte Ziegelsteingebäude der Welt ist. Errichtet wurde er 1066. Er ist der Stolz der Stadt und wird abends effektvoll angestrahlt. Zum Turm führt ein gepflasterter Weg hinauf und dann fahre ich Baby Blue so nahe an den Turm heran, wie ich nur kann.

Nach dem Besuch schiebe ich den Wagen neben den gepflasterten Wegen, und nach kurzer Zeit pikst es im Fuß. Aua! Ich mustere die Unterseite meines Schuhs, in dem ein riesiger Dorn steckt,

der sich durch die Sohle gebohrt hat. Ich ziehe ihn rasch heraus, dann schießt mir durch den Kopf: Wenn ich einen Dorn im Fuß habe, wie sehen dann Baby Blues Reifen aus?

Ich schaue sie mir an. Sie sind von Dornen übersät, die ich herausreiße. Einer von ihnen sitzt besonders fest, und als ich ihn herauszerre, hört man deutlich, wie die Luft entweicht.

»Verdammt!«, sage ich so laut, dass Alireza und Zahra aufschrecken. Wir laden Baby Blue in den Wagen und fahren zur einzigen Fahrradwerkstatt der Stadt. Der Laden ist vollgestopft mit kleinen Kinderfahrrädern aus Plastik und Krempel und erscheint mir wenig vertrauenerweckend, aber ich habe keine andere Wahl. Der Fahrradmechaniker scheint immerhin zu wissen, was er tut. Er holt den Schlauch heraus und zeigt mir, dass er vier Löcher hat. Er lässt sich nicht mehr flicken, das sehe ich ein, und suche einen neuen Schlauch und einen Ventiladapter heraus, damit ich iranische Luftpumpen benutzen kann. Der Mechaniker tauscht den Schlauch aus, nimmt meinen alten, schneidet das Ventil heraus und legt ihn als Isolierung zwischen den abgefahrenen Mantel und den neuen Schlauch. Eine ebenso simple wie einleuchtende Idee. Anschließend kontrolliert er die anderen Reifen und meint, sie seien okay. Wie üblich will keiner Geld von mir annehmen. Ich bekomme sogar eine Pumpe, die auf die iranischen Ventiladapter passt.

Sobald der Reifen geflickt und isoliert ist, bin ich bereit. Glaube ich.

Also mache ich mich auf den Weg. Laufe, aber langsam. Die kühlere Luft ist herrlich, und ich genieße das Grün ringsum. Kleine Hügel erheben sich jenseits der Felder, und die entferntesten sind in Dunst gehüllt. Heute werde ich fast vierzig Kilometer laufen. Mein Körper ist müde und schwer. Widerwillig. Als hätte er sich gern noch etwas länger ausgeruht, aber ich habe andere Pläne. Ausruhen darf ich mich später, nach dem Nationalpark. Vielleicht.

Dann kommt Susan Mosheni. Auf meinen vielen Kilometern
im Iran leisten mir zahlreiche Frauen Gesellschaft, aber alle gehen. Susan ist die Einzige, die läuft. Sie ist um die sechzig und wurde im Iran geboren, lebt aber seit den Siebzigerjahren in Schweden. Manche, die den Iran verlassen haben, können aus politischen Gründen nicht in ihre Heimat zurückkehren, Susan dagegen schon. Im Moment besucht sie ihre Mutter. Sie trägt einen locker sitzenden Trainingsanzug und ein grünes Kopftuch, das sie geschickt in das Anzugoberteil gesteckt hat, damit es hält. Wir laufen gemächlich und reden. Susan erzählt von dem Halbmarathon, den sie gelaufen ist, und dass sie davon träumt, nachts, unter dem Sternenhimmel, durch die Wüste zu laufen.

In der Zwischenzeit ändert die Natur ihre Gestalt, aus bewaldeten Höhen werden weite trockene Flächen und flachere Hügel. Hier und da ragt ein Baum auf. Die Straße ist breit und eben, leicht zu laufen. Der Verkehr nimmt ab, und der Abstand zwischen den Städten und Dörfern wird immer größer. Am Ende sehen wir nur einzelne gelbe Ziegelhäuser, an denen Kinder durch die Tore in den Mauern um den Hof rein- und rauslaufen.

Wir unterhalten uns über meinen Lauf und darüber, welche Bedeutung er eigentlich hat, und wie die Iraner ihn sehen. Susan meint, dass ich als Frau aus dem Westen bereits außerhalb des Systems stehe. Ich bin auch so schon merkwürdig, und deshalb ist es okay, dass ich etwas Merkwürdiges tue.

Damit hat sie sicher recht. Die Iraner behandeln mich, Kristina

Paltén, überaus freundlich, was aber nicht unbedingt etwas darüber aussagt, wie sie andere im Land behandeln.

Susan erzählt, dass die meisten Iraner Europa in vieler Hinsicht verehren. Ihnen gefallen unsere freie Gesellschaft und unsere Kultur, und Europäern begegnen sie offen und freundlich. Aber sind sie auch zu Afghanen so nett? Nein, ganz und gar nicht, sagt sie.

»Wie wäre es, wenn an meiner Stelle eine iranische Frau laufen würde?«, frage ich sie.

»Das wäre bestimmt schwieriger. Es würde stärker infrage gestellt«, antwortet Susan und bekommt unmittelbar darauf Wasser auf ihre Mühlen, als sie von einer Familie aufgehalten wird, deren Vater sie fragt, was sie da macht, und als Nächstes nach mir fragt. Während unserer gemeinsamen Stunden auf der Straße wird sich dieses Muster mehrmals wiederholen, und Susan fühlt sich schutzlos, kritisiert und nicht akzeptiert.

Wir kommen zu einem kleinen Dorf, und ich habe Lust auf ein Eis. Susan sagt: »Wir können ja mal fragen, ob man hier irgendwo Eis kaufen kann.«

Fragen? Ja, natürlich! Auf die Idee bin ich gar nicht gekommen. Ich kann nach Wasser fragen, »ab«, oder danach, in welche Richtung ich laufen muss, indem ich den Namen der Stadt nenne. Nach einem Eisstand zu fragen, ist mir dagegen nie in den Sinn gekommen – ich habe mich wirklich sehr daran gewöhnt, mich nicht verständlich machen zu können.

Ein Radfahrer kommt vorbei und fährt eine ganze Weile neben uns. Sein Name ist Sajjad, und er trainiert für die Olympischen Spiele 2016. Er unterhält sich mit uns und fragt auf Persisch, wie es uns geht und was wir tun. Er spricht kein Englisch, und es ist toll, Susan an meiner Seite zu haben, die alles versteht und sich mit den Leuten verständigen kann.

Als wir uns Minudasht nähern, knallt es plötzlich laut. Von einer Sekunde auf die nächste entweicht die Luft aus dem linken Reifen. Vollkommen platt liegt er auf dem Asphalt. Ich traue meinen Augen nicht. Schon wieder ein platter Reifen! Mir wird klar, dass mein Wagen in keinem guten Zustand ist.

Bis zum nächsten Dorf sind es noch zwei, drei Kilometer, und ich kann Baby Blue nicht auf dem kaputten Reifen rollen. Die Felge und der Mantel würden kaputtgehen, und wenn ich in Schweden schon keine neuen Räder auftreiben konnte, dürfte es hier erst recht unmöglich sein, welche zu finden.

Da der Wagen ein Dreirad ist, muss ich Baby Blue am Griff so anheben, dass das beschädigte Rad in der Luft hängt. Das Gesamtgewicht ruht auf den beiden heilen Rädern und meinem Arm.

Eine gefühlte Ewigkeit hebe ich es immer abwechselnd mit rechts und links an, um durchzuhalten. Meine Arme zittern vor Anstrengung, und von Zeit zu Zeit muss ich eine Pause einlegen, um die Milchsäure aus den Gliedern zu schütteln. Sajjad lädt uns zum Abendessen bei seiner Mutter ein, die in Minudasht wohnt, und wir nehmen seine Einladung dankbar an.

Minudasht ist eine kleine Stadt mit einem Hotel, etwa sechsundzwanzigtausend Einwohnern und kleinen Dorfstraßen, die von zweistöckigen Häusern gesäumt werden.

Sajjads Mutter ist jünger als ich und kocht ein wunderbares Zereshk Polo. Es schmeckt köstlich, und ich esse zwei Portionen.

Nach dem Essen klopft es an die Tür, es ist Sajjads Bruder. Wenn ich es richtig verstehe, ist er der Mechaniker des iranischen Fahrradnationalteams. Jedenfalls habe ich unfassbares Glück, denn Baby Blues Reifen flicken, das kann er.

Nachdem er sich die Reifen genauer angesehen hat, meint er, dass sie zu alt und zu abgefahren sind für die Straße. Dem kann ich nur zustimmen. Hätte ich neue Reifen gefunden, ich hätte sie mitgenommen. Stattdessen nahm ich Wachstuch mit, um es im Notfall auf die Innenseite der Mäntel legen zu können, wenn sie kaputtgingen. Reserveschläuche habe ich auch dabei.

Nachdem er verschiedene Mäntel ausprobiert hat, muss er einsehen, dass er nicht die richtige Größe hat, woraufhin der zweite

Fahrradmechaniker, dem ich an diesem Tag begegne, das Gleiche macht wie der erste – er nimmt den alten Schlauch und legt ihn als Isolierung auf den neuen Schlauch und unter den alten Mantel.

Außerdem rät er mir, das Gewicht zu verringern. Das würde Baby Blue das Leben leichter machen und hoffentlich dafür sorgen, dass seine Reifen auf der gesamten Strecke bis Bajgiran halten.

Trotzdem war es ein guter Tag und ein besonders guter für Susan, die an ihm eine persönliche Bestleistung aufgestellt hat, als sie

fünfundzwanzig Kilometer mitgelaufen ist. Ich habe ihr das Zelt, den Schlafsack, die Isomatte und etwas Technik übergeben, die ich noch nicht benutzt habe.

Baby Blues abgenutzte und rissige Reifen sind, wie sie sind. Nachdem sie zwei Mal am selben Tag geflickt worden sind, bin ich heilfroh, dass es hier passiert ist. Jetzt habe ich eine neue Luftpumpe und neue Schläuche. Alte, aufgeschnittene Schläuche als zusätzlichen Schutz an der Innenseite der Mäntel. Außerdem ist Baby Blue jetzt wesentlich leichter.

Susan wird zu ihrem Hotel gefahren und nimmt alles mit, worauf ich von meinem Gepäck verzichten kann. Während die Sonne zum Horizont sinkt, laufe ich das letzte Stück zu meinem Tagesziel in Galikesh. Die Füße fliegen über den Asphalt, Baby Blue ist leicht, und mein ganzer Körper kribbelt vor Glück. Ich fühle mich wie der einsame Cowboy im Western, der auf dem Weg zu den Bergen in der Ferne ist.

Morgen geht es los! Meine zweihundert Kilometer mit weniger Menschen, grandioser Natur und einer Menge Anstiege. Wenn alles nach Plan verläuft, werde ich fünf Tage benötigen. Ich bin bereit, los geht's!

Am Abend klingelt mein Tablet.

»Hallo, hier ist Fredrik«, sagt die Stimme aus dem Tablet.

Fredrik? Fredrik!

»Ja, hallo! Wie geht es dir?«, sage ich erstaunt.

»Danke, alles okay. Ich arbeite viel, hier ist alles wie immer. Viel los«, sagt er und verstummt.

Ich weiß nicht, was ich sagen soll. Es kommt mir vor, als riefe jemand aus einem entschwundenen Zeitalter an. Natürlich ist er in meinen Gedanken bei mir, aber ganz konkret, am Telefon? Nein, das ist ein seltsames Gefühl. Ich lebe gerade in einer anderen Welt und glaube, dass es ihm schwerfällt, sie zu verstehen. Eine Welt, in der ich durch meine Tätigkeit die Erde bekehre, in der ich mich allein im Hier und Jetzt und in der Blase befinde, die von den Kommentaren auf meiner Homepage geschaffen wird. Etwas anderes existiert nicht.

»Du, wir sind hier gerade auf dem Sprung. Ich muss los«, sage ich und bin auf einmal leicht gestresst.

»Aha, na gut, dann sprechen wir uns später. Mach's gut, Liebling!«

»Mach's gut!«

Klick. Stille. Was zum Henker war denn das? Eine Stimme aus einer Welt in weiter, sehr weiter Ferne.

Der Nationalpark

47. – 49. Tag, Galikesh – Chaman-e-Bid, 112 km

Ich verlasse Galikesh mit pochendem Herzen. Zweihundert Kilometer fast ohne Ortschaften – ich komme. Das Zelt habe ich nach Hause geschickt. War das klug? Jetzt könnte ich es eventuell gebrauchen, aber es erschien mir wichtiger, die Reifen zu schonen.

Ich habe fast 1500 Kilometer zurückgelegt, weniger als ein Fünftel meines Laufs steht noch aus. In elf Tagen werde ich nach Norden schwenken, zur Grenze Turkmenistans. Dann folgt zum Abschluss ein zweitägiger Lauf zur Grenze. Es kommt mir unwirklich vor. So viel noch, trotzdem so nah.

Der Beginn des Nationalparks wird durch eine große Absperrung mit orange-weißen Bremsschwellen und großen Schildern auf Persisch markiert. Glaube ich. Ich verstehe kein Wort. Mittlerweile kann ich mich Laut für Laut durch einzelne Worte buchstabieren, ähnlich wie Erstklässler es tun, aber auch noch zu verstehen, was die Worte bedeuten – nein, das gelingt mir nur selten. Hinter den Bremsschwellen erheben sich grüne bewaldete Berge. Vor Anspannung und Begeisterung habe ich ein flaues Gefühl im Bauch.

Die Straße führt sanft aufwärts. Ich weiß, dass ich während meines Laufs durch den Nationalpark auf den Anstiegen insgesamt dreitausend Höhenmeter bewältigen werde, was nicht heißt, dass ich eine Höhe von dreitausend Metern über dem Meeresspiegel erreiche, sondern dass sämtliche Anstiege insgesamt dreitausend Höhenmeter ergeben. Straßenschilder, an denen ich vorbeilaufe, warnen mich vor zehnprozentigem Gefälle, was mich jedoch nicht sonderlich schreckt. Es gilt einfach weiterzumachen, irgendwann ist Schluss mit den Hängen. Einen Fuß vor den anderen. Und noch einmal.

Um mich herum wächst üppig und grün Wald. Große Laubbäume, die an hochgereckte Eichen erinnern, mischen sich mit niedrigeren, eher strauchähnlichen. Dicht, ganz dicht steht der Wald neben der Straße. Alles ist in Grün eingebettet. Ich laufe leichtfüßig in Tunneln aus Laub. Es ist kühl, nur fünfundzwanzig Grad. Der Asphalt ist an vielen Stellen geflickt. Einzelne Autos fahren vorbei. In mir kehrt Frieden ein. Trotz des Anstiegs bin ich entspannt. Gelassen. Endlich!

Ich bin fast allein unterwegs, lasse mich am Straßenrand nieder und esse einen Granatapfel. Die herrliche Abgeschiedenheit umschließt mich, und ich kann nicht genug davon bekommen. Atme ein, atme aus.

Der Frieden wird von einem Auto voller junger Mädchen unterbrochen. Sie stecken ihre halb mit Tüchern bedeckten Köpfe aus den Autofenstern, lächeln und rufen: »I love you.« Ich lache und winke ihnen zu. Viele haben behauptet, dass sie mich lieben, nur weil ich eine Ausländerin bin. Oder eine Frau aus dem Westen? Ich weiß es nicht.

Die Straße führt immer steiler bergauf. Einige Bäume sehen aus wie Ahorn, allerdings mit Tarnmuster. Vor einiger Zeit kam ich gelegentlich noch an einem Dorf vorbei, jetzt nicht mehr. Es gibt nur hohe graue Felsen und grünen Wald. Ein Vogel segelt auf der Jagd nach einem Schmetterling vorbei. Nach etwa zwei Stunden zwingt der steile Anstieg mich zu gehen, aber was für ein Glück, dass Baby Blue inzwischen so leicht ist! Es ist wirklich ein gewaltiger Unterschied.

Ich weiß, dass sich daheim viele Sorgen machen, weil es in die Wildnis geht. Es ist nicht gesagt, dass ich hier immer ein Netz haben werde. Ich selbst finde es einfach wohltuend, aber für meine

Eltern, Fredrik und andere enge Freunde ist der Blog ein Lebenszeichen. Vor dem Erreichen des Nationalparks habe ich allen gemailt, dass ausbleibende Blogeinträge nicht bedeuten, dass mich ein Bär gefressen hat, sondern dass ich kein Internet habe.

Als ich den Blog hochladen möchte, funktioniert es nicht. Ich gehe zu einer Tankstelle, um dort das Internet zu benutzen, aber es gelingt mir auch dort nicht. Ich weiß, dass Menschen besorgt sein werden, wenn sie sehen, dass ich meinen Blog nicht aktualisiert habe und zu allem Überfluss auf einer relativ menschenleeren Strecke unterwegs bin. Ich tröste mich damit, dass ich am nächsten Morgen im schwedischen Radio interviewt werde und dass ich bereits etwas auf der Homepage geschrieben habe. Wer sich Sorgen macht, muss das also nicht besonders lange tun.

Am Morgen hat die Leitung dann eine ewig lange Verzögerung. Es dauert annähernd fünfzehn Sekunden, bis ich die Frage der Moderatorin höre. Das hat bei einer Liveübertragung im Radio keinen Sinn, sodass wir uns noch einmal anrufen. Die Leute daheim werden sich noch größere Sorgen machen, wenn das Interview nicht zustande kommt. Jetzt haben wir eine Verbindung mit nur leichter Verzögerung – eine kleine gibt es immer –, und als wir gerade auf Sendung gehen wollen, wird es still. Die Leitung ist tot. Verdammt!

Als ich es ein weiteres Mal versuche, komme ich wieder nicht auf den Blog, schaffe es aber am Ende, meinen Text Carina zu mailen, die ihn für mich, mit einem Tag Verspätung, auf die Homepage stellen muss, aber so wissen wenigstens alle, dass ich noch lebe. Wird es die nächsten zweihundert Kilometer so weitergehen?

Am ersten Tag laufe ich fünfunddreißig Kilometer. Am zweiten etwas mehr und am dritten vierzig Kilometer. Beim Laufen kommt mir ein Gedanke. »Sie machen es umgekehrt!« Ich lächele, als mir das klar wird. Die Konservativen in Schweden tun alles, was sie können, um einen islamischen Einfluss auf Schweden zu verhindern. Die Konservativen im Iran tun alles, was sie können, um einen Einfluss des Westens auf den Iran zu verhindern. So sehr gleichen wir uns also trotz allem! Wir tun das Gleiche, wenn auch in unterschiedlicher Gestalt.

Am dritten Tag laufe ich an einem Schild vorbei, aus dem hervorgeht, dass ich die Provinz verlasse, die so heißt wie der Nationalpark, Golestan, und mich ab sofort in Nord-Chorasan befinde, der vorletzten Provinz, durch die ich bis zum Ende meiner Reise kommen werde. Auf einmal verschwinden die intensive grüne Vegetation und die vielen schönen, rundlichen Bäume. Stattdessen ragen hier und da sandige Höhen auf, und das Gras auf den Feldern zwischen den Hügeln ist goldgelb. In einigen Kilometern Entfernung sehe ich einen Bergkamm. Tiefe Furchen klettern den Hang hinauf, was mich an Sand im Wasser in Ufernähe oder an einen Riesen denken lässt, der die Stirn runzelt. Ich lache auf.

Manchmal ist die Straße flach, dann laufe ich, aber die meiste Zeit führt die Straße aufwärts, sodass ich gehen muss. Ich habe nichts dagegen. Stunde um Stunde genieße ich die Stille. Die gelben Grasflächen weichen dem Sand, und ich befinde mich in einer Wüste und habe das Gefühl, wieder auf der Straße zwischen der Türkei und Täbris zu sein, allerdings mit dem Unterschied, dass es hier milder und windiger ist. Ein anderes Phänomen aus der Zeit taucht ebenfalls wieder auf – der Rote Halbmond. Es hat ihn auf meiner gesamten Route gegeben und hier, wo es kaum Ortschaften gibt, werden seine Stationen erneut zu einer Rettungsleine aus Wasser, Essen, einer Dusche und der Möglichkeit zu übernachten. Völlig verwaist ist die Gegend jedoch nicht. Manchmal hält ein Auto, und ich bekomme ein großes Stück frisch gebackenen Marmorkuchen und neue Granatäpfel. Ich fühle mich stark und bin froh. Ich habe das Gefühl, wir beide, Baby Blue und ich, werden es schaffen.

Am Abend werde ich bei einer Frau namens Neda in dem Dorf Chechmeh Khan schlafen. Neda ist eine Freundin Floras, einer jungen Frau, die seit einem mehrjährigen Universitätsstudium hervorragend Englisch spricht. Ich habe während meines Laufs durch den Nationalpark zwei Nächte bei Flora und ihrer Familie wohnen dürfen, sie haben mich in den Park und aus dem Park hinausgefahren, um den Lauf zu ermöglichen. Flora hat sich gefragt, wie ich es nur wagen kann, allein zu laufen. Ich habe darauf erstaunt reagiert, alle sind doch so freundlich, warum sollte ich es nicht wagen?

»Ohne die Begleitung meines Mannes gehe ich niemals aus dem Haus. Er ist dafür verantwortlich, dass ich sicher bin und mich keiner anfasst. Und das gefällt mir«, erklärt Flora.

Wie unterschiedlich unsere Welten doch sind, denke ich. Ich bin nach der Devise aufgewachsen, dass ich selbstständig sein und keinen Mann brauchen soll. Gleichzeitig haben ihre Worte mich ins Grübeln gebracht. Ich musste an die Sportstudios für Frauen daheim in Schweden denken und schickte eine Anfrage an eine Studiokette, die damit wirbt, dass sie separate Sportstudios nur für Frauen anbietet, und erkundigte mich nach dem Grund. »Es gibt viele Frauen, die sich aus unterschiedlichen Gründen nicht wohl dabei fühlen, gemeinsam mit Männern zu trainieren«, lautete die Antwort. Auch schwedische Frauen finden also, dass sie Schutz brauchen, und schotten sich deshalb lieber von den Männern ab. Ich lächele leicht ironisch, als mir die U-Bahn in Teheran einfällt, deren Züge separate Wagen für Männer und Frauen haben. Sollen wir das in Schweden auch einführen, oder wollen wir nicht lieber lernen, einander mit Respekt zu behandeln?

Als ich Flora und ihren Mann verließ, gaben sie mir einen Zettel auf Persisch mit Nedas Adresse mit, und als ich nun zu ihrem Dorf komme, halte ich ihn den Leuten hin, die mir daraufhin den Weg zeigen.

Die Ortschaft besteht aus fünfzig, sechzig Häusern aus Ziegelstein und Lehm. Wohin ich auch schaue, erstreckt sich Sand und Kies. Die Häuseransammlung liegt eingeklemmt zwischen Straße und Berg, und bis zur nächsten größeren Stadt sind es ungefähr hundert Kilometer. Das Dorf ist nicht reich, aber auch nicht arm. Über den Lehmhäusern erhebt sich ein großer rot-weißer Funkmast, irgendeine Form von Betrieb wird es hier also geben, auch wenn die Häuser, ausnahmslos aus Ziegeln erbaut, die mit einer Mischung aus Stroh und Lehm bestrichen sind, einem ziemlich unmodern vorkommen.

Ein Mann auf einem Motorrad scheint auf mich zu warten, und als ich ihm den Zettel zeige, nickt er und bringt mich zu Neda.

Das Haus ist von einer Mauer umgeben, die aus grauen Betonblöcken, großen Steinen und gelben Ziegeln besteht. Ein Teil der Mauer ist weiß gestrichen. »Man muss nehmen, was man kriegen kann«, schießt mir durch den Kopf. Mitten auf dem Hof steht eine rostige Wasserzisterne.

Das Haus selbst ist aus gelben Ziegeln erbaut, und an vielen Stellen scheint der Mörtel verwittert zu sein. Vor dem Haus gibt es eine überdachte Veranda, auf der ich Baby Blue so abstelle, dass er bei Regen geschützt steht. Vor der Tür liegt ordentlich eine Türmatte, neben der ein Besen steht. Sie mögen nicht viel Geld haben, aber sauber ist es.

Über den Hof, der abwechselnd aus festgestampfter Erde, Zement und struppigem Gras besteht, ist eine Wäscheleine gespannt, an der Stoffwindeln hängen. Fünf, sechs kleine Obstbäume kämpfen in dem trockenen Boden ums Überleben. An der Wand lehnt, abgedeckt mit einem rosa gepunkteten Laken, ein Motorrad.

Neda ist um die dreißig und hat drei kleine Kinder. Sie besitzt einen Gaskamin, um sich warm zu halten, und eine Dusche ohne Vorhang, deren Mundstück direkt aus der Wand kommt. Eine Waschmaschine hat sie nicht.

Ich frage mich, wie es ist, drei Kinder großzuziehen, das kleinste noch im Windelalter, und ohne Waschmaschine zu leben? Wie verdient sie Geld? Hat sie dafür überhaupt Zeit? Wo ist ihr Mann? Ich habe viele Fragen, kann aber nur wenige stellen. Neda spricht kein Wort Englisch. Das Haus ist spärlich möbliert, und in einer Ecke steht das zusätzliche Familienmitglied, der Fernseher. Er läuft natürlich, das tut er immer.

Als ich ins Haus komme, sehe ich, dass Neda Besuch hat. Eine Frau schält Zwiebeln. Eine andere kümmert sich um ein Kind. Neda selbst kocht, und ihr Bruder schaut zu.

Ich gehe duschen und spritze alles voll, weil es keinen Duschvorhang gibt. Während meines gesamten Aufenthalts im Iran begegne ich nur ein einziges Mal einem Duschvorhang, als ich bei einem alleinstehenden Mann übernachte, der aus dem Iran stammt, aber auch in Deutschland lebt. Als Nächstes gehe ich auf die Toilette, die sich wie üblich in einem separaten Haus befindet, aber spülen muss ich mit Wasser, das ich in einem Eimer auf dem Hof hole.

Am Abend besucht uns eine Gruppe von Frauen. Alle sitzen auf dem Fußboden und trinken Tee. Sie scheinen neugierig auf die komische Frau aus dem Westen zu sein, die durch ihr Land läuft, und rücken so zusammen, dass in ihrem Kreis Platz für mich ist. Die wichtigsten Worte beherrsche ich inzwischen. »Schouhar«, ich habe einen Mann. »Chellochahar«, ich bin vierundvierzig Jahre alt und »na pesar, na dochtare«, ich habe keinen Sohn und keine Tochter.

Weil uns schnell die Worte ausgehen, die uns zur Verständigung zur Verfügung stehen, versuche ich stattdessen, Neda zu helfen, ihren kleinen, müde gähnenden Sohn in den Schlaf zu wiegen, aber daraufhin fängt er nur an, lauthals zu weinen. Neda lächelt und nimmt ihn mir wieder ab, Mama ist eben doch die Beste. Oh, ich wünschte, Soroush wäre hier und könnte uns filmen. Zurzeit begleitet er mich jedoch nicht. Ich filme mit meiner eigenen Videokamera, so gut ich kann.

Als ich Nedar am nächsten Morgen verlasse, heult der Gebetsrufer vom Minarett herab. Es ist Tasu'a, der Tag, an dem Abba ibn Ali umkam. Tasu'a und Aschura, der neunte und zehnte Tag im Monat Muharram, sind die wirklich wichtigen Feiertage. Bevor ich aufbreche, gelingt es mir, Neda Äpfel und Granatäpfel zu schenken. Normalerweise nimmt niemand Geschenke von mir an, aber nach anfänglichem Zögern lässt sie sich das Obst geben, schneidet einen Apfel in Schnitze und bietet diese mir und ihren Kindern an. Anschließend halte ich ihr den großen Beutel mit Pistazien hin, den eine wohlhabende Familie mir geschenkt hat und den ich seit Langem mit mir herumtrage, ohne ihn jemals geöffnet zu haben. Sie zögert auch jetzt, und ich muss ihre Unschlüssigkeit aushalten, bis sie die Hände hebt und sie um meine ausgestreckten legt. So stehen wir da, zwei Frauen, deren Hände aufeinanderliegen. Ich sehe ihr in die Augen. Sie sieht in meine, und sie lächelt. Für einen Moment steht die Welt still. Es liegt Gold in der Luft. Unsere Herzen berühren einander, dann nimmt sie die Pistazien an.

Sie sind auch im Iran teuer, und ich hege den Verdacht, dass sie sich selbst keinen Beutel kaufen könnte. Neben ihr steht das dreijährige Mädchen und mustert neugierig das Geschenk. Ich sehe, dass sie Appetit auf die Leckereien darin hat.

Die Familie hilft mir, als ich Baby Blue aus dem Hof auf die nicht asphaltierte Straße schiebe. Ich drehe mich um, winke Neda zu und biege danach auf die Hauptstraße. Ihr Bild geht mir nicht aus dem Kopf. Damals ahnte ich es nicht, aber sie, die stille Frau in der Wüste, wird außer mir Tausende andere berühren, als ich heimkehre und von unserer Begegnung erzähle.

Ich bekomme kaum Luft. Tränen brennen in meiner Brust, und ich atme stockend.

Ist Neda glücklich? Wie sieht ihr Leben aus? Ich habe keine Ahnung und konnte sie nicht danach fragen. Ich fühle mich machtlos und unsicher. Kann Neda leben, wie sie will? Wenn sie nicht in dem Dorf bleiben möchte, kann sie es dann verlassen? Eine Frau, die aus ihrem Auto stieg und ein Bild von mir knipste, meldete sich einige Zeit nach meiner Heimkehr bei mir. Ich hatte ein Foto von ihr und ihrem Sohn gemacht. Es war das letzte Bild, das die beiden gemeinsam zeigte. Nachdem sie sich vom Vater ihres Sohns hatte scheiden lassen, durfte sie den Achtjährigen nie wieder sehen. Wenn Neda etwas anderes tun wollte, wären ihre Kinder dann der Preis dafür?

Mit dem Bild Nedas vor Augen laufe ich weiter. Sie wirkte resolut und vollkommen unverstellt. Zufrieden. Das hier ist ihr Leben. Wünscht sie sich nichts anderes? Kann sie sich vielleicht gar nichts anderes wünschen?

Klaras Worte im Vapiano gehen mir durch den Kopf: »Wenn eine Iranerin, die eine Gefangene in ihrem eigenen Zuhause ist, sieht, dass du eine Freiheit hast, die sie nicht besitzt, wird sie sich besser fühlen?«

Und meine naive Antwort: »Die Frauen, dir mir begegnen, werden vielleicht anfangen, größere Träume zu haben und einen ersten Schritt dahin machen, diese Träume zu verwirklichen.«

Aber ich bin hier diejenige, die es wichtig findet, meinen Traum zu leben. Vermutlich quälen mich meine eigenen Dämonen. Die Angst, die ich empfinde, ist meine Angst, nicht Nedas, und mit diesem Gedanken laufe ich weiter. Zuerst langsam, dann schneller. Ich hoffe, dass Neda glücklich ist.

Das Gelände ist ziemlich flach, trotzdem kämpfe ich mit meiner Atmung. Ich komme an einem kleineren Dorf vorbei, sehe Menschen, die sich vor einer Moschee versammeln, und höre von fern den Muezzin. Heute ist Aschura, der größte Trauertag. Ich werde langsamer und versuche, mich möglichst unbemerkt vorbei zu stehlen, will nicht von den Feierlichkeiten ablenken und Aufmerksamkeit auf mich ziehen. Hinter dem Dorf breitet sich erneut die trockene Landschaft aus. Ich halte Ausschau nach Glassplittern und Dornensträuchern, um zu verhindern, dass Baby Blue wieder einen platten Reifen bekommt.

Wenn es geht, laufe ich mitten auf der Straße, wo der Untergrund glatt und die Gefahr von Müll am geringsten ist. Ich tänzele, wenn die Straße abwärts führt, während von entlegenen Minaretten Trauergesänge über das Tal hallen. Als ich wissen wollte, ob ich an den Feiertagen lieber nicht laufen sollte, verstand kein Mensch meine Frage. Das Laufen ist wunderbar. Zwanzig Grad, keine Unebenheiten, und Baby Blue lässt sich problemlos lenken. Ich bin schnell unterwegs, siebzehn Kilometer rauschen nur so vorbei.

Ich weiß, dass dies nicht besonders schlau ist, und als es Abend wird, spüre ich sie – die Schmerzen in den Oberschenkelmuskeln vom Abwärtslaufen. Ich wusste, dass es dumm war, so zu laufen, wie ich es getan habe. Aber es hat Spaß gemacht.

Gelangweilt

51.–55. Tag, Āshkhāneh – Fāruj, 145 km

An meinem fünften und letzten Tag im Nationalpark kämpfe ich mich aufwärts. Der fröhliche Lauf bergabwärts steckt mir noch in den Knochen, und die Oberseiten meiner Schenkel brennen. Die Beine sind schwer. Ich hätte nicht gedacht, dass dies eine Rolle spielen würde, da es heute fünfundvierzig Kilometer lang nach oben geht, wofür die hinteren Seiten der Schenkel arbeiten müssen, aber die schweren Beine drücken auf mein Tempo.

Die letzte Nacht durfte ich beim Roten Halbmond übernachten, und in der Nacht davor schlief ich bei einer Familie in einem weiteren kleinen Dorf, Chamn-e Bid. Gemeinsam waren wir Zuschauer, als sich Männer und Jungen, die an einer Prozession teilnahmen, selbst auspeitschten und den Tod des Imams betrauerten, aber die meisten Augenpaare waren mit unverhohlener Neugier auf die Fremde gerichtet, die Bilder von ihnen machte.

Als wir hinterher zusammensaßen, Obst aßen und Tee tranken, kam die Polizei. Ein Dorfbewohner hatte den Beamten den Tipp gegeben, bei der Familie halte sich eine Ausländerin auf. Die Familie bot den beiden Beamten, die sehr freundlich waren, Tee und Obst an. Trotzdem gefällt mir das nicht – nur weil ich bei einer Familie zu Gast bin, sollte sie nicht Besuch von der Polizei bekommen! Was ist das bloß für ein krankes Angst- und Kontrollsystem, das dieses Land steuert?

Bisher habe ich kaum körperliche Probleme gehabt, wenn man von den wunden Stellen zwischen meinen Oberschenkeln und einem kleinen, harten Knoten absieht, den ich an der Innenseite des Handgelenks entdeckt habe. Mithilfe Googles habe ich herausgefunden, dass es sich dabei um ein Ganglion handelt, also um einen Flüssigkeitserguss als Folge von starker Belastung. Er tut nicht weh und wird wieder verschwinden, die Sache ist nicht der Rede wert.

Die grüne Lunge des Irans liegt inzwischen definitiv hinter mir. Sand, Staub und Steine, wohin ich auch blicke. Auf der Straße, die immer weiter aufwärts führt, bin ich fast allein unterwegs. Der Wind lässt nicht nach, und die iranische Flagge an Baby Blue klatscht mir so hart ins Gesicht, dass es brennt. Ich komme an einem Tal vorbei, in dem einzelne Laubbäume und künstlich bewässerte Weinstöcke wachsen. Die reifen Früchte hängen in großen Rispen unter den Zweigen. Eine Frau, die Trauben in Kisten packt, sieht mich, lächelt und reicht mir zwei Rispen. Ich lächele auch und nehme sie an. Augen sprechen zu Augen. Ein Großteil meiner Kommunikation ist nonverbal.

Aufwärts, aufwärts. Um mir die Zeit zu vertreiben, zähle ich die Strommasten.

»Hör auf!«, schreie ich irgendwann den Wind an. Heute ist er eindeutig gegen mich. Ich habe zwar Obst, aber kein richtiges Essen. Die sandige Landschaft bietet mir weder ein Restaurant noch ein Geschäft an. Die Beine schreien. Die Flagge peitscht. Mein Schatten fällt neben mir auf den Asphalt. Wenn ich gehe, sehe ich aus wie Darth Vader. Laufen kann ich nicht. Der Wind und der Anstieg verhindern es. Ein Straßenschild, an dem ich vorbeikomme, warnt mich vor der starken Hangneigung. Ha, als ob ich das nicht längst bemerkt hätte. Hör auf, du verdammter Wind!

Schlapp und zittrig erreiche ich endlich den Scheitelpunkt dieses unendlich zähen Anstiegs. Aber oh, da unten, im dunstigen Tal, liegt Bodschnurd. Von nun an geht es also nur noch abwärts! Ich versuche, ein paar Schritte zu laufen, aber die Beine protestieren. Ich watschele in einer Art Entengang weiter. Ein junges Paar hält an und schenkt mir Süßigkeiten, eine Familie gibt mir

Reis und Obst, und ich verschlinge beides. Dann wanke ich weiter. Noch vier Kilometer. Wie langsam ich mich heute bewege!

Als die Straße endlich flacher wird und ich die Stadtgrenze erreiche, jubelt mein Herz. Bald bin ich da!

Ein Streifenwagen taucht auf, und ich frage die Polizisten, ob sie meinen Pass sehen wollen, aber sie schütteln nur den Kopf. Sie bleiben eine ganze Weile neben mir. Keiner von ihnen spricht Englisch. Ich marschiere weiter und begreife es schließlich – oh,

sie schützen mich vor dem Verkehr! Wie nett! Kurz darauf kommen zwei Militärmotorräder hinzu und setzen sich vor mich.

Ich werde von einer Militäreskorte in die Stadt geleitet. Der König und Silvia sind nichts dagegen, hier kommt Kristina Paltén! Meine Laune bessert sich. Soll ich versuchen, ein wenig zu laufen, da ich nun in so guter Gesellschaft bin? Ich mache ein paar Schritte, aber das kann ich vergessen. Ich watschele weiter hinter den Militärmotorrädern her, die mich bis zu dem Hotel begleiten, in dem Mehrdad ein Zimmer für mich gebucht hat. Gut gelaunt darf ich ein Bild von einem sehr stolzen Militär machen, was Angehörige des Militärs und der Polizei sonst immer ablehnen.

In meinem Hotelzimmer liege ich lange auf dem Bett und spüre einfach die Schwere von Armen, Beinen und Rücken. Siebenundvierzig Kilometer zehren an den Kräften. Ich bin auf eine wohlige Art körperlich müde, und der recht menschenleere Nationalpark hat mir eine dringend benötigte mentale Ruhepause beschert. Vor allem, wenn ich psychisch erschöpft bin, bekomme ich Angst vor Polizisten, die schwer zu verstehen sind, erkenne ich jetzt. Außerdem sind die Polizisten so verschieden. Die Beamten, denen ich heute begegnet bin, wollten mir zum Beispiel einfach nur helfen.

In Bodschnurd ruhe ich mich einen Tag aus. Am Morgen schlafe ich bis halb neun, was ungewöhnlich ist. Sonst wache ich immer gegen sechs Uhr auf. Mitten in der Nacht werde ich wach und habe Hunger. Der Hunger und mein großes Schlafbedürfnis zeigen, dass mein Körper sich erholen muss.

Eigentlich hätte ich an der Universität von meinem Lauf erzählen sollen, aber das hat sich zerschlagen. Die Einladung wurde zurückgezogen, nachdem einige Studenten die Vorführung eines unzensierten westlichen Films organisiert hatten. Die Sittenwächter der Universität störten sich daran, dass sich in dem Film ein Mann und eine Frau küssten. Der Film wurde während des Trauermonats Muharram gezeigt, der Amir zufolge von den Fundamentalisten als letzte Bastion gegen die abendländische Kultur betrachtet wird. Nach diesem »Verbrechen« war eine westliche Frau der Sittenpolizei nicht mehr willkommen. Ich weiß, es ist problematisch, die Staatsführung in einem undemokratischen Land mit einer der größten Parteien Schwedens zu vergleichen, aber ich kann einfach nicht anders. Im Parteiprogramm der rechtspopulistischen Schwedendemokraten steht, dass »man auch als geborener Schwede aufhören kann, ein Teil der schwedischen Nation zu sein, wenn man Loyalität, Sprache, Identität oder Kultur wechselt«. Ich frage mich, wer oder was eigentlich entscheidet, wer Schwede ist? Brauchen wir eine schwedische Entsprechung zur iranischen Sittenpolizei? Die überprüft, ob Knietroddel und Nationaltracht korrekt sitzen? Was soll das bedeuten, »aufhören, ein Schwede zu sein«?

Ich bringe den Blog mit einem Bericht über meine Abenteuer im Nationalpark auf den neuesten Stand und gehe frühere Einträge und Kommentare durch. Die kritischen Stimmen sind verstummt. Als hätte mein Appell aus dem Hotelzimmer in Gorgan sie alle erstickt. Nicht ein böswilliger Kommentar stört mich, als ich die schönen Worte lese. Habe ich mich so verhalten, dass die Kritiker das Gefühl haben, nicht mehr ihre Meinung sagen zu dürfen? Der Gedanke nagt an mir.

Ich bin so froh, ein wenig über ein Volk zu erfahren, das so freundlich, warmherzig und liebevoll zu sein scheint. Das hilft mir, hinter die Fassade der Nachrichten über Politik und Machtkämpfe zu schauen.

> Es ist so wunderbar, deine Reise begleiten zu dürfen. Die innere und die äußere. Was du tust, bedeutet vielen Menschen sehr viel, sowohl hier bei uns als auch im Iran.

Während ich mich ausruhe, geht daheim in Schweden in Trollhättan ein Mann in eine Schule und tötet einen Lehrer, einen Assistenzlehrer und einen Jungen, weil sie in seinen Augen die falsche Hautfarbe haben. Das macht mich so traurig, dass es schmerzt. Menschen sind gestorben. Sie sind für immer fort. Ich dachte, es sei möglich, Brücken zu bauen, und meine Zuversicht bekommt einen kleinen Knacks.

Als eine Form von Therapie schreibe ich Folgendes in meinen Blog:

> Das Laufen ist für mich eine Widerspiegelung des Lebens. Wenn es hart ist, gibt es Hindernisse und finstere Momente, aber man erlebt auch heitere und wunderbare Augenblicke. Um weitermachen zu können, muss ich mich auf die guten Elemente konzentrieren, auf das, was mir Kraft gibt. Ich muss die schwierigen Dinge kennen und verstehen, um sie bewältigen zu können. Aber mein Blick muss immer auf das gerichtet sein, was mir neue Energie verleiht.

Dann wandern meine Gedanken zu den Tausenden Menschen, die vor der Schule Kerzen angezündet haben, die offen ihr Mitgefühl für andere und ihre Liebe zueinander zeigen. Sie sind viel mehr als der einsame Attentäter. Auf sie werde ich meinen Blick richten, sie geben mir Kraft. Aber ich muss mich auch mit den negativen Aspekten auseinandersetzen, sie lassen sich nicht einfach ignorieren.

Evis schreibt in meinem Blog:

> Meine kluge, starke und tapfere Freundin! Was du tust, ist so wichtig!!

Ihre Worte wärmen mein Herz mehr als viele andere Kommentare, denn Evis macht sich keine Sorgen mehr.

Außerdem habe ich etwas entdeckt, was mich trotz allem freut. Wenn ich das Parteiprogramm der neonazistischen Schwedischen Widerstandsbewegung lese, sehe ich eine Partei, die mit Gewalt die Macht an sich reißen will, falls es ihr nicht gelingen sollte, diese bei demokratischen Wahlen zu erringen. Sie wollen alle Menschen, die nicht als nordisch definiert werden, aus den nordischen Ländern vertreiben, sie sind dagegen, dass Frauen von der Gesellschaft und den Medien ermuntert werden, arbeiten zu gehen. Sie wollen Homosexualität verbieten. Islamistische Extremisten wenden sich gegen eine Beeinflussung durch den Westen und ergreifen oder behalten die Macht mithilfe von Gewalt und Unterdrückung. Sie richten Homosexuelle hin, und die Scharia hält fest, dass Frauen im Prinzip halb so viel wert sind wie Männer. Mich freut dabei, dass wir Menschen uns anscheinend selbst dann noch gleichen, wenn wir extreme Ansichten äußern. Heißt das nicht, dass es vielleicht auch eine gemeinsame Lösung dafür gibt, wie Extremismus bekämpft werden kann?

Ich merke, dass mein Bild von Muslimen als Gegenpol zum Westen einem anderen Gegensatzpaar gewichen ist: Menschen, die Drohungen und Unterdrückung anwenden, um über andere zu bestimmen, und Menschen, die möchten, dass sie selbst und andere so leben dürfen, wie sie es wollen.

Nach einem ganzen Tag Ruhe, an dem ich natürlich dennoch blogge, Bilder hochlade, ein Radiointerview gebe und Baby Blues Bremse repariere, bin ich wieder auf der Straße. Sie führt schnurgerade durch ein Tal. Ein paar Kurven gibt es schon, aber viele sind es nicht. Zu beiden Seiten sehe ich sandige Berge, in der Talmitte bestellte Felder. Es ist Herbst, und die Blätter verfärben sich. Die Farbe der Bäume changiert zwischen grün und gelb. Ich gehe. Ich habe es satt zu laufen. Bis zur turkmenischen Grenze sind es nur noch gut zweihundert Kilometer.

Ich sehe Frauen mit Kopftüchern, die größer und viereckiger sind als bisher und unter dem Kinn von einer Spange zusammengehalten werden. »Turkmen«, sagt eine Frau und zeigt auf sich selbst. Sie lächelt breit. Auch die Moscheen sehen anders aus, die vorher so reich dekorierten Gebäude sind nun glatt und weiß, ohne den geringsten Ansatz von Mustern oder Ornamenten.

In zwölf Tagen werde ich in Schweden auf der Couch liegen. Immer wenn ich mich dem Ende einer Reise nähere und erkenne, dass ich es aller Voraussicht nach ins Ziel schaffen werde, habe ich das Ganze satt. Bin ich gelangweilt. Es ist keine Spannung mehr da. Ich spiele mit dem Gedanken an platte Reifen, oder dass ich eine Grippe bekomme, oder an irgendetwas anderes, was den Lauf ein bisschen aufregender machen könnte, weiß im Grunde aber, dass ich gar keine Probleme haben möchte.

Die nächste Stadt heißt Schirwan, und Mehrdad hat mir eine Adresse geschickt. Tore öffnen sich zu einem weitläufigen Garten und einem großen, schönen, zweistöckigen Haus. Armand, seine Mutter Tahere und sein Vater Hassan erwarten mich, das Mittagessen ist fertig. Wir setzen uns an einen glänzenden Mahagonitisch in der Küche, die ans Wohnzimmer grenzt. Entlang der Wände stehen Sofas und Sessel mit goldornamentierten Rücken- und Armlehnen. Es ist eine reiche Familie. Armands Englisch ist gut, und ich erzähle ihnen einiges über meine Reise und meine Idee, durch den Iran zu laufen.

»Haben iranische Medien über deinen Lauf berichtet?«, fragt Armand.

»Oh ja, ich bin vier Mal im Fernsehen gewesen und vom Rundfunk interviewt worden«, antworte ich.

Tahere sieht Armand fragend an, und die beiden sprechen miteinander.

»Meine Mutter arbeitet beim Fernsehen. Ist es okay, wenn sie zu uns kommen und dich interviewen?«, fragt Armand anschließend, und da ich gern von meinem Lauf erzählen möchte, willige ich ein.

Etwas später kommen zwei Männer und zwei Frauen. Sie grüßen höflich. Die Frauen sind strikt vorschriftsmäßig gekleidet, mit Tschador und langen Tüchern, wie es bei allen staatlichen Angestellten der Fall ist. Aber wo ist die Fernsehkamera? Keiner hat eine technische Ausrüstung dabei. Wir trinken Tee und essen Obst. Armand redet, und der Mann, offenbar der federführende Journalist, macht sich Notizen. Ich nehme an, dass sie über mich reden. Es ist seltsam, ein Interview über sich selbst zu beobachten, aber der Journalist spricht kein Englisch, und Armand weiß eine ganze Menge. Sollen sie ruhig, denke ich und plaudere mit einer der Frauen. Der Journalist hat allerdings etwas an sich, das mir missfällt. Mit seinen Augen stimmt etwas nicht. Ich schlage mir die Sache aus dem Kopf und denke, das ist lächerlich.

Als ich die Familie am nächsten Morgen verlasse, schenkt Tahere mir eine Rose. Sie gibt mir auch Obst, Nüsse und Kekse für unterwegs mit. Für meinen ewig langen Weg.

Es ist ein Tag mit klarem Himmel. Die Temperatur ist angenehm, die Straße flach. Die Rose duftet herrlich und ist wirklich schön. Sie erinnert mich daran, dankbar für alles zu sein, was ich bekomme. Es ist so selbstverständlich geworden, dass Menschen mir Essen, Obst und einen Schlafplatz anbieten, dass sie mir helfen, wenn ich einen platten Reifen habe, und meine Kleider waschen. Ich will nicht vergessen, dankbar für all diese Dinge zu sein, die so normal geworden sind.

Dann ruft Mehrdad an.

»Hast du den Artikel gesehen, Kristina?«

»Nein, habe ich nicht ...«, antworte ich.

»Wenn ich gewusst hätte, dass Fars dich interviewen will, hätte ich dir abgeraten, dich darauf einzulassen. Fars verbreitet nur Müll, das weiß jeder!«

»Ich habe gedacht, es wären Leute von einem Fernsehsender,

darüber hatten Armand und seine Mutter gesprochen. Ich habe mich allerdings gefragt, wo die Kamera ist.«

»Die Nachrichtenagentur Fars gehört zu Sepah, der Iranischen Revolutionsgarde. Sie hat die Aufgabe, die islamische Führung vor einer Beeinflussung durch das Ausland, vor Militärputschen und abweichenden Bewegungen zu schützen.«

»Oh je …«

»Sie hat jede Menge Militär zu Wasser und zu Land, ihr untersteht die Sittenpolizei. Sie besitzt einen gewaltigen Einfluss in der Industrie, ihr gehören zahlreiche Immobilien und Firmen, diese Leute sind überall vernetzt – in Politik, Wirtschaft und Gesellschaft. Viele Tausend Mann unterstehen ihr. Kein Politiker kommt ohne ihre Unterstützung aus. Letztlich sind das die Konservativen, die im Iran die Macht haben. Und Fars gehorcht ihren Befehlen.«

»Und was steht in dem Artikel?«, frage ich besorgt.

»Es steht einiges darin, was der Wahrheit entspricht, aber auch, dass du behauptest, die schwedische Regierung sei gegen den Islam, Muslime würden in Schweden schlecht behandelt und du hättest religiöse iranische Freunde in Schweden, die für die iranische Revolution seien.«

»Was? Wir haben nie über meine Freunde gesprochen! Ich soll gesagt haben, dass die Schweden gegen Muslime sind? Nie im Leben! Ich habe gespürt, dass dieser Journalist keine positive Einstellung hat. Ich habe es gemerkt, obwohl ich kein Wort von dem verstanden habe, was er gesagt hat. Dieses Schwein! Ich hätte gehen sollen, ich hätte mich auf meinen Instinkt verlassen sollen.«

Mein Kopf glüht. Ein Mann hat sich das Recht herausgenommen, in meinem Namen Ansichten zu äußern, die nicht meine sind. Für seinen Artikel hätte er mich überhaupt nicht gebraucht, seine Meinung stand schon fest, bevor er zu mir kam. Er hätte sich ebenso gut ein Foto von mir aus dem Internet besorgen und seine Lügen dazu schreiben können. Ich rufe Armand an und frage ihn, was er bei dem Interview gesagt hat. Armand liest den Artikel und ruft anschließend zurück. Er ist verzweifelt. Kein Wort hat er darüber verloren, dass die schwedische Regierung Muslime bekämpft, Muslime in Schweden schlecht behandelt werden oder meine iranischen Freunde in Schweden religiöse Anhänger der Revolution sind. Sie haben über nichts dergleichen geredet. Aber was können wir jetzt tun?

»Mehrdad und ich könnten den Journalisten anrufen und ihn bitten, seinen Artikel zu ändern«, schlägt Armand vor.

»Ja, das ist eine gute Idee. Und wenn er dazu nicht bereit ist, möchte ich, dass er ihn zurückzieht. Er hat nicht das Recht, in meinem Namen so einen Mist zu veröffentlichen.«

»Und wenn er ihn nicht zurückzieht, was machen wir dann?«, fragt Armand.

Entrüstet gehe ich weiter und denke nach. Was kann ich eigentlich tun? Der Journalist hat mich missbraucht, hat meine Ansichten, meine Meinungsfreiheit denunziert. Ich bin im Iran. Die Sepah verfügt über enorme Ressourcen. Ich bin allein. Ist es klug, die Iranische Revolutionsgarde in meinem Blog zu kritisieren, solange ich im Iran bin, was harte Strafen nach sich ziehen könnte, wenn das irgendeinem Konservativen in einer höheren Position nicht passt? Oder bin ich inzwischen so beliebt und bekannt, dass ich so ziemlich alles sagen kann? Bin ich übertrieben vorsichtig?

Ich entscheide mich – nein, es ist nicht klug, die Revolutionsgarde anzugreifen, solange ich im Iran bin. Dieses Risiko möchte ich nicht eingehen, selbst wenn es noch so klein ist. Die Sorge um meine eigene Sicherheit ist eine effektive Waffe. Ich beschließe, stattdessen den Journalisten zu kritisieren. Es wird ja wohl keiner etwas dagegen haben können, wenn ich erkläre, dass jemand, der einen falsch zitiert, einen schlechten Job macht. Ich habe nicht die Absicht, seine Behauptungen unwidersprochen stehen zu lassen, dafür bin ich zu stolz. Er macht seine Arbeit und folgt dabei den Anweisungen seiner Auftraggeber. Das ist im Grunde nicht sein Fehler, die ganze Organisation ist korrupt.

Am Abend lasse ich mich voller Wut über den unprofessionellen Lügner aus. Glücklicherweise brockt mir das keine neuen Kommentare von Valle, Behrouz oder Rasool ein. Stattdessen schlägt mir Sympathie entgegen. Babak kommentiert meine Worte so freundlich wie immer:

> Mit deinem Abenteuer verbreitest du Liebe, Kristina.

Catarina nennt den Journalisten einen Idioten und Somayeh schreibt:

> Gut gemacht! Du tust Gutes! Liebe!

Nun ja, ich wollte mehr Spannung, und die habe ich bekommen.

Polizisten

58. Tag, Quchan – Shāh Rag, 47 km

Meine Reise ist bisher gut verlaufen. Gastfreundliche Menschen haben mich in ihre Familien aufgenommen, und mir hat es weder an Essen noch an einem Dach über dem Kopf gefehlt. Ich habe erkannt, dass es einen riesigen Unterschied zwischen den Herrschenden im Land und der iranischen Bevölkerung gibt. Jetzt, da die Heimreise näher rückt, schleicht sich von Neuem Unsicherheit in meine Gedanken. Werden sie mich gehen lassen? Oder mich im Iran festhalten? Und werde ich daheim in Schweden sicher sein? Ich bin mir bewusst, dass die iranische Regierung Personen, die sich nicht korrekt verhalten, brutal zurechtweist, nicht nur innerhalb, sondern auch außerhalb der Landesgrenzen. Ich habe mich nicht kritisch geäußert, nicht einmal eine Bemerkung über die Rechte der Frauen gemacht. Ich habe die Schönheit des Landes hervorgehoben, die Großzügigkeit und Freundlichkeit, denen ich überall begegnet bin. Warum sollte das Regime mir übel mitspielen wollen?

Ich versuche, meine unsinnigen Gedanken abzuschütteln, aber sie gehen mir einfach nicht aus dem Kopf. Die Sorgen sind bedrückend. Es ist wieder diese Fantasieangst, die auf nichts als Hirngespinsten basiert, aber sie weckt die schlimmsten Ängste. Viele haben mir von Menschen erzählt, die im Flughafen verhaftet wurden, als sie das Land gerade verlassen wollten.

Bis zur Grenze sind es noch sechsundsiebzig Kilometer, dann habe ich es geschafft. Ein eigenartiges Gefühl breitet sich im Körper aus, eine Mischung aus Erleichterung und Wehmut.

Die Menschen, die meine Reise begleiten, wissen, dass mein

Lauf in zwei Tagen vorbei ist, und ich merke, dass auch sie allmählich auf Wiedersehen sagen und sich darauf vorbereiten, dass ich schon übermorgen für sie nicht mehr die Frau bin, die zu Fuß auf den Straßen des Irans unterwegs ist.

Es ist jetzt spürbar Herbst. Der Himmel ist grau. Es regnet, und das Thermometer zeigt drei Grad an. In den letzten Tagen ist das Wetter umgeschlagen, was auch daran liegt, dass ich höher unterwegs bin. Mich freut das, ich laufe lieber durch Kälte als durch Hitze. Ich ziehe unter meinem Trainingsanzug Wollunterwäsche an und über ihm Regenkleidung. Dann hülle ich meine Hände zum ersten Mal auf meiner Reise in Handschuhe.

Ich packe Toilettenpapier, das ich gekauft habe, unter den Wagen. Ich habe Magenprobleme und könnte innerhalb von Sekunden eine Toilette oder einen Straßenrand brauchen. Es ist ziemlich spannend, in einem Land die Hose am Straßenrand herunterzulassen, in dem ich meine Haare nicht zeigen darf, aber bisher hat keiner darauf reagiert, wenn es dazu gekommen ist. In einem Reformhaus habe ich zwei Sorten Grünen Tee und kleine Früchte gekauft, die ich fünf Minuten in Wasser einlegen und danach essen soll. Der Mann in dem Geschäft hat mir außerdem Gewürze, Kristallzucker und weiße Butter aus Schafsmilch gegeben. Das werde mich stark machen, meinte er.

Ich spaziere eine Weile und laufe dann los. Die Temperatur ist wohltuend, und ich wundere mich darüber, wie angenehm es ist, in so vielen Kleidungsstücken zu laufen. Ich dachte, es würde warm und unangenehm sein, stattdessen fühlt es sich perfekt an. Kein Schweiß läuft die Arme herab oder lässt die Kleider am Körper kleben, ich bin trocken und genieße es in vollen Zügen.

Seit ich vor achtunddreißig Tagen das Kaspische Meer erreicht habe, bin ich ununterbrochen auf Straße 22 gelaufen. Nun, ungefähr hundert Kilometer vor Maschhad, bin ich links auf die kleinere Straße 875 abgebogen, die abseits der großen Verkehrsader und des Wallfahrtswegs, dessen Ziel das südlich gelegene Maschhad ist, nach Norden führt. Vor mir erstreckt sich eine schmale, rissige Asphaltstraße. Es ist kein Auto in Sicht, und ich genieße die Stille. Auf Höhe der letzten Häuser stehen auch die letzten Bäume am Straßenrand und werden von braungelbem Gras ersetzt. Ringsum breitet sich eine Einöde aus. Wenige gepflügte Äcker sind Zeugen letzter Reste von Zivilisation.

Ich habe starken Gegenwind. Es ist nicht mehr viel Gepäck in Baby Blue, der Wagen ist leicht. Das ist gut und zugleich schlecht, weil er sich einerseits leichter schieben lässt, der Wind den Wagen andererseits jedoch seitlich über die Straße drückt. Manchmal ist es unmöglich zu laufen. Ich setze die Kapuze auf und ziehe zum Schutz vor Wind und Regenspritzern meine Sonnenbrille an. Die Straße ist schmal und der Asphalt voller Schlaglöcher.

Dann höre ich in der Ferne ein näher kommendes Auto. Es ist ein Streifenwagen. Hier draußen? Das Auto wird langsamer und hält direkt vor mir an. Der Polizist steigt aus.

»Dangerous run here!«

»No problem, strong woman«, antworte ich, hebe die Arme und spanne die Muskeln an. Der Polizist lacht und fährt weiter.

Ich lächele und nicke. Zucke mit den Schultern. Weniger als achtzig Kilometer habe ich auf meinem Lauf durch den Iran noch zurückzulegen. Heute hält mich keiner auf – weder die Polizei noch der Regen. Trotz des starken Winds sind meine Schritte leicht, und ich werde schneller. Ich fliege an den Bergen vorbei und muss lächeln. Es ist nicht mehr weit!

Eine Stunde vergeht. Vereinzelt fahren Autos vorbei, die ebenfalls auf dem Weg zur turkmenischen Grenze sind. Außer der Grenzstadt Bājgirān gibt es in dieser Richtung nichts. Ein kleiner Ort mit ein paar Häusern, in dem der Grenzhandel momentan geschlossen ist. Das freut mich, denn dadurch bin ich fast allein auf der Straße. Eine karge Landschaft, Durchfahrtland.

Bald darauf hält erneut ein Streifenwagen neben mir. Im Auto sitzt ein junger Mann in Polizeiuniform, der nicht aussteigt. Der Mann spricht kein Englisch, verdeutlicht mir aber mittels Körpersprache, auf dieser Straße seien Diebe unterwegs. Der Polizist mimt, dass er eine Pistole in der Hand hält, und sieht mich fragend an. Ich zucke mit den Schultern. Gegen jemanden mit einer Pistole kann ich wenig ausrichten.

Auf einmal will er wissen, ob ich Geld habe. Ich bin überrascht und zögere. Bisher hat die Polizei mich noch nie nach Geld gefragt. Er wiederholt seine Frage und bittet mich, es ihm zu zeigen. Ich hole meine iranische Kreditkarte heraus. Er schüttelt den Kopf und fragt erneut nach Geld. Ich spiele die Dumme und ziehe meinen Pass heraus. Er schüttelt nochmals den Kopf.

Er und ich sind allein auf dieser Straße, umgeben von der braungelben Ebene. In der Ferne ragen Berge in die Höhe. Woher hat er eigentlich gewusst, wo ich bin? Ich erwäge, mit den Schultern zu zucken und einfach weiterzugehen. Was passiert dann? Wahrscheinlich folgt er mir, wird es dabei aber wohl belassen.

Ich ziehe ein paar Geldscheine im Wert von einhundertsiebzigtausend Rial heraus, was ungefähr vierzig Kronen oder vier Euro entspricht. Er sieht mich skeptisch an und sein Blick sagt: »Hast du nicht mehr?« Ich schüttele den Kopf und lächele, so herzlich ich kann. Er blättert in dem Bündel Geldscheine, nimmt hunderttausend Rial an sich und gibt mir den Rest zurück.

»Eskort«, sagt er. Dieses Geld werde ich wohl niemals wiedersehen. Ich bin auf dem Weg durch die Wüste, und er will mich mit siebzigtausend Rial zurücklassen. Das sind siebzehn Kronen, was nicht einmal für ein Mittagessen reicht. Wenn er wüsste, dass ich unter einer Pappscheibe ganz unten in Baby Blue ein paar Millionen Rial versteckt habe.

Wenn ich mich in ein paar Tagen von Mehrdad verabschiede, will ich ihm das geplante Geschenk überreichen – das Geld für eine Besteigung des Bergs Sabalan. Seit seiner Kindheit sein großer Traum. Ich weiß nicht, wie man im Iran Geld von einem Konto auf ein anderes überweist, und habe deshalb tagelang den Höchstbetrag abgehoben, um die Summe für Mehrdads Geschenk zusammenzubekommen. Das ganze Geld liegt unter der Pappscheibe. Doch der Polizist hat aufgegeben. Er setzt zurück, wendet und verschwindet mit hoher Geschwindigkeit.

Achtundfünfzig Tage bin ich durch den Iran gelaufen und erreiche morgen mein Ziel. Ein korrupter Polizist wird mir meine gute Laune sicher nicht verderben, aber sein Verhalten ärgert mich. Trotzdem beschließe ich, in meinem Blog nichts über den Zwischenfall zu schreiben. Ich weiß, dass ich mich dafür nur von Behrouz, Valle oder wie er sich gerade nennt, beschimpfen lassen müsste. Die Freude, dass er seine inkompetente, fehlgeleitete Wut an meinem Blog auslässt, gönne ich ihm nicht.

Die Straße führt weiter den Berg hinauf. Schwere, dunkle Wolken hängen tief am Berghang, und die Umgebung ist schmutziggrau. Ich jogge direkt in die Wolke hinein und kann nur ein paar Meter weit sehen. Es ist feucht und kühl, aber die Kleider passen perfekt. Mein Körper fühlt sich wohl in der kühlen Umgebung, und es ist eigentlich ganz spannend, nicht zu wissen, was einen hundert Meter weiter erwartet. Als ich durch die kompakte Feuchtigkeit laufe, schweben die ersten Schneeflocken durch die Luft und landen auf den Ärmeln meines Trainingsanzugs. Ich hätte nicht gedacht, dass ich das im Iran noch erleben würde.

Die fünfundvierzig Grad am Anfang meines Laufs liegen in weiter Ferne. Dann lichtet sich der Nebel plötzlich. Die grauen Schleier lösen sich auf, und vor meinen Augen öffnet sich ein Tal. Ich bin auf der anderen Seite! Man sieht abwechselnd kleine Felder, Wiesen und Steine. Die Straße, auf der ich laufe, durchschneidet die Landschaft, ich kann kilometerweit sehen. Meine Beine bekommen neue Energie, und die Freude kribbelt in der Brust. Ich singe, ich kann nicht anders. Es ist niemand in der Nähe, und ich singe aus vollem Hals *You're simply the best*. Schöner kann Laufen nicht sein!

Eine Viertelstunde später gabelt sich die Straße, und ich sehe von fern, dass an der Kreuzung ein Streifenwagen steht. Warum sind auf dieser gottverlassenen Strecke so viele Polizisten unterwegs? Liegt es daran, dass ich kurz vor der Grenze bin?

Als ich näher komme, sehe ich, dass in dem Wagen drei Beamte sitzen, und als ich nur noch wenige Meter entfernt bin, steigt einer von ihnen aus.

Drei Polizisten, so viele? Der Polizist zeigt mit dem Arm an, dass ich die linke Straße nehmen soll.

Das kleine Dorf, in das ich komme, heißt Emam Qoli. Ich laufe an einer Polizeiwache vorbei, und die Polizisten geben mir winkend zu verstehen, dass ich hereinkommen soll. Die Männer lächeln. Einer von ihnen macht eine Geste zu einem Stuhl hinter dem Schreibtisch, und ich setze mich. Sie räumen die Blätterstapel vor mir fort. Neben meinem Stuhl steht ein Heizlüfter, und kurz darauf wird eine kochend heiße Tasse Tee vor mir auf den Tisch gestellt.

»Sarde«, sagen sie und reiben sich die Hände, um mir zu zeigen, dass sie frieren.

»Suede sarde«, erwidere ich in dem Versuch zu erklären, dass ich aus Schweden stamme und es dort ebenfalls kalt ist.

Unser Gespräch ist tastend. Ich glaube, sie fragen, wo ich übernachten werde, und ich versuche ihnen zu erklären, dass ich für die Nacht nach Quchan zurückgefahren werde, aber es gelingt mir nicht. Ich habe kein Netz, sodass ich niemanden anrufen kann, der es ihnen erzählen könnte. Die Polizisten wirken nachdenklich. Sie wissen, bis zur Grenze sind es noch einige Kilometer, und bald bricht die Dämmerung herein. Ich nutze die Gelegenheit, um auf die Toilette zu gehen, danach gebe ich ihnen zu verstehen, dass es für mich Zeit wird aufzubrechen. Ich lächele und hebe die Hand zum Gruß, als ich die Wache verlasse, und sie winken mir zu.

Hinter dem Dorf Emam Qoli stoße ich auf eine noch schmalere Straße, auf der zwei Autos nur mit Mühe und Not aneinander vorbeikommen. Solche Straßen liebe ich. Ich bin allein. Keine Autos. Baby Blue rollt mitten auf der Fahrbahn. Auf einem eigenen Boulevard.

Hohe Berge türmen sich vor mir auf. Die nächstgelegenen sind dunkelgrau, und dahinter werden die Gipfel in Dunst und tief hängende Wolken eingebettet. Hier ist nichts mehr braungelb und karg. Ein zwei Meter breiter Bach rieselt dahin und versorgt frische grüne Gemüsegärten mit Wasser. Ein paar Bäume, die Pappeln ähneln, und andere kleinere und strauchartige Laubbäume haben sich gelb und rot verfärbt.

Dann höre ich, dass jemand von hinten näher kommt, und werde langsamer. Es sind die Polizisten aus Emam Qoli, die mich auf einem Motorrad eingeholt haben. Sie bringen mir heißen Tee. Ich bin ganz gerührt über ihre Fürsorglichkeit und bedanke mich mehrmals.

Ich habe wieder ein Netz und rufe Amir an, der mit Mehrdad im Auto aus Teheran unterwegs ist, um den letzten Tag mit mir zu verbringen. Er erklärt den Polizisten die Lage. Mittendrin taucht Soroush auf und hat einen Fahrer namens Abbas dabei, der mitgekommen ist, um den Wagen zu steuern, damit Soroush nicht gleichzeitig filmen und fahren muss. Ich überlasse ihnen nur zu gern die Konversation, und die Polizisten sind unübersehbar erleichtert, als sie begreifen, dass ich eine Übernachtungsmöglichkeit habe. Soroush erzählt in seinem melodiösen Persisch von meiner Reise, wo ich die letzte Nacht geschlafen habe und die nächste verbringen werde. Bevor wir uns von den Polizisten trennen, erzähle ich ihnen noch von ihrem korrupten Kollegen, der mein Geld »eskortiert«. Die Polizisten auf dem Motorrad notieren sich alles genau und nehmen eine Anzeige auf. Ich schmunzele. Ich bin im Iran, um Brücken zu bauen, aber das heißt nicht, dass ich es hinnehme, wenn ein Polizist seine Position ausnutzt und mich bestiehlt. Es gibt nur wenige Polizeiwachen in dieser Gegend. Die Beamten arbeiten mit Sicherheit bei der gleichen Einheit. Die Zahl der Polizisten, die ausgerechnet heute allein Streife gefahren sind, dürfte bei eins liegen, und der Beamte leicht zu identifizieren sein. Haha, jetzt bist du dran! Wegen fünfundzwanzig Kronen!

Ich bin siebenundvierzig Kilometer gelaufen und habe an diesem Tag ohne Mittagessen über achthundert Höhenmeter geschafft, bestelle aber trotzdem kein Abendessen, als Soroush und ich zum »Haus der Lehrer« zurückkommen, in dem ich wohne. Das Haus der Lehrer ist eine Art Hostel und verfügt auch über ein kleines Restaurant. Mehrdad und Amir sind auf dem Weg zu mir, und ich werde ganz sicher nicht ohne sie essen – jetzt, da ich endlich die Chance habe, mit ihnen an einem Tisch zu sitzen.

Ich spähe aus dem Fenster, und mein Herz pocht. Als ich die Stoßstange von Mehrdads weinrotem Peugeot auf den Parkplatz einbiegen sehe, haste ich die Treppe hinunter, laufe schnurstracks auf den Hof hinaus und in die Arme meiner Freunde. Sie, die mich unentwegt unterstützt haben, von der Idee bis zum letzten Tag, der nun vor uns liegt. Sie sind Sicherheit, Fürsorge, Wissen und Hilfe. Wir fallen uns gegenseitig ins Wort, Amir lacht, und ich habe den Eindruck, in Mehrdads Augenwinkel eine Freudenträne zu sehen. Jetzt können wir endlich essen!

Wir bestellen Kabab Koobideh und alkoholfreies Pfirsich- und Zitronenbier. Tische und Stühle sind aus Plastik, und eine künstliche Blume schmückt einen Tisch direkt unter den Porträts von Ayatollah Khomeini und Khamenei. Trotz der beiden ernsten Herren an der Wand können wir nicht aufhören zu lachen und uns anzulächeln. Amir und Mehrdad erzählen von ihrer Autofahrt und necken einander mit alten Kindheitserinnerungen. Soroush wirft Geschichten von den Etappen ein, über Leute, bei denen ich gewohnt habe und denen wir begegnet sind. Die Reise ist fast vorbei, das Abenteuer, von dem ich so lange geträumt hatte. Es erscheint mir unwirklich.

Mitten im Gelächter werde ich ernst.

»Wie kommt es eigentlich, dass du mir so geholfen hast, Mehrdad?«

Er sieht mir in die Augen:

»Ich habe es in erster Linie für die Menschlichkeit getan. Zweitens, weil Amir mich gefragt hat. Einem Freund schlage ich so schnell nichts ab. Und wenn ich mich für etwas einsetze, mache ich keine halben Sachen, sondern bin mit ganzem Herzen dabei. Drittens habe ich es für mein Land getan. Ausländer, vor allem Frauen, haben bei uns manchmal Probleme. Ich wollte verhindern, dass dir schlimme Dinge passieren. Zu guter Letzt habe ich es auch wegen der Gefahr durch Extremisten getan. Es gibt Menschen, die einen Frieden zwischen dem Iran und Europa verhindern wollen. Sie hätten die grausamsten Pläne schmieden können, um dich ins Gefängnis zu bringen. Außerdem fand ich dein Abenteuer interessant. Ich habe mir gedacht, dass es eine Reise ist, an die man gern zurückdenken wird.«

Dann erzählt er von seinem Leben.

»Ich war fünfzehn, als ich ein Buch über die Unterschiede zwischen dem Leben im nördlichen und südlichen Teheran las, sobald es kalt wird und schneit. Es war ein harter Schlag, aus meinem naiven Schlummer zu erwachen. Ich konnte den Schnee nicht mehr genießen, als ich entdeckte, dass es in meiner Stadt eine Menge Menschen gab, die vor Kälte zitterten, deren Dächer löchrig, deren Fenster kaputt waren, die nicht genügend Kleider besaßen … Die Armut ist so nah gewesen, und ich habe nichts davon gewusst. Wir dachten, dass es nach der Revolution keine Armut mehr geben würde. Wir wussten nicht, dass die Mullahs noch viel schlimmer sein würden als der Schah. Eines Nachts ging ich hinaus und lief eine oder zwei Stunden barfuß durch den Schnee. Ich trug keine Jacke, war nur mit Hose und Hemd bekleidet. Eine kindische Reaktion, aber es war ein Wendepunkt in meinem Leben. Ich wollte etwas tun. Hatte die Absicht, mich einer politischen Organisation anzuschließen. Ich lebte in einer Familie, in der mütterlicherseits alle gegen das islamische Regime aufbegehrten. Als Jugendlicher lief ich ständig Gefahr, festgehalten oder inhaftiert zu werden. Mehrere Male bin ich verhaftet worden. Als ich schwieg, haben sie mich geschlagen. Ich habe drei Onkel und zwei Tanten.

Sie sind alle im Gefängnis gelandet. Auch meine Großeltern mütterlicherseits kamen während der Herrschaft des Schahs ins Gefängnis. Die meisten wurden wieder freigelassen, nachdem sie eine Vereinbarung mit *Monstern* unterzeichnet hatten. Meine Cousine und ihr Mann liefen Gefahr, hingerichtet zu werden, und die Mutter meiner Cousine wurde vor lauter Sorge psychisch krank. Sie hatte schon vorher unter großem Druck gestanden – ihr Mann war von den Schergen des Schahs getötet worden und sie mit einem neunjährigen Sohn und zwei sechs und sieben Jahre alten Töchtern allein zurückgeblieben. Als ich achtzehn war, musste ich sie ins Krankenhaus bringen. Ich kümmerte mich um das fünf Monate alte Baby meiner Cousine, als sie ins Gefängnis kamen. Zwei Jahre lang war der Kleine in meiner Obhut. Heute sieht er in mir einen Heiligen. Meine Jugendjahre fielen in die schlimmsten Jahre unter dem Regime. Rate mal, wie oft sie mich ins Gefängnis geworfen haben! Manche sind nie mehr herausgekommen, sondern nach Jahren der Gefangenschaft gehängt worden.«

Ich sehe den Mann an, der vor mir sitzt, und den ich erst jetzt kennenlerne. Das Puzzle nimmt nach und nach Gestalt an. Ich sehe einen Mann, der lange von einem freien Iran geträumt und für ihn gekämpft und dafür einen hohen Preis gezahlt hat, aber immer noch träumt. Ich sehe einen Mann, der mich beschützen und mir helfen wollte, weil es seine eigenen Träume von einem stolzen, freien und gleichberechtigten Land erneut lebendig werden ließ. Ich sehe auch einen Mann, einen leicht paranoiden Perfektionisten, der trotz aller Verfolgung immer noch etwas wagt. Allein die Tatsache, dass er mit mir in Kontakt gestanden hat, könnte es einem böswilligen konservativen Polizisten leicht machen, Mehrdad wegen »persönlicher Kontakte zu Ausländern« anzuprangern. Trotzdem hat er mir all dem zuliebe, woran er glaubt, geholfen.

Als wir zu Bett gehen, bin ich bereit für die Laufstrecke des letzten Tages. Wir sind alle bereit.

Vierter Teil

Zieleinlauf

59. Tag, Shāh Rag – Bājgirān, 29 km

Um fünf Uhr klingelt der Wecker. Ich möchte bei Tageslicht laufen. Amir und Mehrdad braten Würstchen und Eier und scherzen, dies sei »Männerkochen«. Dann steigen wir ins Auto. Es ist neblig, aber nachdem wir Emam Qoli hinter uns gelassen haben, klart der Himmel auf. Es ist noch kälter als am Vortag.

»Ich bin so glücklich«, sagt Mehrdad. »Endlich sind wir zusammen, *3 of Us*.« Er lächelt.

Amir sitzt auf der Rückbank.

»Ich werde dich das letzte Stück auf dem Fahrrad begleiten«, sagt er. Das Rad, das er sich in Schirwan von Armand geliehen hat, liegt in Mehrdads Kofferraum.

Ich packe Baby Blue aus Soroushs Auto. Setze Stück für Stück zusammen und montiere als Letztes das Vorderrad.

Dann laufen wir los. Nur noch knapp dreißig Kilometer. Die Straße zur Grenze führt durch ein Tal. Zu beiden Seiten der Straße ragen hohe Gipfel zum Himmel auf, und die Berghänge zeigen sich in braunen, grauen und schwarzen Farbtönen. Ein kleiner, reißender Bach schäumt links von mir, und manchmal spritzt das Wasser gegen große Felsblöcke, die herabgerollt sind. Runde, abgeschliffene Steine säumen die Ufer. Ich laufe an einem kleinen Dorf mit sandfarbenen Lehmhäusern vorbei, das den Berghang hinaufklettert. Türen und Fenster leuchten rot und blau.

Mehrdad fährt mal hinter, mal neben uns, lächelt breit und spielt Céline Dion bei heruntergelassenem Fenster. Ich tanze, und wir lachen. Es kribbelt am ganzen Körper. Die Luft ist kalt, aber innerlich bin ich glühend heiß. Mein Herz ist vor Freude weit und warm.

Der Herbst hat die Landschaft rot und gelb gefärbt. Wir gelangen auf eine etwas größere Straße mit Anstiegen, und ich bin froh, dass sich der Gegenwind vom Vortag gelegt hat. Wir nehmen die Passage unter dem Berg hindurch und auf der anderen Seite des Tunnels ist die Welt eine andere. Raureif bedeckt die Pflanzen, und im Sonnenlicht glitzern die Berghänge von Eiskristallen. Von fern

sehe ich Wolken, die in einem Tal zu liegen scheinen, hinter ihnen ragen Berge auf. Wir stehen hoch über den Wolken und blicken auf diese Märchenlandschaft. So hätte ich lange schweigend mit meinen Freunden in dieser Stille und Schönheit stehen können, aber es geht abwärts, und danach sehnen sich die Beine. Eine Viertelstunde später sehe ich etwas, das sich in einiger Entfernung auf einem Hügel bewegt. Ist das etwa …? Ja, genau. Eine große iranische Flagge weht über der Landschaft, um die Grenzstation zwischen dem Iran und Turkmenistan zu markieren. Amir zählt jeden verbleibenden Kilometer herunter.

»Jetzt sind es noch drei Kilometer, Kristina!«, ruft er.

Bin ich wirklich gleich da? Es sind weniger als drei Kilometer bis zum Ziel? Ich werde langsamer und spaziere, will alles fühlen. Staunen. Freude. Glück. Ein Anflug von Trauer durchweht mich. Bald ist es vorbei. Vieles ist am schönsten, wenn ich kurz davor stehe, es hinter mir zu lassen. Ich genieße jeden Augenblick. Meine Schritte sind langsam, zögernd. Ich habe keine Lust mehr zu laufen. Ich will nur jetzt und hier, in diesem Augenblick sein. Ich bitte Amir, für einen Moment vorzufahren, damit ich eine Weile mit mir allein sein kann.

Als wir in die Grenzstadt Bājgirān kommen, fragen wir einen Mann auf der Straße nach der Grenze, und er zeigt uns freundlich den Weg. Dann sehen wir den Grenzübergang, von dem mich lediglich zweihundert Meter trennen. Wie will ich meinen Lauf beenden?

Amir weiß die Antwort. Wir reichen uns die Hand, Amir fährt, ich laufe und ziehe ihn die letzten Meter förmlich.

Ich bin im Ziel! Und wir drei sind zusammen! Ich johle und hüpfe auf der Stelle. Klettere am Grenztor hoch, sitze darauf, recke die Arme zum Himmel und jubele immer wieder. Winkend fordere ich Amir und Mehrdad auf, ebenfalls hinaufzuklettern und dann sitzen wir jubelnd zusammen. Es hat geklappt! Wir haben es geschafft!

Wir steigen wieder herunter, halten einander an den Händen und hüpfen. Lachen. Umarmen uns und küssen einander auf die Wangen.

»Nein, jetzt müsst ihr aber wirklich aufhören. Ich bin tolerant, aber das ist im Iran verboten«, meldet sich lächelnd der Grenzposten zu Wort. Amir und Mehrdad erzählen ihm, was ich getan habe, und der Mann verdreht die Augen und sagt »khasteh-nabashi«. Was sonst.

Meine 1840 Kilometer lange Reise hat damit begonnen, dass ich einen Fuß vor den anderen setzte. Sie ist weitergegangen, indem ich diese Bewegung so lange wiederholt habe, bis ich neunundfünfzig Tage später an diesem Grenzübergang in Bājgirān angekommen bin. Mein eigentliches Ziel ist jedoch nie dieses Stahltor gewesen, das Turkmenistan vom Iran trennt. Das Ziel war und ist, etwas zu bewirken, das Laufen ist für mich immer nur ein Mittel zum Zweck gewesen. Ich werde weiter einen Fuß vor den anderen setzen. Das Abenteuer ist nicht vorbei, es fängt gerade erst an.

Amir fragt, ob ich jemals überlegt habe aufzugeben.

»Nein«, antworte ich.

Ich wollte wirklich nie aufhören. Diese Reise hat so viel Gutes bewirkt.

Soroush erkundigt sich, wie ich den Iran beschreiben würde. Ich denke kurz nach, dann sage ich: »Als komplex.«

Wie soll ich dieses Land mit Persern, Aserbaidschanern, Kurden, Türken, Turkmenen, Gilakern, Masanderanern und einer Menge anderer ethnischer Gruppen beschreiben, denen ich nicht einmal begegnet bin? Ein Land, von dem es heißt, die Staatsreligion sei der Islam, dessen Volksseele mir allerdings eher persisch zoroastrisch oder vielleicht auch atheistisch in dem Sinne erscheint, wie ich Schweden als atheistisch wahrnehme. Ich meine damit, dass die meisten keinen eigenen Glauben haben, sondern gemäß einer gewissen kulturellen Religion leben. Ein Land, in dem die Menschen arm, reich und alles dazwischen sind. Ein Land mit Mullahs, die Macht und Kontrolle wollen, und Mullahs, die Liebe verbreiten wollen. Die korrekteste zusammenfassende Beschreibung wäre Gastfreundschaft und Freundlichkeit. Beidem begegnet man überall.

Ein letztes Mal bauen wir Baby Blue im Iran auseinander und setzen uns in die Autos. Es erfüllt mich mit Wehmut, die Straße nach Quchan zurückzufahren und die Straßen zu verlassen, auf denen ich gelaufen bin. Werde ich jemals zurückkehren? Schließlich gibt es noch so viel anderes zu entdecken.

Als wir nach Quchan kommen, möchte ich feiern, dass ich soeben einen Lauf über 1840 Kilometer beendet habe. Wir landen in einer kalten Pizzeria, in der wir in unsere Jacken gehüllt Cola und Pfirsichbier trinken.

Soroush verlässt uns und fährt zurück. Mehrdad, Amir und ich fahren weitere achtzig Kilometer bis Schirwan, um bereits einen Teil der Strecke nach Teheran zurückgelegt zu haben. Baby Blue darf endlich seine Füße ausruhen und liegt zusammen mit Amirs Rad festgezurrt auf dem Autodach.

Wir finden ein Hotel, an dessen Rezeption eine junge Frau mit klaren Gesichtszügen steht. Amir setzt sein freundlichstes Lächeln auf, das sie erwidert. Wir bekommen zu dritt ein Zimmer. Keiner sagt etwas. Schweigend gehen wir zu unserem Zimmer, schließen auf und treten ein. Als wir die Tür geschlossen haben, kann Mehrdad sich nicht mehr beherrschen.

»Sie hat uns nicht einmal nach unseren Pässen gefragt!«, platzt er heraus.

Was wir tun, verstößt eindeutig gegen das Gesetz. Männer und Frauen, die nicht miteinander verheiratet sind, dürfen eigentlich nicht im selben Zimmer schlafen, aber ich habe nicht vor, es zu verraten. Mehrdad schläft früh ein, aber Amir und ich sitzen noch lange zusammen und unterhalten uns. Er erzählt, dass Carina ein Willkommensfest für mich organisiert hat, das unmittelbar nach meiner Landung stattfindet, und dass Babak sich dazu angemeldet hat.

Ich erstarre. Was zum …?

»Ich denke nicht, dass du dir Sorgen machen musst. Ich habe mit Hamid von der Botschaft gesprochen. Offenbar gibt es einen Schweden iranischer Abstammung, der in der Botschaft für die Art von Schikanen bekannt ist, deren Opfer du geworden bist. Das Muster passt zu ihm. Er ist nicht ganz richtig im Kopf, aber auch nicht gefährlich, und hat im wirklichen Leben nie etwas getan.« Ich greife trotzdem zum Handy und bitte Carina, meine Schwester, Fredrik und ein paar andere, die Augen offen zu halten. »Ich will AUF KEINEN FALL mit dem Rücken zu ihm sitzen«, schreibe ich. Leide ich jetzt auch schon an iranischer Paranoia?

Am nächsten Tag sitzen wir von acht Uhr morgens bis sieben Uhr abends im Auto. Für diese Strecke habe ich zu Fuß einundzwanzig Tage benötigt. Normalerweise schlafe ich ein, wenn ich im Auto sitze, aber an diesem Tag bin ich hellwach und schaue hinaus. Bin ich wirklich auf dieser Straße gelaufen?

Die Fahrt ist wie eine Zeitmaschine. Ich sehe Steine, auf denen ich gesessen und mich ausgeruht habe, Orte, in denen ich geschlafen und zu Mittag gegessen habe. Ich erinnere mich an die Gefühle bei Anstiegen und Gegenwind. An vertraute Bäume und Kreuzungen. Alles gleitet an meinem Fenster vorbei. Als wir an einer Station des Roten Halbmonds vorbeifahren, sehe ich die Männer, die mich zum Mittagessen eingeladen haben.

»Seht mal, die haben mich zum Essen eingeladen«, sage ich aufgeregt.

»Oh, dann lass uns hineingehen und ihnen guten Tag sagen. Ich würde sie gern treffen«, erwidert Mehrdad.

Er ist mit vielen, denen ich begegnet bin, telefonisch in Kontakt gewesen. Jetzt darf er ein paar von ihnen kennenlernen. Es werden viele Hände geschüttelt, und alle lächeln.

Wir fahren von trockenen, sandbedeckten Höhen zu tiefen Wäldern und Palmen am Meer. Im Elburs-Gebirge liegt Schnee auf den Bergen. Mein Lauf ist im richtigen Moment zu Ende gegangen.

Wir durchqueren auf kurvenreichen Straßen das Gebirge. Amir und Mehrdad sitzen vorn und unterhalten sich.

Ich versuche, mir die beiden als Zehnjährige vorzustellen, die im Sommer im Wald Hüttchen gebaut haben. Jetzt sind sie Männer mittleren Alters mit grau melierten Haaren. Ihre Lebenswege sind so unterschiedlich verlaufen. Der eine konnte dank Granatsplittern im Bein in Schweden studieren und ist geblieben. Der andere hat sein Leben lang von unerreichbaren Freiheiten geträumt und für sie gekämpft, erst für sich selbst und später für seinen Sohn. Der eine kann reisen, wohin er will, der andere sitzt unerbittlich fest.

Der Brief

Als es dämmert, nähern wir uns Teheran. Die Autobahnen haben immer mehr Spuren, und an meinem Fenster gleiten die Lichter vorbei. Als wir nach Karadsch abfahren wollen, verpasst Mehrdad die Ausfahrt. Er löst das Problem, indem er einfach zurücksetzt und in die Ausfahrt abbiegt. Mein Herz schlägt bis zum Hals, aber er scheint Nerven wie Drahtseile zu haben. Dann betreten wir Faribas und Hosseins Wohnung in Karadsch. Der Kreis hat sich geschlossen. Hier bin ich gestartet. Hier endet meine Reise.

Ich habe häufig besorgte SMS von den Familien bekommen, die ich verlassen hatte. Sie erkundigten sich, wie es mir bei den nächsten Gastgebern ging, und den nächsten. Ich habe es nie begriffen. Die nächste Familie war doch wieder genauso nett! Aber im Iran verlässt man sich auf seine eigene Familie, nicht auf die anderer Leute, denn wer ist ein Spion des Regimes und wer ist es nicht? Außerdem ist die Familie soziale und wirtschaftliche Sicherheit.

Während meines Laufs haben Jalal, Sepideh und viele andere gesehen, dass ich sicher gewesen bin, egal, bei wem ich gerade übernachtet habe. Nachdem die Reise nun vorbei ist, sind sie unendlich stolz auf und froh über ihre großzügigen Landsleute und darüber, dass man sich offenkundig auch auf andere Familien verlassen konnte. Sie wollen sich selbst feiern, und zu diesem Zweck hat Jalal in Karadsch ein ganzes Restaurant für eine geschlossene Gesellschaft reserviert. Mehrdad und er haben alle Familien eingeladen, bei denen ich gewohnt habe. Viele sind der Meinung, dass sie nichts Besonderes geleistet haben, schließlich haben sie nur getan, was sie immer tun. Im Iran ist der Gast ein Freund Gottes und um den kümmert man sich eben. Trotzdem versammeln sich viele in dem Restaurant. Peter Tejler und Sidal von der Botschaft sind ebenfalls gekommen. Ramin ist nicht dabei, Mehrdad wollte ihn nicht einladen. Aber Akbar ist da. Er bekommt ein Paar Fivefingers und nimmt für Ramin ein Paar Asics Cumulus mit. Ich habe ihre Schuhgrößen und Lieblingsmodelle erfragt und einen

Freund gebeten, sie zu besorgen. Amir hat die Schuhe aus Schweden mitgebracht.

Bei dem Fest ist auch Mahsa Torabi zu Gast, eine iranische Läuferin, die Akbar eingeladen hat. Noch lerne ich sie nicht richtig kennen, aber zwei Jahre später werden sich unsere Wege kreuzen, wenn wir beide anfangen, von gemeinsamen Laufabenteuern im Iran und in Afghanistan zu träumen. Mahsa engagiert sich sehr dafür, mithilfe des Sports Chancengleichheit für Männer und Frauen zu schaffen, und erzählt mir von den Frauenlaufgruppen in Afghanistan, mit denen sie regelmäßig unterwegs ist, und dass das Laufen für Frauen in Afghanistan seit 2014 erlaubt ist.

Mahsa wird Geschichte schreiben, als sie an einem Ultralauf für Männer teilnimmt. Obwohl es verboten ist, läuft sie im Mai 2016 mit den Männern 250 Kilometer durch die Wüste. Nichts von alldem ist jedoch passiert, als wir an jenem Abend im Herbst 2015 gemeinsam feiern.

Ich erscheine mit frisch gezupften Augenbrauen, lockigen Haaren und sorgfältigem Make-up auf dem Fest. Tolou, Faribas Tochter und Amirs Nichte, hat mir eine grüne lange Tunika, eine Hose und ein T-Shirt geliehen und mich in einen Schönheitssalon mitgenommen. Ich höre, dass sich Bahram, der Fahrer, zu Peter Tejler hinüberlehnt und fragt: »Aber wo ist denn Kristina?«

»Sie sitzt da«, antwortet der Botschafter und zeigt auf mich.

Bahram macht große Augen.

»Ich habe dich nicht wiedererkannt!«, platzt er heraus.

»Das wundert mich nicht, ich mich auch nicht«, erwidere ich lachend.

Wir essen und trinken. Tolou zeigt Bilder von meinem Lauf. Mehrdad und Amir halten Reden, ich auch. Danach steht Jalal auf und liest einen Brief von ihm und Sepideh für mich vor, und ihre Zeilen sind das Schönste, was ich jemals gehört habe.

»Liebe Kristina, vor sechs Monaten erzählte Nima, die dich aus Schweden kennt, von deinem Plan, von Westen nach Osten durch den Iran zu laufen. Wir fanden das völlig verrückt. ›Sag ihr, dass sie das nicht tun soll, das ist irre!‹, meinten wir.

Die Wahrheit lautet, dass die meisten von uns, selbst mit deinem Ehrgeiz und deiner mentalen und körperlichen Stärke, es niemals wagen würden, allein in eine völlig unbekannte Umgebung aufzubrechen, bei Fremden zu schlafen und sich trotzdem sicher zu fühlen – nicht im Iran und auch nirgendwo sonst.

Ich glaube, in jedem von uns liegt die Saat zu Gutem wie zu Bösem. Wenn Menschen die Chance erhalten, ihre guten Seiten zu zeigen, geht es ihnen auch gut, und sie erschaffen in ihrem Umfeld eine bessere Welt.

Du bist auf der Seidenstraße gelaufen. Du hast deine Reise bei fünfzig Grad Hitze begonnen, hast Berge, Wald, Meer und Wüste gesehen. Du hast aus jedem, dem du begegnet bist, das Gute hervorgelockt, und deine Gegenwart hat Menschen dazu ermuntert, ihre gute Seite zu zeigen, und hat sie zu Freundlichkeit inspiriert. Durch dein Handeln hast du dein Vertrauen in ihre Freundschaft bewiesen, und sie haben in ihren Herzen Liebe gesucht und gefunden und gastfreundlich und großzügig gehandelt – und du hast nie etwas anderes von ihnen erwartet.

In einer Welt voller Widerstände gegen die Freiheit und das Selbstvertrauen der Frauen bist du zu einem Fenster für Träume geworden wie ein Stern am dunklen Nachthimmel. Du bist eine Brücke gewesen, durch die viele Menschen einander nähergekommen sind. Wenn du dich als Fremde auf uns verlassen kannst, dann können wir uns auch aufeinander verlassen.

Dein Mut hat uns gezeigt, dass unsere Welt ein besserer Ort ist, als wir dachten, und aus diesem Grund fühlen sich viele von uns zu dir hingezogen. Du hast uns eine bessere Welt gegeben, und dafür sind wir dir dankbar.

Nimas Familie.«

Ich weine hemmungslos. Die Rede und der Brief sind jeden einzelnen Schweißtropfen, jeden einzelnen Schritt wert gewesen. Ich hatte den Ehrgeiz zu zeigen, dass ein Großteil der Angst zwischen den Ländern und Völkern unnötig ist. Die Iraner sogar so beeinflusst zu haben, dass sie sich gegenseitig mehr vertrauen, ist ein fantastisches Gefühl. Jalal überreicht mir den Brief, und ich bedanke mich und schluchze und lächele abwechselnd.

Auch die schwedische Botschaft in Teheran gibt zwei Tage später einen Empfang. Soroush erscheint in einem eleganten Jackett, und Amir und Mehrdad tragen sorgsam gebügelte Hemden. Ich habe meine Abendhose und das langärmelige rosa karierte Hemd angezogen. Ich kann mir keine Kleider mehr von Tolou leihen, da ich noch in der Nacht abreise. Peter Tejler verfügt über ein großes Netzwerk im Iran, und ich bewege mich zwischen Botschaftern, Journalisten, Vertretern der Vereinten Nationen und lokalen iranischen Organisationen und erfolgreichen Geschäftsfrauen, die eigene Firmen betreiben. Sie tragen kurze, gut geschnittene, ärmellose Kleider. Ich fühle mich wie das hässliche Entlein, aber das stört mich nicht weiter. Der Botschafter hält eine Rede und liest die erste Mail vor, die ich der Botschaft geschickt habe, als ich meinen Lauf plante. Wir lachen, ich spreche ein paar Worte und bekomme einen riesigen Blumenstrauß aus duftenden rosa Lilien geschenkt.

Als die Gäste gegangen sind, bleiben Sidal, Peter Tejler, Amir, Mehrdad, Soroush und ich auf den Sofas zurück und essen, was von den Fleischbällchen und Krabbenschnittchen übrig geblieben ist. Soroush hat die Idee, Inga zu unserem Lauf zu interviewen. Ich lege mich auf eine Couch und halte sie über ein Kissen, sodass ich nicht zu sehen bin. Amir übersetzt die Fragen, und Inga antwortet.

»Endlich darf ich etwas sagen! Endlich schenkt mir jemand Aufmerksamkeit! Ich will unbedingt erzählen, dass ich zum ersten Mal geküsst worden bin!«

Ein Mann in einem Restaurant hatte gesehen, dass Inga eine Brosche mit dem Namen von Abbas Ibn Ali, Imam Husseins Bruder, bekommen hatte, ging zu ihr und küsste sie, als sie in Baby Blue saß und auf mich wartete. Alle lachen.

Die Stunden vergehen, und schließlich wird es Zeit. Als Amir, Mehrdad und ich zu dem weinroten Peugeot hinausgehen, ist es Nacht. Auf seinem Dach liegt Baby Blue, und im Kofferraum das gesamte Gepäck. Abgesehen von Baby Blue bin ich mit fünfundzwanzig Kilo in den Iran gereist. Jetzt habe ich vierzig Kilo dabei, und trotzdem muss ich ein paar Dinge hier zurücklassen. Ich sitze schweigend auf der Rückbank. Wir lassen uns nichts anmerken, obwohl jeder von uns weiß, dass wir nun Abschied nehmen müssen.

Amir und ich reisen nach Schweden, Mehrdad will heim zu Pouran und Parsa. Am Flughafen laden wir das Gepäck aus, und ich setze meine Kartons auf einen Gepäckwagen. Ich will Mehrdads Blick nicht begegnen. Sehe ich ihn, der so viel für mich getan hat, zum letzten Mal? Ihn, der nach nur einer Woche erkannte, dass ich nicht sage, was ich benötige, und daraufhin täglich mehrere Stunden darauf verwandt hat, den Menschen, die mich aufnehmen wollten, zu erklären, dass ich zum Frühstück Spiegeleier essen, um zehn ins Bett gehen und so aufstehen möchte, dass ich um sieben Uhr aufbrechen kann, und dass ich manchmal etwas Zeit für mich brauche.

Ich suche mein Geschenk heraus. Das Geld liegt in einem Umschlag, den ich sorgfältig zugeklebt habe. Der Betrag deckt mehr als reichlich die Auslagen, die Mehrdad hatte, um mir zu helfen. Er reicht außerdem für eine Besteigung des Sabalan. Ich blicke in der Dunkelheit vor dem Auto zu meinem Freund auf. Wir sehen uns in die Augen.

»Danke«, sage ich und umarme ihn lange und herzlich. »Du hast geholfen, mir meinen Traum zu erfüllen, jetzt möchte ich dir helfen, dir deinen Traum zu erfüllen. Ich hoffe, dass du eines Tages auf dem Gipfel des Sabalan stehen wirst.«

Gleichzeitig ist mir bewusst, dass von diesem Geld wahrscheinlich eher Lebensmittel und die Miete bezahlt werden. Es ist nicht leicht, im Iran über die Runden zu kommen.

Dann übergebe ich ihm den Umschlag. Er sagt nichts. Wir können uns kaum sehen. Es tut weh abzureisen.

Amir und Mehrdad umarmen sich. Mehrdad und ich sehen uns ein letztes Mal an, anschließend betreten Amir und ich das Flughafengebäude.

Ich lasse meine vollgepackten Kartons durchleuchten und nehme sie auf der anderen Seite an mich. Amir geht zur Sicherheitskontrolle für Männer, ich stelle mich in die Schlange der Frauen. Als ich hindurchgehe, piept es. Die Sicherheitsmitarbeiterinnen lächeln nur und winken mich einfach vorbei. Wollen sie mich nicht abtasten?

Wir kaufen belegte Brote und etwas zu trinken und eilen zum Gate. Ich habe die Pass- und Sicherheitskontrolle hinter mir, bin aber immer noch unsicher, ob ich das Land tatsächlich verlassen darf. Was ist, wenn mich jemand am Gate stoppt: »Kristina Paltén, kommen Sie bitte mit. Sie werden beschuldigt, die Sicherheit des Landes gefährdet zu haben.« Mir läuft ein kalter Schauer über den Rücken. Hoffentlich geht alles gut!

Ich zeige meinen Pass, und Amir und ich steigen in die Maschine. Jetzt sind es nur noch ein paar Minuten. Das Flugzeug rollt auf die Startbahn, bremst kurz ab, beschleunigt dann und hebt ab. Nach einer halben Stunde meldet sich der Pilot und begrüßt die Passagiere. Er informiert uns darüber, dass wir unsere Reisehöhe von zehntausend Metern erreicht haben und auf der rechten Seite die Türkei sehen können. Ich atme auf. Wir haben den iranischen Luftraum verlassen. Ich werde heimkommen!

Dann fällt mir etwas ein – die Gaskartuschen! Die Amir und ich für den Gaskocher gekauft hatten, damit ich mir etwas zu essen kochen konnte, und die ich nie benutzen musste. Habe ich sie aus den Kartons ausgepackt? Nein, das habe ich nicht. Beim Durchleuchten des Gepäcks hat keiner sie bemerkt. Jetzt liegen sie unter uns im Frachtraum! Gas dehnt sich bei niedrigem Druck aus. In einem Flugzeug liegt der Druck dreißig Prozent niedriger als auf dem Erdboden. Es gibt also einen guten Grund für das Verbot, Gasflaschen im Flugzeug zu transportieren. Was ist, wenn sie explodieren und ein Loch in den Flugzeugrumpf reißen? Ich habe es geschafft, nicht vom Regime verhaftet, nicht von Drogensüchtigen misshandelt oder von Lastwagen überfahren zu werden. Komme ich jetzt nicht mehr nach Hause, weil das Flugzeug wegen meiner Gaskartuschen abstürzt? Innerlich führe ich einen nervösen Dialog mit mir selbst.

»Jetzt reiß dich aber zusammen, Kristina. Du bist Ingenieurin. Wie viel hält so eine Gaskartusche aus? Wie sicher ist die Flugzeughülle? Beide sind mit Sicherheit so stabil, dass sie eine Menge aushalten. Du kannst beruhigt schlafen.«

Ich höre auf die Stimme der Vernunft, lehne mich zurück und schließe die Augen.

Die Heimkehr

Als Amir und ich in Stockholm aus dem Flugzeug steigen, wird mir auf einmal bewusst, dass ich gar nicht weiß, warum er mir geholfen hat. Während wir die Gepäckwagen beladen, frage ich ihn danach:

»Der Hauptgrund ist, dass ich dich mag. Außerdem liebe ich Herausforderungen und ermutige andere gern, sich selbst herauszufordern. Kein anderer als du und nichts anderes als deine Reise hätten das negative Bild von meinem Land und seinen Menschen so gut verändern können. Ich glaube an dich und an das, was du tust.«

Ich senke den Blick. Das sind große Worte, die schwer anzunehmen sind, gleichzeitig jubelt mein Herz vor Freude. Ich weiß nicht, was ich sagen soll. Das Einzige, was ich mit Tränen in den Augen herausbringe, ist: »Danke, Amir.«

Wir gehen an der Passkontrolle vorbei. Ich weiß, dass Fredrik, meine Schwester und ihr jüngster Sohn Isak uns erwarten. Carina wird sicher auch da sein. Als die Türen aufgleiten, steht jedoch eine wesentlich größere Gruppe dahinter. Fredriks Tochter Sara. Meine Freunde Anders und Christine und ihr Sohn Mathias sind auch gekommen. Evis und Micke und ihre Freunde Anita und Cicki. Amirs Frau Elham und ihre Kinder Tiam und Tara.

Verwirrt betrachte ich die Menschenansammlung. Wen soll ich zuerst umarmen? Mein Gehirn kommt in Gang. Fredrik! Der mich bei allem, was ich tue, unterstützt und immer nur mein Bestes will. Die logische Antwort lautet Fredrik. Ich bin so lange so weit weg in einer anderen Welt gewesen.

Wird jetzt wieder alles so sein wie immer? Was heißt eigentlich wie immer?

Sara schiebt sich nach vorn, und ich hebe sie hoch, es tut gut, dass sie auch dabei ist. Ich umarme Carina. Sie ist eine der wenigen, die wenigstens teilweise verstehen können, was ich erlebt habe. Evis jubelt, als sie mich umarmt, zeigt auf Inga und lacht. Inga war einmal ein Geschenk von ihr und seither begleitet sie mich, schmutzig und bleich, bei jedem Abenteuer.

Wir fahren zum Restaurant Shahrzad in der Stockholmer Innenstadt. Die Wände des Lokals sind mit goldfarbenen Kacheln verkleidet. Gepolsterte Stühle bilden einen hübschen Kontrast zu dem Fußboden aus dunklem Holz und den terrakottafarbigen Platten. Mehr als vierzig Personen erwarten mich, und als ich den Raum betrete, erheben sie sich, applaudieren und jubeln. Es ist überwältigend. Ich bin überrascht, Tränen schießen mir in die Augen. Einige Anwesende sind Freunde, nach denen ich mich gesehnt habe, andere haben meinen Blog gelesen und wollen das Abenteuer mit mir feiern. Ich halte Ausschau nach Babak. Wo ist er, wer ist er?

Ich gehe umher, begrüße alle und bekomme eine Menge Blumen und Geschenke. Als ich zu Babak gelange, vermeide ich es behutsam, aber entschieden, ihn zu umarmen. Er stellt mich seiner Frau vor und sagt, er sei froh, dass meine Reise durch den Iran so fantastisch gewesen sei. Der Mann macht einen sehr sympathischen Eindruck. Die Anspannung löst sich, war er es also doch nicht? Ich beschließe, der Maxime zu folgen, nach der ich leben möchte: Ich entscheide mich für Vertrauen. Der Mann, der jetzt mit mir essen möchte und aus dem fernen Lidköping angereist ist, um mich willkommen zu heißen, hat mein Vertrauen verdient.

Carina hat aus meinen Fotos eine Diashow zusammengestellt, deren Bilder ich kommentiere. Wir reden und essen, und ich erzähle und erzähle noch einmal. Von meinen Begegnungen, der Sprachbarriere, platten Reifen und der großen Hilfsbereitschaft.

Ich bin überwältigt von der Anteilnahme und Herzlichkeit der Menschen. So viele sind meinetwegen gekommen. Ich lasse mich ins Vertraute fallen.

Am Abend schlafe ich zu Hause auf der Couch ein, während meine Schwester und Isak mit Fredrik und seinen Kindern zusammensitzen.

Am Wochenende nach meiner Heimkehr halte ich auf einer Veranstaltung für Ultraläufer einen Vortrag über meinen Lauf durch den Iran. Das Event besteht aus Vorlesungen und zwei Laufeinheiten von jeweils fünfzig Kilometern an zwei aufeinanderfolgenden Tagen.

Ich bin gespannt, wie gut mein Körper funktionieren wird. Als Carina und ich aus der Türkei zurückkamen, brachen unsere Körper zusammen. Damals schaffte ich es ein paar Tage nach unserer Rückkehr nur mit Mühe, zehn Kilometer zu laufen. Diesmal habe ich keine Probleme. Ich laufe achtundvierzig Kilometer in schwierigem Gelände, nach denen lediglich die Fußgelenke ein wenig schmerzen. Nach zwei Monaten im Iran bin ich ebenen Asphalt gewohnt.

Das Interesse schwedischer Medien an meiner Reise ist groß. Ich werde von verschiedenen Radiosendern, Illustrierten und freien Journalisten interviewt. Amir und ich werden ins Morgenmagazin von TV 4 eingeladen. Sieben Minuten in einem Fernsehstudio verlangen einer introvertierten früheren Nordschwedin so viel ab, dass ich danach einen Tag lang völlig fertig bin.

Ein gutes halbes Jahr nach meiner Heimkehr ruft André Larsson an. Ein Trailer für die Dokumentation ist fertig. Vier Minuten und achtunddreißig Sekunden Film über meine Reise werden der Welt präsentiert. André richtet eine eigene Facebookseite dafür ein und lädt den Trailer hoch. Ich halte das Handy in der Hand und schrecke auf, als er fünftausend Mal angeklickt worden ist. Ebenso überrascht bin ich, als die Marke von sechshunderttausend erreicht ist. Innerhalb weniger Wochen wird der Trailer fünf Millionen Mal gesehen und schießt danach auf zehn Millionen hoch. Es ist unfassbar. Dass zehn Millionen ihn sich angeschaut haben, raubt mir den Atem.

Medienvertreter aus Europa, Australien und den USA melden sich bei mir. Filmfestivals in Belgien, England, USA, Kanada, Schweden und auf Malta wollen die Dokumentation zeigen. Voice of America Persian dreht eine Reportage. Eine Zeitung in Frankreich und ein Fernsehsender in der Türkei versuchen, aus meinem Lauf die Schlussfolgerung zu ziehen, dass alle Muslime auf der ganzen Welt nett seien, was ich bestreite. So weitreichende Schlussfolgerungen lassen sich aus dem Erfolg meines Laufs nicht ziehen.

Eins kann ich jedoch eindeutig sagen, die charakteristischste kulturelle Eigenschaft im Iran ist die Gastfreundschaft und Freundlichkeit, mit der die Menschen mir begegnet sind. Arm oder reich, gläubig oder ungläubig spielt keine Rolle, Gastfreundschaft und Freundlichkeit sind ungeheuer wichtig.

Nach Donald Trumps erstem Versuch, Bürgern aus bestimmten muslimischen Ländern per Dekret die Einreise in die USA zu verweigern, erreicht der Trailer die Marke von sechzehn Millionen Aufrufen. Viele Amerikaner, die anderer Meinung sind als ihr Präsident, schicken mir auf Facebook Freundschaftsanfragen. The Guardian dreht ein Video über meine Reise, und der kurze und effektvolle Film wird innerhalb von zwei Wochen gut zehn Millionen Mal gesehen. Ich werde mit weiteren Interviewanfragen überhäuft, und via Mail, Messenger und Instagram gehen zahllose Nachrichten bei mir ein. Menschen, die meine Reise bewegt hat, nehmen Kontakt zu mir auf und schreiben: »It's all about love. Die Menschen sind überall auf der Welt gleich.«

Ich lese die vielen positiven Kommentare und erkenne am Ende, dass die Worte der Leute widerspiegeln, was sie in sich selbst finden. Ungeheuer viele Menschen auf der Welt sehen das Gute und beschließen, daran zu glauben. Mein Herz weitet sich vor Freude, als ich das endlich begreife. Die Mehrheit der Menschen entscheidet sich für Liebe, Mitmenschlichkeit und Zusammenhalt. Es ist tatsächlich wahr, dass wir in einer größtenteils guten Welt leben. Mein Lauf stärkt den Glauben der meisten daran, dass der Mensch gut ist. Ein Mann, dem ich begegne, sagt: »Hoffnung! Deine Geschichte macht mir Hoffnung!«

Vor meinem Aufbruch in den Iran suchte ich lange nach einem Lied, das meine Reise repräsentieren sollte. Besonders gut gefiel mir die von Snatam Kaurs, einer Sikh, sehr schön vertonte Version vom Gebet des Franz von Assisi. Es geht so:

O Herr, mach mich zu einem Werkzeug deines Friedens,
dass ich Liebe übe, wo man sich hasst,
dass ich verzeihe, wo man sich beleidigt,
dass ich verbinde, da, wo Streit ist,
dass ich die Wahrheit sage, wo der Irrtum herrscht,
dass ich den Glauben bringe, wo der Zweifel drückt,
dass ich die Hoffnung wecke, wo Verzweiflung quält,
dass ich ein Licht anzünde, wo die Finsternis regiert,
dass ich Freude mache, wo der Kummer wohnt.

Herr, lass du mich trachten;
nicht, dass ich getröstet werde, sondern dass ich andere tröste;
nicht, dass ich verstanden werde, sondern dass ich andere verstehe;
nicht, dass ich geliebet werde, sondern dass ich andere liebe.

Denn wer da hingibt, der empfängt,
wer sich selbst vergisst, der findet,
wer verzeiht, dem wird verziehen;
und wer stirbt, erwacht zum ewigen Leben.

Mir gefiel der ganze Text außer der letzten Zeile, die mich an Märtyrer denken ließ. Deshalb entschied ich mich letztlich gegen das Lied. Mit einem Gesang durch den Iran zu laufen, der an den Dschihad erinnert, erschien mir falsch.

Vor meinem Lauf spazierten Amir und ich eines Abends in Karadsch durch einen Park und betraten ein Geschäft, in dem ein Mann mit grauem Bart saß und ein kompliziertes Muster aus Buchstaben auf eine Messingplatte übertrug. Als wir eintraten, warf er uns über den Rand seiner Brille hinweg einen Blick zu. Es duftete nach Räucherstäbchen, Tücher in warmen Farben wurden zum Verkauf angeboten. Der Mann war ein Derwisch und Anhänger des Sufismus, einer Strömung im Islam, in der die Gläubigen eine Einheit mit Gott anstreben.

Ich hätte nie gedacht, dass Derwische und der Sufismus im Iran erlaubt wären, aber er praktizierte seine Philosophie in aller Offenheit. Amir erzählte ihm von meiner Reise, und die Augen des Mannes weiteten sich. Er musterte mich. Langsam, suchend. Sein Lächeln wurde ein wenig breiter.

»Was du tun willst, ist schön. Ich möchte dir etwas geben. Mögt ihr zu meinem Geschäft zurückkommen, wenn ich geschlossen habe? Ich möchte spielen, und ich möchte nur für euch spielen«, sagte er.

Ich freute mich über die Einladung und war neugierig auf den Mann und wofür er stand. Als es dämmerte, kehrten wir zurück. Im Park flanierten Menschen oder saßen auf Decken und picknickten. Im Laden erwarteten uns der Derwisch, seine Frau und ein großer Mann in weißer Kleidung. Wir setzten uns auf weiche Kissen, unterhielten uns und tranken Tee. Von Zeit zu Zeit tauchte auf dem Gesicht des Derwischs ein freundliches Netz aus Lachfältchen auf.

Das Konzert begann damit, dass der groß gewachsene Mann die Augen schloss und etwas rezitierte. Erst hinterher begriff ich, dass es ein Text aus dem Koran war. Eingelullt von seiner Stimme, wurde ich ruhig und spürte, wie sich in meinem ganzen Körper Frieden ausbreitete. Bedächtig zupfte er die Saiten einer Sitar. Der Derwisch begleitete ihn mit einem Tamburin, und seine Frau fiel mit einer Daf, einer Trommel, ein. Ich schloss die Augen, ließ mich von der Musik erfüllen und wiegte mich zu den Tönen.

Als das magische Konzert vorbei war, erkundigte ich mich nach der Trommel. Sie war mit einem Gedicht beschriftet, geschrieben von Maulana, was der türkische Name für den Dichter Rumi ist, einen sufischen Mystiker. Das Gedicht formte einen tanzenden Derwisch. In seinem Tanz ist die eine Hand zum Himmel gerichtet, um die himmlische Energie zu empfangen, und die andere Hand zur Erde. Er dreht sich rechtsherum, um das Herz, und umarmt so die gesamte Menschheit mit Liebe. Der Sufismus lehrt, der Mensch sei erschaffen worden, um zu lieben. Der Hut symbolisiert einen Grabstein, was bedeutet, dass der Derwisch sein Ego aufgegeben hat und dem Pfad Gottes folgt. Die weiße Kleidung symbolisiert die Freiheit von Titeln und anderen irdischen Identitäten. Der Derwisch dreht sich immer im Kreis, dadurch wird der Tänzer eins mit dem Göttlichen, eins mit dem Ganzen, dem All; ein direktes und persönliches Gotteserlebnis.

Ich erzählte dem Derwisch vom Gebet des Franziskus und dem Problem, das ich mit der letzten Zeile hatte. Er hörte mir zu, schien den Text zu kennen und lächelte. »Nicht du stirbst, sondern dein Ego«, erklärte er.

Daraufhin erkannte ich: Dieser Lauf ist viel größer als ich selbst. Es geht bei ihm nicht um mich. Der Zufall will es, dass ich ihn durchführe. Wichtig ist, dass ich meinem Herzen folge, was für mich heißt, Gott zu folgen, um so meinen Sinn auf der Erde und im Universum zu erfüllen. Entscheidend ist, meine Bestimmung zu leben.

Jeder Mensch hat eine Bestimmung, ich meine damit die innere Stimme, die das Herz vor Sehnsucht, Freude und vielleicht auch ein wenig Angst erzittern lässt. Entscheidend ist, sich in den

Strom des Lebens fallen zu lassen, und trotz Zweifeln und Ängsten dieser Stimme zu folgen, um wirklich zu leben, voll und ganz, und auf diese Art für mich selbst und die Welt mein Bestes zu geben.

Bevor wir das Geschäft verließen, sah der Derwisch mir in die Augen.

»Ich hoffe, die Welt wird deine Botschaft hören«, sagte er.

»Ich höre die gleiche Botschaft von dir«, erwiderte ich.

»Es ist die Botschaft der Liebe.«

Epilog

Ein paar Monate nach meiner Heimkehr sitze ich im Stockholmer Flughafen Arlanda und esse einen Hamburger. Ich bin auf dem Weg nach Piteå, um Vorträge zu halten. Viele wollen mich hören. Ich bin in das Gebetshaus in Storfors eingeladen, wo ich früher in die Sonntagsschule ging und im Kinderchor sang. Auch im Gebetshaus von Munkfors werde ich sprechen. Beim Essen scrolle ich durch die Nachrichten auf Facebook. Plötzlich halte ich mitten in einer Bewegung inne, als ich ein Bild von Akbar Naghdi sehe, meinem Läuferfreund aus Marand. Auf dem Foto trägt er T-Shirt, Unterhemd und Startnummer und hält eine amerikanische Flagge über seinen Kopf. Er sieht verbissen aus, schaut zur Seite. Am Straßenrand stehen iranische Frauen in traditioneller Kleidung, und hinter ihm erstreckt sich Wüste. Das Bild trifft mich wie ein Schlag in die Magengrube.

Ich lese, dass soeben der erste internationale Marathon im Iran stattgefunden hat, und kurz bevor Akbar über die Ziellinie lief, hat er die amerikanische Flagge herausgezogen und sie bis ins Ziel über seinem Kopf flattern lassen. Wie hat er es nur wagen können, das zu tun? Amerikaner und Engländer waren bei dem Lauf nicht willkommen, und Akbar hat unmissverständlich demonstriert, was er davon hält. Ich weiß, welch großes Risiko er damit eingegangen ist. Der stille, hart arbeitende Akbar, der immer gute Laune verbreitet, der jedem Fahrradtouristen in der Nähe von Marand Essen und eine Unterkunft anbietet. Der Mann, der seine Eltern und zwei Geschwister mit dem Lebensmittelladen ernährt, den er in Marand besitzt. Im ersten Moment bin ich stolz, im nächsten besorgt. Wie schwerwiegend können die Konsequenzen für ihn sein?

Ich rufe Amir an.

»Meinst du, Akbar könnte Schwierigkeiten bekommen?«, frage ich ihn.

»Natürlich. Er könnte schikaniert werden. Das Regime könnte sein Geschäft schließen und ihn so seiner Existenzgrundlage be-

rauben oder ihn zwingen, als Agent für sie zu arbeiten und seine Freunde auszuspionieren«, antwortet Amir.

»Hast du gehört, ob ihm etwas passiert ist?«, erkundige ich mich.

»Nein, bis jetzt noch nicht.«

Als ich sehe, dass Akbar trotz der Risiken stolz seine Meinung zum Ausdruck bringt, geschieht etwas in mir. Ich begreife endlich, dass es tatsächlich Menschen gibt, die anderen Böses wollen, die andere wirklich unterdrücken und glauben, das Recht dazu zu haben. Wenn man davon absieht, dass ich einem wütenden Polizisten und einem Journalisten begegnet bin, der sich journalistisch nicht korrekt verhalten hat, ist mir im Iran nichts Schlimmes widerfahren. Aber je nachdem, wer man ist, sieht die Welt völlig unterschiedlich aus. Ich erkenne auch, dass es Menschen wie Akbar gibt, die beschließen, ihre Meinung zu sagen und für Freiheit zu kämpfen, egal, wie die Konsequenzen aussehen. Ich entscheide mich. Ich will wie Akbar sein.

In Schweden gibt es genau wie im Iran Menschen, die mithilfe von Unterdrückung, Drohungen und Gewalt über andere bestimmen wollen. Ich weiß, dass diese Seite auch in mir existiert, aber von nun an will ich leben, um das Gute in uns Menschen zu verbreiten, unser Innerstes, das Liebe und Gemeinschaft ist. Von nun an werde ich das Recht, das wir in Schweden häufig für selbstverständlich halten, unsere durch das Grundgesetz geschützte Meinungsfreiheit, nutzen und immer frei sprechen. Ich werde es für Schweden und die Welt tun, in der ich leben möchte. Ich werde es für Akbar tun, und für Mehrdad, der als Fünfzehnjähriger barfuß im Schnee stand und so intensiv von einem anderen Leben träumte. Ich werde es für mich selbst tun, für die Menschheit, für eine Welt, in der jeder das Recht hat, sein einzigartiges Ich zu sein und auszudrücken.

Kristinas Logbuch

Tag	Datum	Ort	km/Tag	km gesamt
0		Bazargan	0	0
1	5. September	Maku	16,2	16,2
2	6. September	Showt	35,4	51,6
3	7. September	Marganlar	33,4	85,0
4	8. September	Qarahziyaeddin	30,8	115,8
5	9. September	Ivughli	40,5	156,3
6	10. September	Qerkhlar	25,7	182,0
7	11. September	Marand	38,3	220,3
8	12. September	Sufiyan	46,5	266,8
9	13. September	Täbris Flugplatz	34,5	301,6
10	14. September	Täbris	13,5	315,1
11	15. September	Bostanabad	55,9	371,0
12	16. September	Duzduzan	33,7	404,7
13	17. September	Sarāb	36,3	441,0
14	18. September	Nir	48,1	489,1
15	19. September	Sareyn	26,3	515,4
16	20. September	Ardabil	14,3*	529,7
17	21. September	Ardabil	0	529,7
18	22. September	Astara	84,7	614,4
19	23. September	Lavandil	15,7	630,1

Tag	Datum	Ort	km/Tag	km gesamt
20	24. September	Lisar	38,8	668,9
21	25. September	Asalem	27,5	696,4
22	26. September	Rezvanshahr	45,7	742,1
23	27. September	Bandar Anzali	16,1	758,2
24	28. September	Bandar Anzali	0	758,2
25	29. September	Kiashahr	52,6	810,8
26	30. September	Lahidschan	30,8	841,6
27	1. Oktober	Rudsar	32,0	873,6
28	2. Oktober	Rāmsar	42,1	915,7
29	3. Oktober	Abbasabad	56,8	972,5
30	4. Oktober	Namak Ābrud	22,9	995,4
31	5. Oktober	Molkār	43,3	1038,7
32	6. Oktober	Nur	26,2	1064,9
33	7. Oktober	Amol	43,0	1107,9
34	8. Oktober	Bābol	34,4	1142,3
35	9. Oktober	Sāri	51,4	1193,7
36	10. Oktober	Sāri	0	1193,7
37	11. Oktober	Nekā	29,8	1223,5
38	12. Oktober	Behschahr	23,0	1246,5
39	13. Oktober	Galugah	25,4	1271,9
40	14. Oktober	Kordkuy	30,1	1302,0
41	15. Oktober	Gorgan	27,7	1329,7
42	16. Oktober	Gorgan	0	1329,7
43	17. Oktober	Gorgan	0	1329,7
44	18. Oktober	Aliabad-e Katul	39,1	1368,8
45	19. Oktober	Azadshahr	36,9	1405,7

Tag	Datum	Ort	km/Tag	km gesamt
46	20. Oktober	Galikesh	34,5	1440,2
47	21. Oktober	Tangrah	33,9	1474,1
48	22. Oktober	Cheshmeh Khan	37,8	1511,9
49	23. Oktober	Chaman-e Bid	40,6	1552,5
50	24. Oktober	Āshkhāneh	38,1	1590,6
51	25. Oktober	Bodschnurd	43,2	1633,8
52	26. Oktober	Bodschnurd	0	1633,8
53	27. Oktober	Sisāb	45,9	1679,7
54	28. Oktober	Schirwan	23,3	1703,0
55	29. Oktober	Fāruj	32,7	1735,7
56	30. Oktober	Quchan	29,0	1764,7
57	31. Oktober	Quchan	0	1764,7
58	1. November	Shāh Rag	46,9	1811,6
59	2. November	Bājgirān	29,1	1840,7

*Ardabil am 20. September: Die eigentlich gelaufene Strecke beträgt 30 km. 16 km ist eine Korrektur aufgrund einer falschen Einzeichnung auf der Karte.

Die oben angegebene Distanz ist eine Schätzung, die den Markierungen des Spots entspricht. Geschätzte und tatsächlich zurückgelegte Strecke liegen in der Regel 10 % auseinander, sodass eine Laufstrecke von etwa 2 000 Kilometern der Wahrheit vermutlich näherkommt.

Dank der Autorinnen

Ich möchte Amir Nazari und Mehrdad Kashani und ihren Familien danken, die diesen Lauf erst möglich gemacht und so ungeheuer viel getan haben, um mir zu helfen. Ich danke allen Familien, die mich aufgenommen und mir Essen und Obst an der Straße geschenkt haben, und bedanke mich insbesondere für das, was ihr vor allem getan habt – durch eure Güte habt ihr mich in dem Glauben an das Gute in der Welt bestärkt. Das ist großartig. Danke!

Ich möchte André Larsson danken, weil du dich weiter engagiert und den Dokumentarfilm geschaffen hast, obwohl du mich bei meinem Lauf nicht begleiten durftest. Ich hoffe, wir reisen ein anderes Mal zusammen! Danke Soroush Morshedian für dein Lachen und dafür, dass du dir fast das rechte Handgelenk ausgerenkt hättest, als du dich mit deiner Kamera aus dem Autofenster gelehnt hast, um mich zu filmen, während du die andere am Steuer hattest. Vergiss nicht: »We are the world!« Danke Shamim Berkeh, dass du die Genehmigung besorgt, das Material übersetzt und die Dokumentation gemeinsam mit André produziert hast.

Mein Dank gilt außerdem Montserrat Cosp und Behdad Banian für Strategien zur Kommunikation über meinen Lauf, Anders Ekstrand für seine Unterstützung und guten Ratschläge und Maria André, Tanja Tabrizian Selfors, Matthias Assman, Mog Grudd und Sarah Svensson für die Unterstützung, das Fachwissen und gute Ratschläge zu PR und Ausrüstung. Ich danke allen, die mich in meinem Blog, auf sozialen Medien und im wirklichen Leben angefeuert und dazu beigetragen haben, die Nachricht über meinen Lauf zu verbreiten.

Ich danke Jacob Swedberg dafür, dass er meinen Leserbrief in der Tageszeitung Dagens Nyheter entdeckt und gemeinsam mit Sara Nyström dafür gesorgt hat, dass dieses Buch entstehen konnte. Ich danke ihm auch für seine zahlreichen, extrem genauen Fragen, die dieses Buch so viel besser gemacht haben, und dafür, dass du wirklich der Ultraläufer unter den Lektoren

bist! Danke Sara, dass du so sehr an dieses Buch geglaubt hast, so offen bist und immer in meinem und Desirées Sinn agiert hast. Ich danke Peter Tejler für die Prüfung der Fakten und Amir Nazari und Susan Mosheni dafür, dass ihr meine Fragen zum Iran beantwortet habt. Schließlich möchte ich Desirée Wahren Stattin für die goldenen Stunden im Café Ritorno danken, in denen wir geredet und geschrieben haben. Danke für deine Kreativität, für deine Geduld, wenn es mir zu viel wurde, und dafür, dass du deine Arbeit so ungeheuer gut gemacht hast! Ich freue mich schon, wenn du mit deinem Boot zu unserem Haus kommst!

Schließlich möchte ich meinem »partner in adventure« Carina Borén dafür danken, dass du mit deinem fröhlichen Lachen und deinem Glauben an mich immer für mich da bist. Dank auch an Inger und Fritjof Wikström, weil ihr mir das Leben geschenkt und mich zu dem gemacht habt, was ich bin, und weil ihr alles ertragt, was ich mir einfallen lasse. Ich danke Ulrika Ekman dafür, dass du meine Schwester bist und mich liebst, auch wenn ich etwas tue, was dich schmerzt. Danke Fredrik Lindblad für deine Liebe, und dafür, dass du immer mein Bestes willst und mir vertraust.

Kristina

Ich danke Sara Nyström für das Vertrauen, dieses Buch mit Kristina schreiben zu dürfen und für ihre Klarheit und guten Ratschläge. Dank an Jacob Swedberg für ein kundiges und unermüdliches Lektorat, was hätten wir nur ohne dich getan? Dank auch an Abbe Bonnier, weil du an mich glaubst!

Kristina, danke, dass du mir deine Geschichte erzählt hast. Ich hoffe, sie wird weit reisen, denn das hat sie verdient!

Danke Sixten, Signe und Axel dafür, dass ich dieses Leben zusammen mit euch führen darf, es kann nicht besser werden. Schließlich danke ich dir, Fredrik, du bist immer an meiner Seite und hilfst mir durch alle Schwierigkeiten. Ich liebe dich jetzt und für immer.

Desirée